中華文化思想叢書・近現代中華文化思想叢刊

亂世和末世的自我救贖：
中國近代的知識分子

周樹山　著

序

　　知識分子不是僅指識字和讀書的人，他們是具有深邃洞察力和獨立批判精神、關心人類命運、具有強烈社會責任感的人。一九四八年八月二五日，在波蘭弗羅茨瓦夫召開的「知識分子和平大會」上，愛因斯坦雖受到邀請，但因故沒有出席，他寫了一份發言稿，後來以「給知識分子的信」為名發表於一九四八年的《紐約時報》上，他談到第二次世界大戰後，在這個人類發明並使用過核武器的世界，對知識分子而言沒有比關心人類命運更為緊迫的使命。他說：「柏拉圖是最早試圖努力為之奮鬥的人之一——運用理性和謹慎來解決人的問題，而不是向遠祖遺傳下來的本能和熱情投降。」把知識分子的標竿定在古希臘偉大的思想家柏拉圖上，使這個群體更加神聖和莊嚴。知識分子不僅是人類智慧的大腦，更是人類的良知，是人類社會警醒的守夜人。

　　然而真有這樣一群超凡的聖人嗎？

　　具體到單獨的個體，我認為沒有。生活於歷史進程中的每個人都有其侷限性，沒有誰是上帝派來向塵世宣示真理的聖徒。所以我們可以給知識分子一個更確切、更平常的定義，那就是我國傑出的學者陳寅恪所宣示的「獨立之精神，自由之思想」。凡是追求和具備這種精神境界的人都應算作知識分子。這有一個起碼的底線，就是他不依附於什麼，他徒步走在精神的原野上，他看到了，他用自己的腦袋思考，他用內心的良知衡量，然後他說出他的想法和主張或者付諸改變的行動。

　　這個標準其實並不簡單，這樣的人只能產生於現代社會裡，在前現代社會不會有這樣的人。所以知識分子是一個現代的概念。

　　前現代社會，比如中國兩千多年的皇權專制，是一個人身依附的社會，沒有公民，只有臣民。在赫赫皇權之下，每個人都是一粒塵

埃，都端著皇帝賞給的飯碗，讓你活著，就是皇恩浩蕩。那時的人做夢也不會想到「獨立之精神，自由之思想」的口號，所以萬不會產生知識分子。

中國近代知識分子產生在皇權崩解的時代。

康有為、章太炎、梁啟超、嚴復、黃遵憲……都是時代造就的新人，是皇權崩解時代產生的近代知識分子。

他們紮根在舊文化的土壤上，然而他們沒有向「遠祖遺傳下來的本能和熱情」投降，他們使滋養他們的舊文化煥發了新的生機並改變了自己。

他們是從異域盜火的勇士，這火光不僅照亮了自己的路，他們堅信，這火光也會照亮民族新生的路。

他們不是中國傳統的士。皇權道統的詮釋者和維護者通過科舉跨進治統，成為皇權專制的國家機器上的齒輪和螺絲釘。而他們已不認同那些人賴以安身立命的朝廷，從形式上或者實質上，他們已被摒棄和拋出。

他們是皇權專制的貳臣逆子，背轉身去，站在了新時代的門檻上。

他們在末世和亂世實現了自我救贖，在陽光明暗之間力圖拓展自己的生存和發展空間，但這注定是一場無望的抗爭。

他們是一群失敗者，如梁啟超所言：「我所做的事，常常失敗——嚴格地說，沒有一件不失敗。」無論是政治實踐、社會理想，學術功業，人生道路……失敗是他們的宿命。

他們顛躓著，奔逐著，呼喊著……我們站在時代的回音壁前，看到了他們的身影，聽到了他們的吶喊。

他們是啟蒙的先驅，在他們身後是追隨者的隊伍。報曉的雄雞死在晨曦初露之時，或許黎明終會到來。這是一種信念。人有信念，才不會倒在荊棘叢生的路上。

本書所講的不是他們的全體，只是煙雲蒼茫中幾個隱約的身影。但我們認出了他們的面容。我們的前輩，或許也是我們的宿命。

　　如此而已。

二〇二〇年四月一日於薩爾圖

目 錄
CONTENTS

序 i

第一章　末路的失敗者 001
論陳寶箴 001
苦雨淒風夢亦迷——戊戌政變前後的黃遵憲 007
萬里西風雁陣哀——嚴復與近代中國轉型 033

第二章　舊文化與新生機 065
啟蒙先驅康有為 065
梁啟超悲悼菊花硯 075
春半如秋意轉迷——梁啟超民初歸國的心路歷程 088
大道多荊榛——梁啟超的憲政思想及其實踐 109
亂世和末世的自我救贖 116
湯壽潛：讀書人的國運擔當 122

第三章　章太炎二三事·······································135
　　由魯迅而及章太炎和嚴復·······························135
　　我看章太炎···139
　　太炎先生的婚事···143
　　章太炎被毆事件···149
　　失去自由的章太炎··155

第四章　轉型期的文人素描·······························167
　　隱世於學··167
　　文人的操守···173
　　一匹特立獨行的馬··175
　　失蹤的戰地記者方大曾··································183
　　帝國政治的窳敗之斑——晚清變法及憲政改革的幾個節點···202

跋···221

第一章

末路的失敗者

論陳寶箴

　　陳寶箴是著名史學大師陳寅恪的祖父，晚清的湖南巡撫，主政一省，思想開明。戊戌變法中，在保守落後的湖南厲行新政，其開風氣之功被後人銘記。但陳寶箴只能算作清王朝的能臣和循吏，作為體制內的開明臣子，在光緒帝的變法中盡一個地方官員的責任而已。他的思想與變法潮頭中的康有為、梁啟超的思想有本質上的不同，他甚至在張之洞的授意下，抑制和打壓康、梁的思想，以至在後期引起光緒皇帝的不滿和責備。但陳寶箴的確是專制王朝中一個忠誠正直、有操守、有原則的臣子，其為人恭謹謙抑、剛柔相濟，可謂晚清的一代名臣。

　　陳寅恪在言及戊戌變法的思想源流時，有語云：

> 當時之言變法者，蓋有不同之二源，未可混一論之也。咸豐之世，先祖亦應進士舉，居京師。親見圓明園干霄之火，痛哭南歸。其後治軍治民，益知中國舊法之不可不變。後交湘陰郭筠仙侍郎嵩燾，極相傾服，許為孤忠閎識。先君亦從郭公論文論學，而郭公者，亦頌美西法，當時士大夫目為漢奸國賊，群欲得殺之而甘心者也。至南海康先生治今文公羊之學，附會孔子改制以言變法。其與歷驗世務欲借鏡西國以變神州舊法者，本自不同。故先祖先君見義烏朱鼎甫先生一新「無邪堂答問」駁

> 斥南海公羊春秋之說，深以為然。據是可知余家之主變法，其
> 思想源流之所在矣。(《讀吳其昌撰梁啟超傳書後》)

一句話，陳寶箴是體制內的改革派，也就是「補天派」。他們的變法動機來自王朝衰敗後被列強欺辱的殘酷現實。焚燒圓明園的干霄之火強烈地刺激了他的民族自尊心，要重振天朝大國之雄風，改變積貧積弱的現實，必須向西方學習，試行西方的良法。因此，開礦、修鐵路、架電線、練兵、辦學、辦報等一干舉措都是為了使清王朝強大起來，他們對君主的忠誠、對制度的維護、對幾千年綱常倫理的認同是不可動搖的，而對於平等、民權等近代思想是抵拒的。其中抵拒最力、視如仇讎的，當屬時任湖廣總督的張之洞。陳寶箴是張之洞的屬下，陳雖然溫和一些，但二人的思想觀念並無不同。

陳寶箴之溫和在於他主政湖南贊同「思想解放」，因此有時務學堂之設，同意聘請梁啟超來學堂為總教習，支持湖南學政江標（字建霞）辦《湘學報》宣傳新思想，轉變保守的士紳風氣。但「思想解放」在張之洞和陳寶箴等體制內官員的思想裡是有尺度的，或者說是有紅線的，觸碰和超越紅線是不被允許的。這是張之洞和陳寶箴們安身立命之本，也是多年來傳統教育和由士而仕的人生之路所形成的價值觀，是一點兒也動搖不得的。這個紅線簡單地說就是三綱五常。舉凡一切動搖三綱五常的新思想和新觀念他們都是不能容忍的。當張之洞在《時務報》上發現梁啟超的文章中有「放巢流堯」一語就連連大呼「人人驚駭，恐遭大禍」，發電陳寶箴、黃遵憲立即對報紙進行整頓和補救。「放巢」者，源於「成湯伐桀，放於南巢」，即殘暴的夏桀被殷湯所滅，流放到南巢。「流堯」者，源於「流王於彘」，指的是周厲王暴虐，不准人們說話，殺死議論朝政的人，國人暴動，把他流放到彘地。「放巢流堯」是用歷史典故說明統治者如殘暴失德，不僅會殃及國民而且會

禍及自身。但在張之洞的眼裡，如同禿子諱言「光」和「亮」，說到暴君、昏君，無論文章語境如何，都被看作對當代君主的影射。而這，是絕對不被允許的。出於謹慎和對上司的遵從，陳寶箴自然也會對言論嚴加管束。

　　張之洞、陳寶箴與康、梁的對立，不完全是思想和學術上的爭端，而是政治上的對立。在陳寶箴主政的湖南，有張之洞這樣一個嚴厲的思想警察，《湘學報》的言論空間更加逼仄，生存更加艱難。張之洞不斷地發電給陳寶箴、江標和繼任學政徐仁鑄，指斥報上所發的「不當言論」。他明確指示，不許《湘學報》發表康有為所謂「素王改制」的言論，他在一八九七年八月九日致湖南學政江標的電報中說：「《湘學報》卷首即有『素王改制』云云，嗣後又復兩見。此說乃近日公羊家新說，創始於四川廖平，而大盛於廣東康有為。其說過奇，甚駭人聽。」其後又指示說：「且《湘報》系閣下主持刊播，宗師立教，為學校準的，與私家著述不同。竊恐或為世人指摘，不無過慮。方今時局多艱，橫議漸作，似尤以發明為下不信之義為亟……可否以後於《湘報》中勿陳此義。」之後，他再發電陳寶箴，強調他的話「於世道學術，甚有關係」。語氣之重，似乎不容辯駁。他為什麼反對康有為的學說呢？他的幕僚陳慶年於張之洞發電前一天即八月八日的日記中道出真情──其晚，張之洞招幕僚們於八旗會館聚飲，宴散後於小亭觀月，眾人圍坐，張之洞說：「康長素主張素王改制，自謂尊孔，適足誣聖。平等、平權，一萬年做不到，一味囈語云云。反覆詳明，三更始散。」他所仇恨的是康有為學說中的「平等」和「平權」思想，認為其將動搖君主專制制度。陳寶箴在回電中表示，他和江標會遵從張的指示，將對報上的有關言論「刊誤奉報，無俟再商」。此時在南京的譚嗣同（字復生）聽到了《湘學報》朋友向他通報的消息，極為憤慨，他在私信中云：「湘信言，南皮（張之洞）強令《湘學報》館改正素王改

制之說,自己認錯,而學使不敢不從。南皮辭甚嚴厲,有揭參之意,何其苛虐湘人也。湘人頗為憤怒,甚矣!達官之壓力,真可惡也。」

但張之洞以他達官之地位,又被時人稱許為學林中人,自願承擔起思想警察的責任,對言論的管制愈益嚴厲。如他認為上海《時務報》刊發有梁啟超「不當言論」,即發電湖南,禁止湖南發行該期報紙。湖南學政江標去職後,繼任學政徐仁鑄赴任過鄂,張之洞對之大談對《湘學報》的不滿。甚至一八九八年五月六日,張之洞下令湖北禁訂《湘學報》。五月十一日,他致電陳寶箴,指斥《湘學報》「其偏尤甚」,某篇文章「十分悖謬,見者人人駭怒」。又督責陳寶箴:「公主持全湘,勵精圖治,忠國安民,海內仰望。事關學術人心,不敢不以奉聞,尤祈……留心救政。」最後表示,要把他的大作《勸學篇》送來,其作「正人心,開風氣」。當然,他要的是輿論一律,要以他的是非為是非,要天下的讀書人按照他一個人的調門說話。這種霸道無理,乃專制官場之常情,是對思想和輿論的箝制。一個高位者說話,下邊的人立刻噤聲,馬上照辦。陳寶箴對張之洞完全讓步,他的對策也相當極端,索性下令「刪去報首議論」。一張報紙,如果沒有議論,則是沒有主張,沒有思想,完全成為一種資料和信息彙編,等於閹割了報紙的生命。但張之洞是陳寶箴的上司,陳沒有理由不服從。

儘管如此,陳寶箴在湖南仍以開明著稱。總體來說,他在張之洞與康、梁以及湖南本地開拓進取的青年才俊之間採取了折中的立場,盡量保護維新思潮,以促變湖南士紳的保守風氣。如黃遵憲因保護《時務報》梁啟超等人,已失去張的信任,甚至被張視為政治異己,但陳寶箴對黃遵憲仍信任有加。然而陳寶箴與維新領袖康有為之間的思想分歧卻是難以彌合的。一八九八年七月十二日,他給光緒帝上疏,請求將康有為的《孔子改制考》一書銷毀。考慮到光緒帝對康有為信任有加,他在奏疏中措辭極為委婉:

臣嘗聞工部主事康有為之為人，博學多才，盛名幾遍天下，譽之者有人，毀之者尤有人。譽之者無不俯首服膺，毀之者甚至痛心切齒，誠有非可以常理論者。臣以為士有負俗之累而成功名，亦有高世之行而弋虛譽。毀譽不足定人，古今一致。近來屢傳康有為在京呈請代奏摺稿，識略既多超卓，議論亦頗宏通，於古今治亂之源，中西政教之大，類能苦心探討，闡發詳盡，而意氣激昂慷慨，為人所不肯為，言人所不敢言，似不可謂非一時奇士。

這段話似在肯定康有為，但言語之間也在告訴光緒帝，康是個爭議很大的人物。爭議的核心在於康所著《孔子改制考》：

其著為此書，據一端之異說，徵引西漢以前諸子百家，旁搜曲證，濟之以才辯，以自成其一家之言，其失尚不過穿鑿附會。而會當中弱西強，黔首坐困，意有所激，流為偏宕之辭，遂不覺其傷理而害道。

陳寶箴否定了康有為的著作，指出其為「穿鑿附會」的「偏宕之辭」，當此「中弱西強，黔首坐困」的艱難時世，它的危害在於「傷理而害道」。康有為著作裡的什麼東西讓陳寶箴們如此痛心疾首呢？

其徒和之，持之愈堅，失之愈遠，囂然自命，號為康學，而民權平等之說熾矣。甚或逞其橫議，幾若不知君臣父子之大防。

偉哉康有為！在萬馬齊喑、大廈將傾的時代，唱響民權平等之說，給黑暗沉重的千年帝國引入思想之光，燼火未熄，必將燎原！作為中國

傳統士大夫的陳寶箴，其內心的震動和發自本能的抵拒乃勢所必然。他是體制內的官員，思想之底色乃是儒家經典和三綱五常，「君臣父子之大防」是絕不可以挑戰的。或曰，陳不是開明的維新派嗎？其主政湖南施行的很多新政不是還遭到頑固派的攻擊嗎？不錯，這正是陳寶箴的悲劇所在。一方面忠君，忠於體制，絕不踰越「君臣父子之大防」，聞民權平等之說則認為「傷理害道」，不可容忍；另一方面，正因為忠於體制，才苦心積慮為這個體制尋新路，開新法，以維護綱常之不墜。如陳寅恪所言，其祖父變法的思想源頭來自體制內的郭嵩燾，郭因有出使西方的經歷，其所見所聞影響了陳寶箴，才使其在同時的官員中顯得開明。同時，也僅僅是「開明」而已，他們是有不可踰越的底線的。其後，在張之洞的督屬下，陳寶箴漸趨保守，他關閉了南學會，對《湘學報》的管束愈加嚴格，使對湖南風氣影響重大的時務學堂自放假後未能再度開學。事實上，湖南的維新思潮在其主政後期已趨於沉寂。即使如此，頑固派也沒有放過他。戊戌政變後，慈禧太后以「濫保匪人」的罪名將其「即行革職，永不敘用」。同一道詔書中，在父親任上協助變法的吏部主事陳三立也因「招引奸邪，著一併革職」。父子兩人都被皇朝體制一腳踢了出去。

當然也有為陳寶箴抱不平的，但沒有用。慈禧太后一怒之下，不辨良莠，玉石俱焚，你有天大的委屈，也只能逆來順受。據時人皮錫瑞記載，他在朋友家中見到初被革職的陳寶箴「天君泰然，一無激詞」，贊其有古大臣之風。橫逆之來，波瀾不驚，泰然處之，確實是難能的修養。但內心的苦楚和委屈又有誰人可訴呢？光緒二十四年（1898年）九月廿日，正是「楓葉荻花秋瑟瑟」之時，陳寶箴和兒子陳三立乘舟沿江而下回歸江西原籍，滿眼煙波處，寥落此心知。當其舊部下黃遵憲前往船上送別時，陳寶箴「於湘舟中灑淚滿袖，云相見無時」（黃遵憲 1901 年《致陳三立函》），真正是「江州司馬青衫濕」。一個

年近古稀，忠於社稷的老臣，身邊是剛剛死去的妻子的棺木，還有同樣被革職斷了前程的兒子，其內心之悲愴，何可言哉！

年餘後，庚子事變，義和團起，洋兵入都，國事危殆，陳寶箴於閒居中憤鬱難平，「忽以微疾卒」。

早在光緒十五年（1889年），復官再任的晚清名臣王文韶向朝廷舉薦陳寶箴，言及其品行時說：「該員才大而性剛，往往愛惜羽毛，有不輕寄人籬下之概，所如稍不合，輒置榮辱於度外，而其秉性忠直，感恩圖報之心，固未嘗一日忘也。」

這種濁世高蹈，超拔群儕的品格幾乎是流淌在陳氏骨血裡的，並化成一種高貴的基因傳承後世。其子陳三立自隨父歸籍，知國事不可為，以詩文自娛，如清蓮出塵，不染世濆。開初尚有「埋愁無地訴無天」的悲憤，轉而如大江出峽，云天平闊，「憑欄一片風雲氣，來做神州袖手人」。但他並非超然世外，在民族大義和個人去就處仍然風骨凜然：不就袁世凱的參政議員，與投日賣國的多年好友鄭孝胥割席斷交。到了陳寶箴之孫陳寅恪，其祖父「才大而性剛」的人格評價可一字不易移諸其身，不僅他的學術成就和思想惠及後人，他提出並終身實踐的「獨立之精神，自由之思想」乃是知識分子的立身之本，如其所言，的確是「與天壤而同久，共三光而永光」的。

苦雨淒風夢亦迷——戊戌政變前後的黃遵憲

如果說中國現代化轉型是從一八四〇年開始的，半個世紀後的一八九八年戊戌政變可算作第一次重大挫敗。作為體制內的改革派，黃遵憲正當時代的風浪裡，突來的激流湧浪一下子把他打進水中，自此他被王朝體制拋棄，以衰病之身注視著腐朽的清王朝陷身於泥淖，越掙扎陷得越深，終及沒頂而無從施以援手，他的心情痛苦而又複雜。

黃遵憲的晚年心境正是一切體制內的改革派遭遇挫敗後所共有的，他們並不在意自己的身世榮辱，更在意他們所曾賴以安身立命的體制的生死存亡，但他們已被體制所拋棄，並被視為體制的叛徒和敵人，所以，其內心的痛苦更加深切而無奈。

一

黃遵憲，字公度，廣東嘉應州（今梅州市）人。他一生大部分時間都從事外交工作，自廿九歲始，先後出任過駐日本使館參贊、駐美國舊金山總領事、駐英國使館二等參贊、駐新加坡總領事等外交職務，除一八八五至一八八九年在國內閒居四年，修改和繕寫自己的著作《日本國志》，結交國內名士，以自己在外的親身經歷和見識介紹西方的文化、思想和制度外，其在日、美、英等國履行外交使命達十二三年之久。他的職務並不高，時充文員和屬吏，但是，正是由於他長期在外履職的經歷，善於學習的獨特眼界和處理具體事務的精明幹練，使之成為當時最懂洋務的官員之一。

一八九四年，中日甲午戰爭起，清軍屢敗，外事交際愈繁，可國內靠八股科舉而入仕的朝廷官員，顢頇無知，詢以外事，無異問道於盲。湖廣總督張之洞移署兩江，以籌防需人，奏調時在駐新加坡總領事任上的黃遵憲回國。這年年底，四十七歲的黃遵憲回到國內。一八九五年初，黃遵憲至江寧謁見兩江總督張之洞。黃遵憲長期在國外任職，尤其英、美等國的經歷，使其內心深植平等觀念，對於王朝內官員尊卑等級的交往和應酬頗為不屑，康有為記載，其謁見張之洞時「昂首足加膝，搖頭而大語」。在權貴和上司面前，毫無奴顏婢膝之態。這使得張之洞很不快，將之「置之閒散」，以一般的幕客待之。黃遵憲對此並不在意，他此時所殷憂在心者乃是外敵的豪橫和國事的危殆，喪

權辱國的《馬關條約》簽訂，他即有《哭威海》、《馬關紀事》等詩，「存亡家國淚，淒絕病床時」，其感時傷世、家國哀感之情令人動容。其在給友人書中，談到《馬關條約》，痛徹心扉地寫道：「新約既定，天旋地轉，東南諸省所恃以聯絡二百餘年所收為藩籬者，竟拱手讓之他人；而且敲骨吸髓，輸此巨款，設機造禍，奪我生業。」慨嘆「時勢至此，一腔熱血，無地可灑」。作為深諳國情而又對外部世界有所體悟的傳統讀書人，位居下僚，深有報國無門、無可奈何之痛。

這一年，張之洞委派黃遵憲主持金陵洋務局並與法國總領事談判辦理江蘇等五省歷年教案。也就在此時，黃遵憲的見識和才能被進一步認識，他的仕途行情看漲。新任直隸總督、北洋大臣王文韶奏調黃遵憲赴北洋差委，任水師營務處總辦，得到光緒帝的批准，而張之洞以五省教案未結，「若另委他員，斷不能如此妥愜……」為由，拒不放人。此時，張之洞又回到了湖廣總督的任上，他視黃遵憲為自己的私人幕僚，稱湖北新開商埠沙市，宜昌有洋兵擊斃地方官員，漢口將添租界為由，上奏光緒帝，請求「准將黃遵憲由臣調往湖北差委，並仍辦理南洋五省教案」。光緒硃批「著照所請」後，張之洞即以沙市開埠為由，命黃「速來鄂」。此時劉坤一已回任兩江，聽到這一消息，亦不放人，並連發兩電給張之洞，留黃遵憲在蘇州，與日本領事開議蘇州開埠事宜。王文韶、張之洞、劉坤一皆是當時權勢最大的總督，各自主掌一方，三人為黃遵憲奏請聖上，函電交爭，皆欲留黃在手下差委，可見黃聲望之重。這時，由於蘇州開埠談判中出現了一些波折，黃為躲開爭議，以請假為名去了天津，即被王文韶「委令總理北洋水師營務處並隨同辦理洋務」。光緒下旨「吏部知道」，算是同意黃遵憲留在了北方。

但是光緒帝對於黃遵憲的任用另有打算。一八九六年，黃遵憲四十九歲，農曆十月十二日赴京，十三日光緒帝下旨預備召見，十六日

觀見皇帝,十九日以四品卿銜命為駐德公使。光緒帝對黃遵憲留下了極好的印象,急於變法圖強,為國擢拔英才,五天后的二十一日,他再次召見黃遵憲,君臣有變法之議。光緒問:「泰西政治何以勝中國?」黃奏對曰:「泰西之強,悉由變法。臣在倫敦,聞父老言,百年之前,尚不如中華。」光緒帝「初甚驚訝,旋笑頷之」。言及變法,君臣相得,黃遵憲亦有得明主垂顧,盡忠謀國之念。這年十月二十九日,他在致張之洞電中云:「此次來京,召見兩次,上垂意甚殷,廿五召見張侍郎,連稱『好!好!』惟國事過弱,終慮不堪驅策,孤負聖恩耳。」光緒對其期待甚殷,身為一直沉沒下僚的小臣,黃遵憲內心的感奮自不待言!

不久,總理衙門又改派黃遵憲出使英國。但這項任命遭到中國海關總稅務司英國人赫德的阻攔,因黃任駐新加坡總領事時,堅持檢查外國運軍械船隻,與赫德抗爭,故中以蜚語,使不得行。而當時的德國正謀占膠州,恐黃遵憲為使而力爭維權,故以官階小為辭而拒受之。兩次出使任命,皆因派駐國異議而作罷,可見清王朝國力孱弱,處處受制於人的窘狀。

身在其中的黃遵憲,短短十幾天,仕途如過山車一般由高峰而驟跌深谷,其內心的波瀾和失望可以想見。一八九七年二、三月間,在給友人梁鼎芬的信中表達了內心的苦澀:「別僅五月,波瀾變幻,至不可測度,可謂咄咄怪事。」本來他並沒有任駐外大使的奢望,「使車之出,殆非意計所及,而左提右挈,或推或輓,幾欲以大權相屬」。但英人赫德卻出來阻攔,「赫赫客卿,素有嫌怨,遂出死力相擠排,一之不已,而又再焉。以中外數大臣之保薦,九重之垂注,不敵一客卿之譖,國事尚可問乎?」對於黃遵憲的任命,或許還有廟堂的排擠和傾軋。赫德提出異議後,光緒帝不懌,問:「何以外人遽知之?」是否有人借赫德出面作梗呢?但皇帝對黃遵憲的信重並未動搖,立即說:「黃

遵憲即不往英，應改調一國。」但即使如此，也沒如願。光緒帝雖矚望殷殷，卻無可奈何，連任命一個駐外使臣的權力也沒有。這是黃遵憲第一次切近王朝最高權力，然而留給他的是極大的落寞和失望，聯繫自己的前途身世，不由塊壘難消：「遵憲平生視富貴泊如，於進退亦綽綽。然而此刻胸中抑鬱，為平昔所未經⋯⋯」皇帝垂愛，許以顯位，感奮之情尚未平復，卻轉瞬成空，真如一場黃粱夢！有人勸黃遵憲就此引退，黃遵憲不以為然：「誠以掉頭不佳，有似怨懟，自為計則得矣，其如國體何耶？」此時的黃遵憲，仍置皇上和國家在上，他在京耽留，切近地觀察國事和龐大的權力機構運行的情況，皇帝兩次召見的榮耀和對他的讚許漸漸淡去，他得出結論：「居此數月，益覺心灰。」

第二年（1897年）五月，皇帝對他的新任命下來了：新授湖南長寶鹽法道。既然外事難成行，只好在國內找個職位。這個職位當然與中樞權力毫不沾邊，但可能也算得一個有職有權的肥缺。此時，變法聲勢日張，國事尚有轉圜之生機，黃遵憲出京履任前，曾向同情變法的皇帝近臣翁同龢辭行，乘間就國事進言。他還與日本駐清公使矢野文雄有過一次很私密的談話，他認為「二十世紀之政體，必法英之共主」。就是說，將來廿世紀世界各國的政體不是實行法國的共和制就是實行英國的立憲制，專制政體將為歷史所淘汰。這個想法並非一時心血來潮的胡思亂想，而在心中藏了十多年，從未對人講過。身為皇權專制政體的臣子有此離經叛道之論，實為駭人聽聞！矢野文雄立即「力加禁誡」，警告他不要亂說，以免給自己召禍。

黃遵憲在美、英等國履職的經歷使他成為一個睜開眼睛看世界的人，他關於各國政體的認知和未來展望，超出所有朝中大臣。顯然，在思想深處他已是一個徹底的維新改革家，認同向西方學習和變法維新的全部主張。但是，一個地方小官，他能做什麼呢？

這一年，他正好五十歲。

二

上一年的七月二十五日，他在給友人陳三立的信中，除了告訴對方由張之洞交辦的五省教案一律清結外，還對半年來多方奔走所訂蘇州開埠的六條章程全部被日本所推翻，深感痛惜。唯一使他感到寬慰的是，由他牽頭和推動在上海開辦的《時務報》已經於七月初一日正式出版。

《時務報》是黃遵憲平生所看重的一項事業，在國外任職時，他就感到報紙對開啟民智、交流信息、表達政見、監督政府不可或缺。由於西方勢力的強力進入，近代新聞報業也進入古老而封閉的中國。中國近代的知識人認識到，報紙和現代印刷業能夠把自己的聲音傳達給大眾，造成強大的社會影響，改變民眾的觀念和認知，因此對於辦報有著極大的熱情。這年三月，他召梁啟超，並約汪康年、吳季清、鄒凌瀚諸人在上海商議創辦時務報館事宜。五月，在與友人朱之榛信中講到辦報的初衷：「欲以裒集通人論說，記述各省新政，廣譯西報，周知時事」，以「轉移風氣」。顯然，其辦報宗旨乃是為變法維新設一興論陣地，以開啟民智，推行新法。黃遵憲不僅自捐一千元為開辦費，還向友人募捐一千餘元，尤其轉給汪康年。顯然，黃遵憲是《時務報》名副其實的創辦人。

《時務報》後來發展成一大爭端，造成張之洞陣營與黃遵憲的決裂，主要是因為張之洞這股政治力量與康有為在學術和政治上積不相能的敵意。黃遵憲於一八九五年九月間結識康有為，那時，康正在上海辦強學會，為變法集同道、造輿論。黃遵憲由梁鼎芬代簽，首列強學會十六人之中。不久，他往訪康有為，與見張之洞一樣，昂首加足

於膝如坐在椅子上，即俗云翹起二郎腿，隨意曠達之姿，示與主人人格的平等。這大概是黃的尋常姿勢，因此引起位高權重的張之洞的不快。，縱談天下事。後來，黃遵憲評價康有為「聰明絕特，才調足以鼓舞一世」。但是，他與康有為此後再無交往，反倒與康的弟子梁啟超成為晚年的知音。一方面，或許缺少與康交往的機會，另一方面，他對康的學術觀念和政治主張還保持著距離。如果兩人意氣相投，彼此傾慕，本可書函往來，但即便在康得光緒帝信重而譽滿京城時，黃也與之兩不相關。

康、梁等屬於體制外的改革派，其思想更開放，主張更激進，措施更超前（且不論在傳統慣性的藩籬中能否得到實行）。光緒二十四年四月二十六日，光緒帝在頤和園仁壽殿召見康有為、張元濟等，命康在總理衙門章京上行走，並授予「專折奏事」的權利，康在政治上的躥紅，使張之洞一派的政治勢力十分緊張，張甚至有「康學大興，可謂狂悍，如何，如何？」之驚呼。在《時務報》創辦時，黃遵憲結識了風華正茂的梁啟超，盛讚其「年甫廿二歲，博識通才，並世無兩」，並聘其為《時務報》的主筆。用現在通行的眼光看，《時務報》名為報紙，實則為旬刊，每旬出一冊，每冊二十餘頁，分論著、恭錄諭旨、奏摺錄要、京外近事、域外報譯、西電照譯等欄目，學術、時政、新聞盡攬其中。梁啟超以博識古今之才調、驟雨挾雷之文筆，使《時務報》甫一問世，即風行海內。

梁啟超帶給《時務報》的思想，來自乃師康有為，而這正是張之洞所深惡痛絕的。早在康有為在上海辦強學會時，張之洞曾捐款給以支持。後來，康辦《強學報》，用孔子紀年，顯示其獨特的學術與政治傾向。康有為「孔子改制」和「今文公羊」等學說，遭到張之洞等很多傳統士大夫的抵制。用孔子紀年，被視為「擅改正朔，以圖不軌」，張之洞大為光火，故下令停辦《強學報》。不久，強學會即遭清廷封

禁。強學會活動時間不長，但留有少數餘款，張之洞下令用這少數餘款續辦《時務報》，並由他的幕僚汪康年把持報館事務。所以，《時務報》開辦之初，汪康年出任《時務報》經理。

汪康年，字穰卿，浙江錢塘（今杭州）人，光緒十五年考取舉人，十六年為張之洞家庭教師，後入張之洞幕。汪康年在《時務報》中代表的是張之洞一派的立場，梁、汪之間由此生隙。《時務報》開始時，人員構成及其學術、政治思想差異極大，除梁啟超等康派弟子，還有持革命立場的章太炎，後章被康派弟子群毆，甚為狼狽，避走杭州。黃遵憲是王朝體制內的官員，又一度是張之洞賞識的下屬，按常理他應毫無保留地站在張之洞一邊。但是，由於他從前在海外任職的經歷和所聞所見，其思想更接近於梁啟超，他對梁的才華深為折服，與梁又同為廣東人，無論從思想傾向還是從鄉誼來說，黃內心是與梁相通的。

張之洞由於位高權重，視《時務報》幾為自家事，經常發電汪康年，指示機宜。後來，黃遵憲調任湖南，成為他的直接下屬，對於梁啟超在報紙上的言論，嚴察細審，極為關注。光緒二十三年（1897年）九月十六日，他發電湖南巡撫陳寶箴和任長寶鹽法道的黃遵憲：

> 《時務報》第四十冊，梁卓如所作《知恥學會敘》，內有「放巢流甿」一語，太悖謬，閱者人人驚駭，恐遭大禍。「陵寢踩躪」四字亦不實。第一段「越惟無恥」云云，語意亦有妨礙。若經言官指摘，恐有不測，《時務報》從此禁絕矣。……望速交湘省之人，此冊千萬勿送……

寫文章的人如果頭頂有這樣一個蠻橫強硬、不容分辯的長官，真是倒了大黴！你縱有千般委屈、萬斛怨憤，也只能嚥進肚子裡。梁啟超在上海作文，《時務報》在上海刊文，張之洞卻發電長沙，實際上是指示

黃遵憲約束梁啟超。黃遵憲回電稱：

　　……既囑將此冊停派，並一面電卓如改換，或別作刊誤，設法補救，如此不動聲色，亦可消弭無形。……卓如此種悖謬之語，若在從前，誠如憲諭，「恐召大禍」。前過滬時，以報論過縱，詆毀者多，已請龍積之專管編輯，力設限制，惟梁作非龍所能約束。……

　　黃遵憲一方面表示服從上司訓諭，同時也委婉地表達了不同意見：若在從前，梁文中的話「恐召大禍」，但如今變法時代，一個詞就會召來大禍嗎？雖然已設了編輯限制梁啟超的言論，恐怕梁的文章不是一個編輯所能約束得了的。

　　張之洞見此回電，心中不快可想而知。

　　這裡有必要解釋一下「恐召大禍」的那個詞的意思了。「放巢」指「成湯伐桀，放於南巢」，即夏朝的昏暴之君桀被湯所滅後，流放到南巢之地。「流彘」，「流王於彘」也，語出《國語》〈召公諫厲王止謗〉，周厲王暴虐無道，百姓民怨沸騰，召公警告說，老百姓活不下去了，實在受不了了（民不堪命矣）！厲王大怒，命令衛巫監督查舉議論時政的人並向他報告，議論者立刻被殺掉。造成國內百姓不敢說話，走在路上只能用眼色示意（道路以目）。厲王沾沾自喜，說他有了讓百姓閉嘴的辦法，於是召公有「防民之口，甚於防川，川壅而潰，傷人必多」的千古名言，並警告他老百姓的嘴是堵不住的。厲王不聽，三年之後，百姓造反，就把他流放到彘地去了。梁啟超之文意在用歷史典故指君主暴虐的亡國之痛，並非說大清國馬上就將有「放巢流彘」的下場。但是，身為清王朝高官的張之洞對此不能容忍，他認為說歷史就是影射現實，說歷史上的昏君暴君就是說當今皇上，所以有「恐召

大禍」之說。

　　《時務報》內汪、梁矛盾的白熱化，正是體制內的改革派張之洞和體制外的改革派康有為的鬥爭，二者的學術觀念和政治思想截然不同。汪康年曾在武昌宣稱：「梁卓如欲借《時務報》行康教。」這正是張之洞最為擔心也最不能容忍的。他以權臣之尊，站在汪康年身後，所以汪康年有恃無恐，非常強硬，根本不把黃遵憲放在眼裡。不久，梁啟超即被排擠出局，離開《時務報》，到湖南的時務學堂教書去了。

　　但此時的康有為也已經進入了體制，有光緒帝撐腰，自是不甘失敗。他正在依仗熱衷變法的光緒，推行他的思想和主張，在朝中也有一些「粉絲」和支持者。於是，在京風頭正健的康有為以御史宋伯魯出面上奏尤其代擬的「請將《時務報》改為官報折」。光緒帝當日將其折交給協辦大學士、吏部尚書孫家鼐，由他「酌核妥議奏明辦理」。孫家鼐並不看好康有為，想把他踢出京去，於是提議，可否由康有為督辦官報。光緒批准同意。康有為只好奉旨，離京南下，準備接管《時務報》。康、梁一派雖然能夠借勢奪回《時務報》這一重要的輿論陣地，但康有為離開了變法的中心，有被邊緣化的趨勢。可是，張之洞集團也並不想就此繳械，經過緊張而頻繁的商議，決定只將《時務報》的空名交官，自己另起爐灶，改為《昌言報》，接續《時務報》出刊。汪康年遵張之洞意，再組班底，出版《昌言報》，採取明交暗抗、釜底抽薪之策。康有為立即發電各地禁止，並通過兩江總督劉坤一上報總理衙門。總理衙門將此電呈遞後，光緒批示由黃遵憲「查明」、「核議」。爾後，光緒帝又下旨，命黃遵憲接任駐日本公使，並電召其即刻來京。黃遵憲此時身體不好，稽留南方，奉旨處理《時務報》事宜。張之洞要回護汪康年，提出《時務報》原系商辦，不可由官方全盤接管。但黃遵憲並沒有迎合張的主張，他在給總理衙門並要求轉奏光緒帝的報告中，縷述了《時務報》開辦經過：

> 先是康有為在上海開設強學會報，不久即停，尚存有兩江總督捐助餘款，進士汪康年因接收此款來滬，舉人梁啟超亦由官書局南來，均同此志。因共商報事，遵憲自捐一千兩，復經手捐集一千餘兩，汪康年交出強學會餘款一千餘兩，合共四千兩，作為報館公眾之款，一切章程格式，皆遵憲撰定。……遵憲復與梁啟超商榷論題，次第撰布。實賴梁啟超之文之力，不數月而風行海內外。

這段話已明確地表明了他的立場，他是站在梁啟超一方的。他的結論是：《時務報》實為公報，而非商辦，由官方接管，順理成章。黃遵憲的表態，使他站到了張之洞的對立面，割斷了和他的老上司多年積累的情感聯繫，張之洞用評價康有為的話來貶損他，說他「狂悍」。事實上，已把他視為敵對分子。

創辦《時務報》固然為黃遵憲一生重要的事功，也是他為維新變法事業做出的傑出貢獻。但是，在波詭雲譎、暗潮湧動的晚清官場，他的命運也是岌岌可危的。

三

相比於粵、閩、江、浙諸省以及上海，十九世紀末的湖南是一個保守落後的省份，但那裡有一個思想開明、注重實幹的地方大員陳寶箴。他對於湖南的治理，有一系列進步的設想，需要有改革理念、真抓實幹的官員和他一同把這些設想落到實處，黃遵憲正是他屬意的人。黃在駐日本使館參贊任上，注重觀察日本的政情風俗，瞭解日本明治維新以來政治、經濟和社會結構的變化，寫下了《日本國志》這部重要著作，還有《日本雜事詩》等以詩觀風俗民情之作。這些著作

不僅為朝廷大員和國內士大夫瞭解世界和崛起的日本注入了新的理念，有重大的啟蒙作用，而且極大地提升了黃遵憲在士大夫中的地位。黃遵憲本就少年早慧，對傳統文化有深厚的學養，而且詩名早著，其風華文采粲然奪目。加上多年在海外履職，和東西洋人打交道，其見識和辦事能力都遠勝於靠科舉起家的冬烘官僚。他當年在金陵洋務局總辦任上及受命處理江南五省教案的實績，已經證明他的遠見卓識和務實作風。所以，聞聽黃遵憲將來湖南就任的消息，陳寶箴一再電促，希望他早日到職，與其和衷共濟，共擔湘省治理革新之任。黃遵憲以國事為重，放棄了回籍探親的打算，六月中旬啟程，先上海，再江寧，七月溯江而上，經湖北，八月入湘至長沙，受長寶鹽法道職並署理湖南按察使，開始了他地方官的生涯。

　　黃遵憲在湖南不足一年，在湖南巡撫陳寶箴的支持下，他具體辦了以下幾件事情：

　　一是開辦時務學堂，聘請梁啟超為總教習，給守舊的湖南注入新思想。這件事情阻力甚大，官紳子弟入學，聞聽梁啟超的教學言論和方法，耳目為之一新，眼界頓開，思想極為活躍。參與其間者不僅有梁啟超，還有湖南學政江標以及譚嗣同、唐才常、熊希齡（字秉三）、歐渠甲等走在時代前列的青年才俊。守舊的官紳和腐儒開初不知底裡，至回家看到子弟作業，才譁然大嘩，認為離經叛道，蠱惑人心。黃遵憲一方面規範教學內容，一方面堅持輸入新思想，對轉移湖南的學術和思想風氣作用極大。

　　二是試行現代警察制度，開設湖南保衛局，黃遵憲親擬章程。其責任是「去民害，檢非違，索罪犯」，包括了現代警察的職能。保衛局之性質和現代警察不同的是，它並不是國家權力的工具，而是官、紳、商合辦的自治團體，因此自覺貫徹了民主的原則，如保衛局「設議事紳商十人，一切章程由議員議定⋯⋯交局中照行」。如果所議有違

國家法律法規,「其撫憲批駁不行者,應由議員再議」。國家派駐機關和紳商各主其事,並不干擾國家權力的實行,「凡局中支發銀錢,清理街道,雇募丁役之事,皆紳商主之;判斷訟獄,緝捕盜賊,安置犯人之事,皆官主之」。而對於關涉民生之事,保衛局皆有權處理,如五六七八九各條「凡街區擾攘之所,聚會喧雜之事,應隨時彈壓,毋令滋事;車擔往來,礙行道、傷人物者,應設法安排,毋令阻道;道路污穢,溝渠淤塞,應告局中,飭司事者照章辦理;凡賣飲食,物質已腐敗或物系偽造者,應行禁止;見有遺失物,即收存局中,留還本人」。保衛局承攬了現代公安、路政、城管、公共衛生等部門的職責,於公序良俗、民生日常,可謂事無鉅細,皆有關照。對於保衛局人員,也有明確的紀律規定,其十二、十三、十四、十五諸條:「凡巡查,非奉有本局票,斷不許擅入人屋;違者斥革兼監禁作苦役;凡巡查,不准受賄,亦不准受謝;查出斥革並監禁作苦役;凡巡查,不准攜傘執扇,不准吸菸,不准露坐,不准聚飲,不准與街市人嘈鬧戲談,違者懲罰。凡巡查,准攜短木棍一根,系以自衛,不准打人,並不許擅以聲色威勢加人。內處同事,外對眾人,務以謙和溫順,忠信篤實為主。」這些約束與懲罰規定,如今讀來,仍令我們感嘆。其第四十四條體現了官紳共治的原則:「本局總辦,以司道大員兼充,以二年為期,期滿應由議事紳士公舉,稟請撫憲札委。議事紳士亦以二年為期,期滿再由本城各紳士公舉。」這種官紳共治的民主治理模式對於今天的社會治理仍有極大的借鑑意義。由陳寶箴開創、黃遵憲親自主持的湖南保衛局是地方自治的善政,它取代了原來的保甲團防局,維護了社會治安和良風美俗,得到了百姓的擁護。

　　三是在保衛局管理下,全省設立五所「遷善所」。黃遵憲親擬《湖南遷善所章程》二十四條,規定了管理人員職權範圍和遷善所的職能。遷善所主要是容留失業無著人員和輕微犯罪人員,「延聘工匠,教令工

作，俾有以養生，不再犯法」。對於遷善所的日常運行，黃遵憲在章程中皆有明確規定。如每所容留失業和輕微犯罪者八十人，設有房屋十三四間，每間住失業人和犯人各三名，每人應給床鋪一張，冬天給棉被、棉襖、棉褲各一件，夏給席一張。失業者和犯人服色，宜各有式樣，以示分別。每所聘請教習八人，每名教習要教工人十名，教令工作兼管理監督。其所教工作，如成衣、織布、彈棉、刻字、結辮線、製鞋、削竹器、造木器、打麻繩之類等手工活計。遷善所給失業者以謀生技能，給犯罪者以自新之路，是十九世紀地方社會治理的一大創新。

四是設立「課吏館」，欲使候補各員講求居官事理，研習吏治刑名諸書。這是陳寶箴和黃遵憲在湖南設立的幹部培訓班，今見黃遵憲親撰《會籌課吏館詳文》，其宗旨是要培養有實學、接觸實際的治理人才。因為靠科舉上位的官吏「徒溺虛文而少實際，律例、兵農、簿書、錢谷均非平日所服習，一入仕途，心搖目眩……」更因「仕途雜而官無實學」，因此官場上充斥著「猥瑣齷齪」之徒，這些鑽營利祿的貪腐分子「揣量肥瘠，行私罔上，無所不為」，成為殘民害民之蟊賊。因此，要課以為官之實學。所學內容，大致分為六項，除了舊時官吏傳統治理所必知的風氣習尚、農桑種植、城池道路的修建、律法判案等知識外，增添了在「海禁日開」的新形勢下，如何對經商、傳教的洋人交涉等內容，以免「化導無術」造成禍端。

以上，都是啟用地方才俊，有章程、有組織、卓有實效的維新舉措。此外，如大張旗鼓地宣傳和推行禁止婦女纏足，提出「保護人權」的口號，都令保守的湖南士庶百姓耳目一新。黃遵憲在署理湖南按察使（相當於湖南高等法院院長和檢察長）期間，清理積案，治理刑監，釋放了一些超期羈押的人犯，審理冤情，甄別錯案，處理一些貪贓枉法、玩忽職守的官員。他在南學會發表的講義中，明確地闡明了他的改革思想，意在「啟民智，倡民治」，「去郡縣專政之弊」，他的為政

理想是「由一府一縣推之一省,由一省推之天下,可以追共和之郅治,臻大同之盛軌」。在十九世紀末的中國,由古老而陳腐的帝國政治向現代社會轉型中,黃遵憲是不尚空談、注重實幹的改革家。他所倡行的改革新政在百餘年後的今天對我們仍有啟發和借鑑意義。

四

光緒二十四年四月二十三日,大清王朝詔定國是,光緒帝決意變法。這之後的三個多月中,大批新政設想和改革措施通過聖旨雪片般降下,似乎皇帝金口一開,全國上下風附影從,大清國就能從內憂外患中挺起身來,度過痼疾纏身、病勢危殆的困境。這場由因太后多年垂簾聽政而被整治得服服帖帖、驚恐怯懦的皇帝主導的改革,歷史上被稱為「百日維新」。

處在潮流中的黃遵憲,能臣幹吏,思想開明,自然是力圖變法的皇帝要依靠的對象。年初,皇帝就曾索要黃所著《日本國志》,力圖從這個因變法而崛起的強鄰中汲取改革動力,借鑑維新經驗。這年六月,皇帝三次下旨調黃遵憲進京,命其為出使日本大臣。七月初,他交卸了湖南政務,初八,自長沙起程,借道上海,欲由滬入京,受任新命。到了上海後,他的身體卻出了問題,積疾而轉成肺炎,遵醫囑必須調養。於是耽留上海,受命處理《時務報》改成官報事。如上所述,黃遵憲的態度和處理意見得罪了老上司張之洞。

在波詭雲譎、魅影幢幢的晚清官場,稍有疏忽,就可能踩在地雷上。黃遵憲受到皇帝的青睞,加官晉爵,青雲有路,和皇帝的變法理念一拍即合,似乎在晚清的政壇上會有一番作為。實際上,他周圍荊棘叢生,隱伏著暗礁和殺機。就在他因病耽留上海之時,八月六日,北京發生政變,慈禧太后下令訓政。十三日,譚嗣同等六君子被殺於

菜市口，康、梁竄逃海外，守舊派復辟後，光緒帝維新詔命概行廢止，百日維新匆匆落下帷幕。黃遵憲知事無可為，二十一日請兩江總督劉坤一奏請免去其出使日本大臣，當日即奉上諭：因病開去差使。但是，免了官，黃遵憲的麻煩還沒有完，朝廷立即有人上疏，說康、梁等朝廷緝捕的重犯藏匿在黃遵憲處。慈禧太后密電兩江總督劉坤一密查，二十四日上海道蔡鈞派兵二百圍守黃遵憲住處，「擎槍環立，若臨大敵」。洶洶殺氣，引起外國不安，從前黃遵憲出使過的英、日兩國表示，如對黃處理不公，將約同干涉。二十五日夜，得總署報告，康、梁並未藏匿在黃處，二十六日夜，朝廷下旨，將黃遵憲放歸原籍梅州。

　　短短十幾天的時間，黃遵憲由高官險成罪囚，雖然有驚無險，全身而歸，但內心卻有著強烈的震撼。三年後，他已經遠離了官場，只是老病在身的回籍平民，在給陳三立的信中述及別後遭遇時說：「弟平生憑理而行，隨遇而安，無黨援，亦無趨避，以為心苟無瑕，何恤乎人言，故也不知禍患之來。自經凶變，乃知孽不必己作，罪不必自犯，苟有他人之牽連，非類之誣陷，出於意外者。」

　　黃遵憲的感慨其來有自，當政變之初，殺氣滿京城，人人自危之時，不僅有朝中某御史捕風捉影，對其構陷，且有昔日上司張之洞一夥對其落井下石，必欲置之死地而後快。他們對黃談不上私仇，但因黃在《時務報》上對康、梁的立場與他們相左，所以抱憾切齒，不能相容。張之洞的親密幕僚梁鼎芬與黃交往廿年，當年黃入康有為強學會，列名為梁鼎芬代簽，與康結識，也是梁居間介紹，梁且贊康為「南陽臥龍」。早在黃遵憲在湖南任上時，張之洞以上司之尊，就經常發電陳寶箴、黃遵憲指斥《時務報》言論出格，梁鼎芬因有張之洞撐腰，為汪康年站臺，時對黃警告申斥。黃遵憲在湖南任上，政務繁忙，「殊覺日不暇給」。梁鼎芬此時竟致電黃遵憲，指斥他「兄欲挾湘人以行

康學」，並以最後通牒的口氣說：「國危若此，祈兄上念國恩，下恤人言，勿從邪教，勿昌邪說，如不改，弟不復言。」口氣之橫蠻無理，已超出朋友交往之道。當黃遵憲被清兵圍守，生死未卜之際，梁鼎芬到達上海，不是設法營救黃，而是送去一紙絕交信，其冷血絕情，以致於斯！黃遵憲對於梁鼎芬的做法，不但沒有嫌怨，卻給以極大的寬容和理解，有詩詠其事：「憐君膽小累君驚，抄蔓何曾到友生。終識絕交非惡意，為曾代押黨碑名。」他認為梁鼎芬與他絕交，只是膽小，怕牽連進逆黨之中，並非懷有惡意，還為自己與他交往而使朋友受到驚嚇懷有歉意。但黃遵憲未免太善良純真了，梁鼎芬一夥不僅與他絕交，而且要把他置之死地，在這個敏感而恐怖的日子裡，汪康年接到梁鼎芬一電，內云：「首逆脫逃，逆某近狀，逆超蹤跡何若？」、「首逆」，康有為；「逆超」，梁啟超；「逆某」，黃遵憲。他已把昔日朋友黃遵憲列入逆黨，關心他的蹤跡和近況，為的是進一步落井下石。

曾經賞識黃遵憲的張之洞，在黃被光緒任命駐日大臣並召其入京時，心中十分複雜，利用京城的內線不斷打探消息，隱忍而心懷歹意。當光緒下詔變法時，黃曾參與舉薦張之洞進京協助皇帝主持大局並就內政外交向張誠懇進言，後張內召未成。如今，黃內召進京，因病耽留，他擔心黃有意遲延，或許會被委以中樞大任。因《時務報》事，他對黃已十分嫉恨，言其「狂悍」。政變後，黃被褫職，被圍守，被趕回老家，他皆快意於心。黃發電於他，告知將回籍養病，他沒有回覆，黃對他已沒有任何價值，表面文章他也不肯做了。

戊戌政變第二年，守舊派瘋狂反撲，湖南一切新政皆被推倒，有大臣參劾左宗棠之子左孝同，張之洞發電時任湖南巡撫俞廉三：「去年湘省開保衛局，因保甲局有紳士，大府委左隨同辦理，一切皆黃遵憲主持，通國皆知，至主民權，改服色等事，尤無影響⋯⋯」把一切新政責任都推給了黃遵憲。過了兩年，兩廣總督陶模發電張之洞詢問黃

遵憲所獲何罪，欲請黃遵憲去辦理學堂，對黃啣恨於心的張之洞發急電於陶：「黃遵憲真正逆黨，戊戌之變，有旨看管，為洋人脅釋。湖南風氣之壞，陳氏父子（陳寶箴、陳三立）之受累，皆黃一人為之，其罪甚重。且其人鑽營嗜利，險狠鄙偽，毫無可取……」這樣陰狠之言竟出自曾對黃十分賞識和信重的張之洞之口，真令人瞠目結舌！黃遵憲賦閒在家，張之洞唯恐其東山再起，一九〇二年二月十八日，發電軍機大臣鹿傳霖：「聞有人保黃遵憲，此人確係康黨，又係張蔭恆黨，惡劣不堪，萬不可用，務望阻之。」

專制官場中人心之反覆險惡，依黃遵憲真誠之本性，不諛媚，不作假，不營私，不結黨，直道而行，焉得久存？政變之後，康、梁被通緝，黃遵憲為梁鼎芬對他進行誣陷致電張之洞給予解釋，仍然坦陳梁啟超是他的「至交」，並不因其為「欽犯」而遠禍趨避。這種坦蕩的君子之風，雖古賢人也不過如是矣！

五

光緒二十四年農曆九月，為推行改良新政嘔心瀝血，在地方官任上銳意進取的黃遵憲僥倖脫罪，被褫奪一切官職後，放歸故里。其《到家》詩敘其心境云：「處處風波到日遲，病身憔悴尚能支。」離開處處風波的官場，遊子歸來，有些遲了，所幸雖然有病，尚能支撐。國家禍亂頻仍，江河日下，罷官回籍，是福是禍？「老翁失馬卜難知」。但無論如何，他已經被黜退出局，成了國家命運的局外人，只能在病患中捱過殘年了。他把自己的居處命名為「人境廬」，取陶淵明「結廬在人境，而無車馬喧」之意，另有一聯云：「陸沉欲借舟權住，天問翻無壁受呵。」他知道國家頹敗之勢已無可挽，神州陸沉，大清將亡，桑梓廬舍，如茫茫大海上的一葉小舟，隨波浮沉，晚年只能棲身於此了。

黃遵憲五十二歲起閒居在家，到五十八歲去世，在人境廬住了六年。六年間，他開頭也很關注時局的變化，「家事、國事、天下事，事事關心」。這是讀書人的積習，何況他是在官場上和國內外行走多年的人，自然不能忘情於國事。一八九九年，慈禧太后有廢黜光緒帝的想法，立溥儁為大阿哥，黃遵憲有詩詠其事，指斥慈禧此舉是禍國的陰謀，「袖中禪代誰經見？管外窺天妄測量。」明確表示新立的皇儲「天下膏粱百不知」，一個紈絝子無法君臨天下，承擔治國大任。而他的父親端親王載漪自兒子立皇儲後，更是氣焰萬丈，黃遵憲無情地聲討：「朝貴預尊天子父，王驕甘作賊人魁。」（《臘月二十四日詔立皇嗣感賦》）朝廷上一片烏煙瘴氣，國事愈不堪問。戊戌政變後，一切從前學習西方、開啟民智的改良措施都禁行廢止，慈禧專斷殘忍，頑固派瘋狂反撲，贊同並參與光緒變法的臣子非殺即黜，朝廷出重金懸賞康、梁之頭，頑固派彈冠相慶之餘，也在搆陷、參劾、舉報政治對手，朝野上下，一派人人自危的恐怖氣氛。一九〇〇年，義和團起，慈禧太后愚妄狂亂，竟依靠義和團向西方列強宣戰，引來八國聯軍攻入北京，她和光緒逃走，簽訂了喪權辱國的《辛丑條約》，國事則更加糜爛，不可收拾了。黃遵憲這一年的心情極其悲憤，但也只能在詩中抒發他的憤懣和絕望了：「博帶峨冠對舊臣，三年緘口諱維新。盡將兒戲塵羹事，付於屍居木偶人。」（《初聞京師義和團事感賦》）他直接痛斥慈禧太后乃是「屍居木偶」，三年來，倒行逆施，盡廢新法，當年轟轟烈烈的「維新」一詞已成忌諱，依靠愚昧迷信的暴民反洋排外，與列強為敵，處理國事如同兒戲。終於造成「皇京一片變煙埃，二百年來第一回」。雖處江湖之遠，仍然心繫鑾闕的黃遵憲回思往日為國為民殫精竭慮的日子，面對眼下江山殘破，國事日非的現實，不由悲從中來：「當時變政翻新案，早使尤臣淚滿襟。」（《述聞》）他終於燃盡了一個體制內的臣子忠君報國的熱情，對朝廷和國事心冷如灰，成了

一個冷漠而痛苦的看客。

這一年，兩廣總督李鴻章、江西巡撫李興銳都曾邀其出山，黃遵憲知事無可為，一概謝絕。他漸漸地把注意力轉移到詩賦文章上去，感時賦詩，與友朋迭相唱和。但真正與他心靈對話的人幾乎沒有，所以他越發孤寂和落寞。這期間，他常常陷入回憶之中，回憶舊時的師友和同僚，想起他們的身世、學問和事功，還有與之交往中的一顰一笑……但他們都不在眼前，而且此生再難相見，於是，他作了懷人詩廿四首，抒發了對舊友的思念和內心難以排解的惆悵。其中兩首寫給了與之在湘同開湖南新政的陳寶箴、陳三立父子。「白髮滄江淚灑衣，別來商榷更尋誰？」（《義寧陳右銘先生》），他當年雖是陳寶箴下屬，但兩人情深誼重，對推行變法新政有著共同的信念。陳被罷官後，兩人在舟中灑淚而別。陳悲苦地說，以後怕是難以見面了。黃遵憲還不以為然，認為山不轉水轉，同在天地間，何以後會無期？分別後，陳、黃不僅沒有見面，且音訊杳然（一年後，他聽到就是陳棄世的消息了）。他在懷念陳三立的詩中寫道：「文如腹中所欲語，詩是別後相思資。」知音之情傾注筆端。廿四首詩分別寫給離別後思念的廿四個人，但卻沒有曾與之交往多年的張之洞、梁鼎芬和汪康年等人，可見抱憾之深。

和所有致仕還鄉的官員一樣，他以一個紳士的身分參與了宗族和家鄉的社會事務。他主持修訂了黃氏的族譜，希望黃氏子孫將來能夠立德、立功、立言，光耀祖宗和門庭。他自任家鄉興學會會長，熱心家鄉的教育事業，開辦家鄉小學校，發佈《敬告同鄉諸君子》公啟，以在國外多年的經歷，強調普及教育和義務教育的重要性，鄉間的讀書人，各族尊長皆有教育子弟之責。他已選派兩名青年前往日本學習師範，卒業歸國後將承擔地方教育的責任。他還對教科書、辦學處所、經費、課程等項提出設計要求。他編定並抄寫了自己多年創作的

詩稿《人境廬詩草》，病榻撫摩吟哦之餘，不禁悲懷難抑。在致五弟遵楷函中，感嘆自己「平生懷抱，一事無成，惟古今體詩能自立耳，然亦無用之物，到此亦無甚可望矣」，對自己的人生充滿了失望和無奈。

人離不開時代和環境。儘管作為熟讀儒家經典的傳統讀書人渴望立德、立功、立言的「三不朽」以成就自己完滿的人生，但黃遵憲竭蹶於官場，沉淪於下僚，抱經國之志，處無望之世，口欲言而不能言，心有餘而力不逮，最後病體支離，衰年浩嘆，其無窮的失望和憤懣又有何人能知呢？

六

知者，唯忘年知交梁啟超也。

梁啟超比黃遵憲整整小了廿五歲，創辦《時務報》時，梁被聘為主筆，二人相識於上海，黃遵憲立刻被梁的過人才華所征服。《時務報》甫一出刊，立刻風靡國內，在知識界和上層官員中引起巨大反響，那是梁啟超激揚文字之功。儘管張之洞等人不斷地指責和吹毛求疵，但黃遵憲內心是站在梁啟超一邊的。由於張之洞位高權重，在《時務報》中梁、汪之爭中梁被排擠出局，但黃遵憲立即徵得了湖南巡撫陳寶箴的同意，聘梁入湘，擔任湖南時務學堂的總教習。二人有了更密切的接觸，放眼世界，談詩論學，在新思想、新觀念的激盪中，共襄維新大業，領新潮，開民智，二人的心貼得更近，彼此視對方為志同道合的知音。戊戌政變後，梁啟超被朝廷通緝，有朝臣說梁藏匿在黃遵憲處，此推斷也說明在世人的眼中，黃與梁的關係非同一般。即在人人自危的恐怖日子裡，黃也不否定他與梁乃是知交。梁在日人掩護下逃到日本，黃放歸回籍，很長時間，二人不通音問，也不知彼此的下落。黃遵憲對梁啟超的深切擔憂和思念也只能埋在心底。

大約是一九〇二年的上半年，黃遵憲收到了梁啟超的日本來信，並隨信寄來繼《清議報》停刊後創辦的《新民叢報》，黃遵憲的心情可以用「漫卷詩書喜欲狂」來形容。他立即給梁復了一封長信。此時，康、梁師生在「保教」的主張上產生了嚴重分歧，梁啟超對康有為的「保教說」不以為然，並作《南海康先生傳》，對他的老師康有為給以歷史定位。認為康是教育家、思想家，引領時代的「先時之人物」。這種實事求是的定位並不能令康有為滿意。康有為提出「孔子改制」的論說，力持所謂「保教」的主張，是以孔子的傳人和帝王師自命的，孔子沒有執掌過世俗權力，因此被稱為「素王」，康號為「長素」，乃自詡為當今之「素王」也。他並且武斷地提出六經皆為孔子一人所作的論說。這些，都不是他的弟子梁啟超所能贊同的。黃遵憲在覆信中完全贊同梁啟超給康有為的歷史定位，並且不贊成把孔子立為教主。他說，無論東方的佛教、西方的耶穌教，還是穆斯林的回教，都是把教主的信仰定於一尊而排斥其他，各宗教尚有各自的宗教儀式。但孔子的學說沒有西方極樂世界、天堂、地獄之說，他是立足於人道和人的日常。「人人知吾為人身，當盡人道為一息尚存之時，猶未敢存君子止息之念，上不必問天堂，下不必畏地獄，人人而自盡人道，真足以參贊天地。……世界至此，人理大行，勢必舍一切虛無元妙之談，專言日用飲食之事，而孔子之說勝矣。」儒家學說即非神道，亦非仙道，乃是實實在在的人道，孔子因人施教，未嘗強人所必從也。「大哉孔子，包綜萬流，有黨無仇，無所謂保衛也。」儒學「既無教敵，又不設教規，保之衛之，於何下手？」黃遵憲還指出，強調「保教」，容易唯我獨尊，造成思想和信仰的一元化，排外、自閉和思想專制。戊戌三、四月間，湖南保教之說盛行，身為地方官的黃遵憲生怕排外的頑固分子藉以攻擊入湘的傳教士，釀成事端，於是在南學會演說，強調世界各地宗教教旨雖不同，但敬天愛人的宗旨是一樣的，完全可以信

仰自由，和平共處。所以，他對梁啟超於《新民叢報》第二篇提出「東海西海，心同理同」的主張讚賞不已。黃遵憲以他多年東西遊歷所見，提出中國應學習西方政教分離，他說：「且泰西諸國，政與教分，彼政之善，由於學之盛。我國則政與教合。分則可籍教以補政之所不及，合則舍政學以外無所謂教。」這裡已隱含了思想自由的主張，因為西方之教非宗教也，乃是自由的學問，完全與政府及國家權力無涉，所以可補政之不足。而政教合一的中國除了官方定於一尊的思想外，再就沒有學問和思想了。黃遵憲的確是我國近代史上的思想先驅，他在廿世紀初提出的觀念至今仍有振聾發聵的作用。他說，對於世界各國包括中國未來的政治走向，他在《易》的「泰、否、同人、大有」四卦中得到了破解，聖人於今日之世變，已有先知和預言：中國必將由君權而政黨，再由政黨通向民主之路。

　　我認為，在同時代中國的思想家中，黃遵憲之先進和深刻是無人可以超越的。這得之於他遊歷海外的獨特經歷和好學深思的品格，除此，他的謙遜也是常人所不及的。對於小他廿五歲的梁啟超，他不僅是激賞，簡直是膜拜。在一九〇二年五月的長信中（只留數千字殘篇），他深情地寫道：「《清議報》勝《時務報》遠矣，今之《新民叢報》又勝《清議報》百倍矣。驚心動魄，一字千金。人人筆下所無，卻為人人意中所有，雖鐵石人亦應感動。從古至今，文字之力之大，無過於此者矣。羅浮山洞中一猴，一出而逗妖作怪，東遊而後，又變為《西遊記》之孫行者。七十二變，愈出愈奇。吾輩豬八戒，安所容置喙乎，唯有合掌膜拜而已。」在孤寂的鄉居日子裡，梁啟超的來信帶給他的無異節日般的快樂，他期盼之殷、想望之切，無以言表，一旦得到，如收到心愛禮物的孩子難掩欣然歡躍之情。一九〇二年九月廿三日，他在信中寫道：「三日即奉七夕後一夕惠書，驚喜過望，一日三摩挲，不覺又四五十回矣。」一封遠方來信，竟使識多見廣，入仕多年的黃夫

子如此神魂顛倒！心之所繫，豈可以常情度之？他從不以年齡和資歷驕人，對年居晚輩的梁啟超總是稱「公」呼「丈」，自居卑下。梁啟超在日本創辦《新小說報》，和魯迅一樣且比魯迅更早，希望用文學喚起民眾的自強自立之心，塑造新民，以救中國。黃遵憲為之歡呼雀躍：「東遊之孫行者，拔一毫毛，千變萬態，吾固信之。此新小說，此新題目，邐陳於吾前，實非吾思議之所能及。……吾輩鈍根，即分一派出一活，已有舉鼎絕臏之態，公乃竟有千手千眼，運此廣長舌於中國學海中哉！具此本領，真可以造華嚴界矣。」後來，黃遵憲應梁啟超之約，廣集民謠，自作《幼稚園上學歌》、《小學校學生相和歌》等為《新小說報》供稿。黃對梁尊之、敬之、護之、愛之，以致於擔心梁過於勞累，身體吃不消，親自為梁定作息時間表，其關愛之情，令人動容。

一九○二年下半年，黃遵憲與梁啟超通信頻繁，黃每次執筆，則洋洋數千言而不能止。在這些信中，他盡情坦陳自己政治思想的變化，對國家未來前途的展望，臧否古今人物，對自己在戊戌變法中的作為予以深思和反省。他的思想超越於儕輩，至今讀來仍熠熠生輝。一九○二年十二月，他在信中談梁啟超的《新民說》：「公所草《新民說》，若權利、若自由、若自尊，若自治，若進步，若合群，皆腹中之所欲言，舌底筆下之所不能言，其精思偉論，吾敢宣佈於眾曰：賈（誼）、董（仲舒）無此識，韓（愈）、蘇（軾）無此文也。……二百餘年，政略以防弊為主，學術以無用為尚。有明中葉以後，直臣之死諫諍，黨人之議朝政，最為盛事。逮於國初，餘風未沫，矯其弊者，極力劃削，漸次銷除。間有二三骨鯁強項之臣，必再三磨折，其今夕前席，明夕下獄，今日西市，明日南面者，踵趾相接，務摧抑其可殺不可辱之氣，束縛之、馳驟之、鞭笞之，執乾綱獨斷之說，俾一切士夫習為奴隸而後心安。其文字之禍，誹謗之禁，窮古所未有。由是愚懦成風，以明哲保身為要，以無事自擾為戒，父兄之教子弟，師長之

訓後進，兢兢然伸明此意，浸淫於民心者至深。故上至士夫、長吏、官幕、軍人，乃至吏胥、走卒、市儈、方技、盜賊、偷竊，其才調意識，見於漢唐歷史，宋明小說者，今乃蕩然無有。總而言之，胥天下皆憒憒無知，碌碌無能之輩而已。以如此無權利思想、無政治思想，無國家思想之民，而率之以冒險進取，聳之以破壞主義，譬之八九歲幼童授以利刃，其不至引刀自戕者幾希。」

如前所言，黃遵憲是清末體制內的改良派，是戊戌變法的實踐者和參與者。他被體制拋棄後，對現實進行了深刻的反思，其認識警策深刻：「戊戌新政，新機動矣，忽而變政，仍以為此推沮力尋常所有也。既而團拳禍作，六飛播遷，危急存亡，幸延一發，卒下決意變法、母子一心之詔，既而設政務處，改科舉，興學校，聯翩下詔，私謂我輩目的庶幾可達乎。今迴鑾將一年，所用之人、所治之事、所搜刮之款、所娛樂之具、所敷衍之策，比前又甚焉！展轉遷徙，卒歸於絕望，然後乃知變法之詔，第為避禍全生，徒以媚外人而騙吾民也。」這個漸進而溫和的改良派，終至對朝廷完全絕望，他在一九〇五年給梁啟超最後一封信中提出對「革命」二字應避其名而行其實，不必張革命之幟，然而幹的就應是推翻朝廷的實事了。這個重大的思想轉變歷經了極其痛苦的過程，這一年，他殷憂在心，溘然離世。彌留之際，恍惚迷離，眼前仍然是梁啟超的影子：「君頭倚我壁，滿壁紅模糊。起起拭眼看，噫吁瓜分圖。」（《病中紀夢述寄梁任父》）他的眼睛已經看不清楚了，眼前紅紅的模糊一片，可他看到的彷彿是梁啟超的頭倚在牆壁上。他一遍遍擦拭自己的眼睛起來細看，看到的卻是中國被列強瓜分的地圖。嗚呼，寄情之殷，憂國之切，有如此乎！

此文至此本當結束，但就黃遵憲與梁啟超之交往不得不補敘一節。梁啟超有一菊花硯，為唐才常贈，譚嗣同題銘詩，江標鐫刻，梁啟超極為珍視。戊戌政變時，此硯遺失，梁啟超痛惜不已。一九〇二

年九月廿三日，黃遵憲致梁啟超信中云：「吾有一物令公長嘆，令公傷心，令公下淚，然又能令公移情，令公怡魂。此物非竹非木，非書非畫，然而亦竹亦木，亦書亦畫。於人鬼間撫之可以還魂，於仙佛間寶之可以出塵，再曆數十年，可以得千萬人之讚賞，可以博千萬金之價值。僕於近日，既用巨靈山之力，具孟子超海之能，歌《楚辭》送神之曲，緘縢什襲，設帳祖餞，復張長帆，碾疾輪，遣巨舶，載之以行矣！公之見此，其在九月、十月之交乎？」此處所言，菊花硯也。原來，菊花硯失落後，輾轉由黃遵憲得之，黃即補銘，尤其甥張某刊刻於上，其銘曰：「殺汝亡璧，況此片石。銜石補天，後死之責。還君明珠，為汝淚滴。石到磨穿，花終得實。」銘後署「公之它」，是黃遵憲偶用之名。一九〇二年十一月卅日，黃致梁書中云：「公欲將瀏陽硯此硯為唐才常所贈，唐瀏陽人，故稱。之搨本征詩，此硯之贈者、受者、銘者，會合之奇，遭遇之艱，乃古所未有，吾謂將來有千金萬金之價值此也。公之它之名偶一用之，而用之於此者，因取友必端之語也。既已補銘而刊刻之矣，若於搨本中諱此三字，使世人妄相推測，轉為不宜。公之自序，但云由武昌或京師不知何如人寄來，殆古之傷心人也。再過二三年乃實征之，更有味也。」本年十二月十日，黃致梁書中又言及此硯：「菊花硯近必收到矣。僕前言將『公之它』三字一一拓出，但云不知為何許人也。今公意欲將三字藏過，僕復視字在紙末，藏過亦無跡，未審近已拓出否？僕必作一歌，但不能立限，須俟興到時為之耳，吾意既表於銘中也。」黃遵憲的《菊花硯歌》吾於其詩中未見，或許沒有作。但他對梁啟超寄意之深已於銘中表明，他希望梁啟超做銜石填海的精衛鳥和煉石補天的女媧，此硯之贈予者、銘詩者、鏨刻者皆死於國事，受贈者應繼承他們的遺志，用文章喚起大眾，塑造國魂，此硯磨穿之時，必是花實纍纍之際。

　　撰文至此，不由擲筆三歎。黃遵憲寄意遙深的梁啟超已歿近百年

矣，菊花硯尚在否？遺篇千萬，國事堪問乎？

黃遵憲晚年有詩云：

  杜鵑花下杜鵑啼，苦雨淒風夢亦迷。
  古廟衣冠人再拜，重樓關鎖鳥無棲。
  幽囚白髮哀蟬咽，久戍黃沙病馬嘶。
  未抵聞鵑多少恨，況逢春暮草萋萋。

百餘年來，先賢志士杜鵑啼血之悲情，幾人能理會呢？

萬里西風雁陣哀——嚴復與近代中國轉型

一

一八九四年甲午海戰，嚴復的多位同窗和學生死於戰火。從軍艦噸位和從西洋引進的裝備來說，北洋水師號稱亞洲第一，卻幾乎覆滅。嚴復為此受到很深的刺激，他沉痛地說：「嗚呼，中國至於今日，其積弱不振之勢，不待智者而後明矣。深恥大辱，有無可諱焉者。日本以寥寥數艦之舟師，區區數萬人之眾，一戰而翦我最親之藩屬，再戰而陪京戒嚴，三戰而奪我最堅之海口，四戰而覆我海軍，今者款議不成，而畿輔且有旦暮之警矣。」（《原強》）嚴復寫下這段話時，時當一八九五年，大清國連敗於日軍，警報還沒有解除，賠款求和，喪權辱國是王朝苟延殘喘的唯一退路。嚴復和一些憂國憂民的士大夫開始思考中國向何處去的問題。

和所有先進的知識人一樣，嚴復認為中國目前處於「五千年未有之大變局」中，以前的危機不過是易姓換代的王朝更迭，而今，若中國沒有順應潮流的勇氣，則有亡國滅種之危險。「觀今日之世變，蓋自

秦以來未有若斯之亟也。」世界的這種變局，嚴復覺得沒有一個恰當的名字稱呼它，因此，他起了個名字，稱之為「運會」。運者，時代和世界的走勢也；會者，匯通如潮湧，非人力所能阻擋也。所以，他說：「運會既成，雖聖人無所為力，蓋聖人亦運會中之一物，謂能取運會而轉移之，無是理也。」（《論世變之亟》）用孫中山先生的話來說，就是「世界潮流，浩浩蕩蕩，順之者昌，逆之者亡」。任何人若想阻擋這種歷史潮流，便如螳臂當車，唯有自取滅亡。

那麼，這種潮流或謂「運會」到底是什麼？何以使當時最睿智、最先進的知識者有如此之感嘆，認為中國非變不可？

嚴復有恰切的論述，簡而言之，就是中國的王朝再也不能關起門來稱王稱霸，自認為是天下老大，愚民且自愚，殘民而自恣了。若將嚴復等人的論說做個比喻，好比西方的一個白人大漢一腳踢開了古老帝國的大門，老太爺開始以為還是從前的「生番蠻夷」、邊鄙屬國來進貢，睡眼惺忪中斷喝一聲：「跪下！」其下屬家丁也連聲叫喊。白人大漢沒見過這陣仗，不由得有些猶疑和發蒙，在一番爭執和恫嚇之後，白人大漢悻悻而去。過些日子他又來了，一進門，先給老太爺劈頭一掌，這次輪到老太爺發蒙，定睛一看，門外站著的不是一個大漢，恍惚中似有好多個，個個凶神惡煞，提出要和老太爺做生意，必得老太爺在客廳裡預備一張床鋪，好叫他歇腳酣眠。老太爺大怒，命家丁們拿起古老的掃帚、拖把，把這些沒怎麼打過交道的蠻夷趕將出去。不想白人大漢們卻掏出古怪的武器來，只輕輕一掃，家丁們應聲而倒、四散奔逃，完全不是這些大漢的對手。老太爺這才害怕起來，不敢耍橫發威，請大漢上座，敬茶、給錢、說好話，先把他們打發走了再說。可是，大漢們輪番上門打秋風，提出種種無理要求，讓老太爺應接不暇。從前安寧的日子再也沒有了，老太爺這才感到世道變了。

對於這種洶湧而來的「運會」，嚴復多有論述。然而一些閉目塞聽

的守舊派認為，蠻夷不足慮，中國地大物博，有三千年燦爛文明，「天不變，道亦不變」，只要守祖宗之法，走中國自己的路，華夏必勝。何必杞人憂天，如此誇大蠻夷之力，豈非白日見鬼，滅自己威風嗎？嚴復苦口婆心地解釋為什麼說中國正面臨自秦以來未曾有過的「世變之亟」，那是因為此蠻夷非彼蠻夷也！對此，讓我引述歷史學家蔣廷黻先生的論述——

> 中華民族到十九世紀就到了一個特殊的時期。在此以前，華族雖已與外族久有關係，但是那些外族都是文化較低的民族。縱使他們入主中原，他們不過利用華族一時的內亂而把政權暫時奪過去。到十九世紀，這個局勢就大不同了，因為在這個時期到東亞來的英、美、法諸國人絕非匈奴、鮮卑、蒙古、倭寇、滿族人可比。原來，人類的發展可分兩個世界：一個是東方的亞洲，一個是西方的歐美。兩個世界雖然在十九世紀以前有過關係，但那種關係是時有時無的，而且是可有可無的。在東方這個世界裡，中國是領袖，是老大哥，中國以大哥自居，他國連日本在內，也承認中國的優越地位。到十九世紀，來和中國找麻煩的不是東方世界裡的小弟們，是那個素不相識而且文化根本互異的西方世界。（《中國近代史》〈總論〉）

但是，讓長久與世隔絕、在封閉的專制帝國大醬缸裡自得其樂的統治者和士大夫們認識到危機之來，亦並非易事。第一，因為封閉日久，他們對外面的世界並不知曉；第二，即使知道世道變了，他們還是想把大門關起來，過自己從前的日子。因為從前的日子對他們來說就是天堂，從天堂回到人間，他們是拚命抵制的。

對外面的世界全然不知，也不能說他們就是愚蠢。用魯迅的比

喻來說，國人在封閉的鐵屋子裡酣睡，慢慢地窒息而死，並不覺得痛苦。有一個人喊叫起來，驚醒了周圍的人，這個喊叫的人就是眾人的公敵。

直到十九世紀中葉，大清國雖然和英國的東印度公司做了多年生意，皇帝和他的臣子們還對打上門來的英國一無所知。據呂思勉《中國近代史》介紹，鴉片戰爭中，朝廷在臺灣抓了幾個英國人，皇帝親自下旨，命官員嚴訊，務必弄清以下問題：英國有多少土地？有多少屬國？這個國家和新疆回族各部是否相鄰，有沒有旱路可通？和俄羅斯是否接壤？和俄羅斯做過生意嗎？此次打上門來的英國人是受英皇之命來的，還是在外帶兵的將領私自派遣？皇帝對西方這個強國的地理方位和國情全然無知，對打進國門的敵人更不瞭解。有沒有瞭解的渠道呢？有。明朝末年，就有一本介紹世界各國地理、國情和民俗的書，名為「職方外紀」，但中國人認為那是妄說奇談，根本不相信，連紀昀修訂《四庫全書》時都把它擯除在外。暗昧封閉如此，世變之亟時，當然驚慌失措。

皇帝如此，臣下如何也就可想而知了。林則徐，皇帝派往廣東禁煙的欽差大臣，是當時朝廷中最忠誠能幹的大臣，他的名言「苟利國家生死以，豈因禍福避趨之」，後世的許多政治人物皆用此表白心志，他還讓人每日翻譯外國的報紙閱讀，應算得朝中最開明、最通外情的人。但就是這樣一位開明臣子，到廣東禁煙，英國人要中國官方賠償沒收的鴉片煙價，林則徐以官文回覆，其文曰：「本大臣威震三江五湖，計取九州四海，兵精糧足，如爾小國，不守臣節，定即申奏天朝，請提神兵猛將，殺盡爾國，片甲無存。」這樣的檄文，如同從《封神演義》等舊小說中抄來的，可它就是大清國與外邦交往的官方文書，而且出自最開明幹練的臣子之手。英國人看著拖著長辮子、穿著奇裝異服、磕頭作揖的清國人本就感到奇怪和詫異，看了這樣的官方

文件，更是目瞪口呆。

　　統治者對外邊的世界無知，有著夜郎自大的心態，這完全是他們封閉自愚且愚民的結果。影響所及，直到十九世紀末期，嚴復等人向國人客觀介紹西方還要受到很大阻力。一種人只要聽你介紹西人政經文化的優長，就說你別有用心，西人是我們的敵人，豈能說敵人的好話？在十九世紀末期，嚴復就公開認為中國之所以積貧積弱落後於西方，就是因為統治者「以奴虜待其民」；而西方之所以富強，就是因為有自由、平等的價值觀。嚴復的時代還有一種人，認為西方的那一套思想、學說和治國方略，都是我們老祖宗從前有過的，即所謂「西學中源論」。宣揚這種理論的有兩類人：一類是介紹西學的某種策略，使視西學為洪水猛獸的統治者和士大夫們不那麼恐懼和敵視，這類人當然其心可憫，如湯壽潛為了在中國實行立憲，就寫過《憲法古義》一書，論證西方憲政的理論和做法中國自古也有過，不過不那麼全面，沒有持之有故而已；另一類人則是守舊的頑固派，固執地認為中國的禮教和政治制度是最好的，西方那一套沒什麼了不起，不過拾我們老祖宗的余唾而已，我們完全不必理會西方那一套。

　　嚴復那個時代以及其後先進的知識人，認為這個自秦以來從未有過的大變局，形成了一種人類向更先進、更文明的社會前進的潮流，「夫士生於今日，不睹西洋富強之效者，無目者也。謂不講富強，而中國可以安；謂不用西洋之術，而富強自可致；謂用西洋之術，無俟於通達時務之真人才，皆非狂易失心之人不為此」（《論世變之亟》）。如果你看不到西方的強大，你是個睜眼瞎；如果你認為不學習西方，走中國的老路，中國就可以像西方那樣強大，或者學習西方，也用不著通曉西學，有世界眼光，你這種言論就是喪心病狂。嚴復認識到中西是兩種不同的文明，「嘉慶道光年間的中國人當然不認識那個西方世界，直到現在，我們還不敢說完全瞭解西方的文明」（蔣廷黻《中國近

代史》〈總論〉）。到了十九世紀中葉，世道已變，西方世界打上門來，我們必須學習和認識另外一種人類文明，統稱為「西方文明」。如嚴復所云：「自勝代末造，西旅已通，迨及國朝，梯航日廣……道咸以降，持驅夷之論者，亦自知其必不可行，群喙稍息，於是有不得已而連有廿三口之開。」到了一八九五年，中國已被迫開放廿三處通商口岸，不僅國門被砸開，連牆垣也被拆得七零八落，再想把門關上已不可能了。無論你高不高興，「運會」已至，大潮席捲而來，古老的中國被外力逼迫，必得實行社會的轉型，邁進現代社會的門檻。

什麼叫轉型？「一個國家，一個民族走入近代，就意味著以工業化為主導的經濟取代了以地主經濟、領主經濟或自然經濟為主導的中世紀的經濟形態，也還意味著，它不再是孤立的或是封閉與半封閉的，而是以某種形式加入到世界總的發展進程。尤其重要的是，它以某種形式的民主制度取代君主專制或其他不同形式的專制制度。」（《中國近代思想家文庫》〈總序〉）中國近代的社會轉型，自十九世紀中葉以來的一百多年裡，代有賢人智者大聲疾呼，但雲遮霧掩，千折百回，暗礁危崖，似難超越。正如西方近代思想家所言，帝制時代專制主義有一條千年老根子在，這條老根子粗長深遠、盤根錯節，拔除它絕非易事。

嚴復後來對中西文明進行了一些比較，他認識到，中西文明，尤其是政治文明，在源頭上就是截然不同的。

二

甲午海戰後的一八九五年，嚴復因個人及民族情感創深痛巨，思想更為敏銳深邃，對問題的思考也更為深遠和睿智。他在這一年發表一篇名為「辟韓」的短文，對帝制時代專制主義的老根子進行了撻伐

和批判。他認為，中國自秦始皇滅了六國之後，把權力分散的分封制消滅了，建立了一個金字塔型的中央集權制度，而韓非為這個權力結構提供了理論依據。

韓非被看作法家的代表人物。韓非的理論建立在人類不平等的基礎上，他說：「古之時，人之害多矣，有聖人者立，然後教之以相生、相養之道，為之君，為之師，驅其蟲蛇、禽獸而處之中土。寒，然後為之衣；飢，然後為之食。木處而顛，土處而病也，然後為之宮室。為之工以贍其器用，為之賈以通其有無，為之醫藥以濟其夭死，為之葬埋、祭祀以長其恩愛，為之禮以次其先後，為之樂以宣其湮鬱，為之政以率其怠惰，為之刑以鋤其強梗。相欺也，為之符璽、斗斛、權衡以信之；相奪也，為之城郭、甲兵以守之。害至而為之備，患生而為之防。」韓非認為人類的進步不是整個人類披荊斬棘、艱苦探索，在大自然中力求生存的結果，文明的成果不是人類共同創造的，而是出了一個超人、一個聖人、一個大救星把人類帶出了矇昧和黑暗。

對這種聖人的理論，嚴復提出了質疑：這個聖人是人類的一員還是天外的超人？如果是人類的一員，那麼，他在榛莽未開的時代與其他人類遭遇同樣的困境，他以至他的祖先不早就死掉了嗎？如果他非人，那麼他一定長著羽毛或者鱗甲以抵禦寒暑，一定長著爪牙以攫取食物，那麼，這是動物而非人，人類似乎不能靠某種動物類的「聖人」來拯救。如果按照韓非的說法，人類只待「聖人」來拯救，人類豈不早已滅亡了嗎？我們後來所熟知的恩格斯《家庭、私有制和國家的起源》便論述：家庭、國家是人類的物質生產發展到一定階段的產物，並非哪個「聖人」發明出來而後加於人類身上的。中國有文字記載的歷史只有三千餘年，而對遠古的人類活動語焉不詳。我們從中國古代典籍中所知的一些帶有神話色彩的人物，我認為他們並非某個神化的個人，而是某個氏族部落。如燧人氏是在洪荒時代敲石取火的部落，

有巢氏是為了躲避風雨嚴寒和野獸襲擊而建草寮窩棚以存身的部落，神農氏是人類漸漸脫離狩獵取食而從事初始農業的部落……如果真有大禹這個人，他也是一個帶領部落抗禦洪水，以圖生存的氏族長。他為了戰勝洪水，和眾人一起，身先士卒，陷溺於泥水，把小腿上的汗毛都褪盡了，手腳磨出了老繭，三過家門未回去看看妻兒[1]，因此受到氏族人們的愛戴。直到漢武帝時，人們還相信黃帝有一百廿個女人，因其女人多而得以仙升。這不過是人類由母系社會過渡到父系社會的形態而已。人類經過漫長的歲月，向先進的部落學習，由樹上棲息回到陸地，學會了取火、熟食、造屋，脫離了狩獵時代進入了農業時代，這是人類文明原初進化的真相，是可以從遠古的記載中尋繹出蹤跡的。如韓非所云，人類由原始社會到國家的形成都是由於「聖人」的指點才完成的，這種「聖人史觀」、「英雄史觀」、「大救星史觀」，和人類文明漸進的歷史是相違背的。

　　按照韓非的觀點，既有超越於眾人之上的「聖人」，就有矇昧的群氓，有「上智」，必有「下愚」，而聖人統治群氓，上智統治下愚是天經地義的。他說：「君者，出令者也；臣者，行君之令而致之民者也；民者，出粟米麻絲，作器皿，通財貨，以事其上者也。君不出令，則失其所以為君；臣不行君之令而致之民，則失其所以為臣；民不出粟米麻絲，作器皿，通財貨，以事其上，則誅。」韓非根據當時的社會形態，為帝制時代專制主義設計好了權力結構的藍圖：君王高高在上，發號施令，他的臣子們把他的號令貫徹到底層百姓那裡去，而最下等的「民」只負責生產以供上邊的君臣享用，如果「民」不好好幹活，就把他們殺掉。這個金字塔的國家組織由秦始皇建立，經漢初帝王不斷完善，到漢武帝時代已基本成熟。韓非為帝制時代專制主義的國家

---

[1] 按照恩格斯的說法，這時一夫一妻或多妻的家庭已經產生了。

機器建立了最初的政治學說。

嚴復質問道，如果幾千年君民關係只是奴役與被奴役的關係，那麼，堯舜的統治和桀紂的統治有什麼區別呢？堯舜和桀紂之事我們的老祖宗也言之不詳，不必說它。我們只知道，自打秦始皇建立起金字塔的權力結構之後，國家大一統，權力分層制，歷經數千年，易姓換代，朝廷變更，其專制主義的實質從來沒有一絲一毫的改變。民，也就是老百姓，歷來是被壓在最底層的奴隸，他們只是物質生產的工具，對上層建築和意識形態沒有發言權，如果你不好好幹活，一個惡狠狠的「誅」字就可以了斷你。

帝制時代專制主義建立在人生來就不平等的基礎之上的，它的國家理念和政治倫理就是實行對民的剝奪和壓迫，對民的奴役和壓迫乃是國家的天職。韓非為了這種權力結構的穩定，進一步明確了「三綱」之說：「臣事君，子事父，妻事夫，三者順則天下治，三者逆則天下亂，此天下之常道也。」韓非是「三綱」之說最精闢的闡述者，他的理論被秦始皇以來的歷代帝王所讚賞和實踐，是真正落到實處的。而孟子所云「民為重，社稷次之，君為輕」的民本思想，只是學者和思想家的空談，從未被帝王認可，更無從落實到政治實踐中去。後來的皇帝朱元璋看了孟子的議論，大怒，先是下令將他逐出儒家的祭祀文廟，後來又親自刪改他的書，把他民重君輕的議論全部刪除。如果孟子生在朱元璋的時代早就被砍了頭。

韓非主張國家大一統的中央集權制，「事在四方，要在中央，聖人執要，四方來效」。主張削奪並消滅封建諸侯，以便集中權力。對尚未消滅的封建邦國，要「散其黨，奪其輔」，驅散其黨羽，削平其衛輔。要樹立君主的絕對權威，「萬乘之主，千乘之君，所以制天下而征諸侯者，以其威勢也」。他主張嚴刑重罰，以維護專制權力的穩定，他認為國家有「五蠹」必須除之。這五種害蟲，第一就是學者，第二是愛發

表議論的「言談者」（今之所謂「公知」和「意見領袖」），第三則是體制外路見不平拔劍而起的遊俠（帶劍者），第四是那些不肯為大一統國家效力、不服管、不敬畏君王的人（患御者），最後他把「商工之民」（做工和經商的人）也列入「五蠹」之列。除掉這些人，專制權力或許在國家機器的強力鎮壓下得到了鞏固，但人類社會將永遠停留在矇昧的暗夜。

　　韓非提出的國家理論和權力架構被秦王嬴政大加讚賞，儘管韓非的同學李斯把他害死在秦國的大牢裡，但嬴政還是用他的理論統一了六國，建立了中央集權的大一統國家。在中國廣大的土地上，歷經2000餘年漫長的歲月，王朝更替，秦始皇所構建的權力架構本質上並無變化。它和西方的平等人權理念圓鑿方枘，兩不相容。這個又粗又長的千年老根子不拔除，我們是沒法走出專制和極權的陰影，實現民主政治的現代轉型的。

三

　　嚴復已經注意到西方國家建構的理論，那是人們為了生命財產的安全，把管理和保護人們的權力讓渡給公職人員，使自己能夠安心耕織勞動，做工行商，過和平安寧的生活。吾與其擔心別人來攘奪和侵犯，「何若使子專力於所以為衛者，而吾分其所得於耕織工賈者，以食子給子之為利廣而事治乎？此天下立君之本旨也」。民之所以願意供養國家公職人員，那是為了讓他們保護自己的生命和財產權利，「是故君也臣也，刑也兵也，皆緣衛民之事而後有也」。君主和臣子，刑法和軍隊，是為了保護族群百姓而存在的，如果沒有這種需要，君王和國家就無須存在。「而民之所以有待於衛者，以其有強梗欺奪患害也。有其強梗欺奪患害也者，化未進而民未盡善也。是故君也者，與天下之不

善而同存，不與天下之善而對待也。」這種思想和馬克思主義的國家理論不謀而合。因為人類的進步還沒有到盡善盡美的地步，有「強梗欺奪」的現象，人類有這些「不善」，國家才有必要存在。到了馬克思所設想的共產主義，國家就將歸於消亡。所以，國家不是和「善」相對立的。

按照韓非的理論，君主和臣子欺奪凌辱百姓天經地義，嚴復質問道：「夫自秦以來，為中國之君者，最能欺奪者也。竊常聞：『道之大原出於天』矣。今韓子務尊其尤強梗，最能欺奪之一人，使安坐而出其唯所欲為之令，而使天下無數之民，各出其苦筋力，勞神慮者，以供其欲，少不如是焉則誅，天之意固如是乎？道之原又如是乎？」嚴復指出，韓非的理論就是主張天下最大的惡，因為帝王和他的臣子們就是竊奪天下的賊。他們把自己裝扮成正人君子和救世主，說他們的權力是上天給的，他們驕奢淫逸，殘害百姓乃天經地義。千年以來，以此愚民。「秦以來之為君，正所謂大盜竊國者耳。國誰竊？轉相竊之於民而已。既已竊之矣，又惴惴然恐其主之或覺而復之也，於是其法與令蝟毛而起，質而論之，其什八九皆所以壞民之才，散民之力，漓民之德者也。斯民也，固斯天下之真主也，必弱而愚之，使其常不覺，常不足以有為，而後吾可以長保所竊而永世。」千年專制獨裁的慣技不過侵奪和愚民兩術，侵奪以供其奢淫，愚民以長保其位。

中西文明對統治者和國民的定位完全相反，嚴復指出：「是故西洋之言治者曰：『國者，斯民之公產也，王侯將相者，通國之公僕隸也。』而中國之尊王者曰：『天子富有四海，臣妾億兆。』臣妾者，其文之故訓猶奴虜也。夫如是則西洋之民，其尊且貴也，過於王侯將相；而我中國之民，其卑且賤，皆奴產子也。」（《辟韓》）這是對於十九世紀末中國敗於西方，嚴復從文化根源上做出的最深刻的反思。

數千年之中國固然不是一姓之朝廷，但朝廷和中國是綁在一起

的，雖然顧炎武有「亡國」、「亡天下」之論，認為朝廷之亡只是易代換姓而已，和老百姓沒什麼干系，只有「天下興亡」才是「匹夫有責」。如果你活在當時的大清國，眼看著朝廷腐敗，強敵環伺，皇帝、權貴以及他們一夥只知掠奪和欺辱國民，「率獸而食人」，完全不顧國民的死活，這樣的朝廷當然沒什麼指望，你只能盼望它早點崩潰，立即垮臺。可是「天下」和「國」又怎能完全分得開呢？外敵入侵之時，當然要愛國，在一般人的眼裡，只有國家強大了，老百姓才有好日子過，國民才有尊嚴。事實上，可能完全相反。國家強大了，帝王和權貴們更加為所欲為，有了更多的掠奪和欺壓百姓的手段和本錢，他們的物質慾望和權力慾望無限膨脹，老百姓可能陷入更加苦難的境地。

這要看國是誰之國，國為誰而立。

視民為奴虜者，日以擄掠欺矇為能事，這是竊國大盜之國；國為公產，執掌國柄者，乃民之公僕，這才是民之國。

我們借嚴復之文對中國專制主義最早的理論家韓非的思想及秦始皇開創的體制進行了分析，這種政治理念和制度架構延續了二千餘年並無根本改變。世界潮流洶湧激盪，十九世紀末的中國為什麼不能隨潮而進？其癥結何在？其根本原因是我們和西方處在兩種不同的文明之中，東西兩種文明自發軔之初就有根本的分野。

西方政治文明的一個重要源頭是古希臘城邦政治和其後的羅馬共和制度。主編《希臘的遺產》的英國學者芬利針對希臘早期的城邦政治說：「政治上言之，整個希臘從未出現過任何一種中央集權。希臘化時代出現的一些區域性國家，主要是在被征服的東部而非古老的希臘中心地區。在此之前，希臘世界是由自治性很強的小共同體組成，習慣上被誤譯為『城邦』……除若干無關緊要的情況外，這些共同體無論在理論上還是在實際上都是獨立的城邦，與其各自的『母邦』有著心理上和感情上的聯繫，而非政治和經濟上的聯繫。」

這種情況與秦統一前周王朝的封建制的社會形態有著高度的一致。那時，華夏大地有八百多個（或許更多）分封的諸侯國，他們在政治和經濟上是獨立的，周天子雖然也有自己的邦國，但只能算各個諸侯國的「母邦」，各諸侯名為尊崇和拱衛天子，關鍵時刻周天子甚至能調動各諸侯國的軍隊，但隨著「母邦」權威的日漸衰落，各諸侯國開始自行其是，它們和「母邦」的聯繫也僅剩心理和感情上的了。這時的權力分佈是橫向的，各諸侯國的國君還有古老真誠的貴族情懷，如被後人罵為「蠢豬」的宋襄公，他是一個諸侯國的君主，與另一個諸侯國交戰時，敵人的軍隊沒有渡過河不攻擊，沒有布列成陣不攻擊，結果被對方打得大敗。這說明那時還有諸侯間必須恪守的規則，這不僅關乎道德，更關乎人與人、國與國交往的誠信，而這些是必須遵守的。在後來諸侯國間相互吞併的戰爭中，這些規則被破壞，人們不斷地突破規則和道德底線，陷入了弱肉強食的叢林法則中，奸詐、權謀、不擇手段、勝王敗寇……則被推崇和頌揚，上位者、得勢者恰恰是那些狡詐陰狠的角色。正因如此，孔子才痛心疾首，認為他所處的時代「禮崩樂壞」，他要回到周王朝的封建時代去（「鬱鬱乎文哉，吾從周」）。他認為從前的人更守規則、有道德、有底線、有良知，社會是祥和安寧的。針對人類的凶殘攫奪、陰謀算計，他提出「己所不欲，勿施於人」的道德信條。

　　中國古代也曾出現過類似古希臘城邦政治那樣的社會，中國社會在春秋戰國和幾乎處於同一時代的古希臘有著幾近相同的政治生態。芬利引述古希臘哲學家和悲劇作家的話來論證雅典的民主政治：「在雅典，智者普羅泰哥拉解釋道：『當雅典人所議之主題含有政治睿智……會傾聽每一個人的見解，因為他們認為所有人都應擁有這一美德；否則，便不會有城邦。』（柏拉圖《普羅泰戈拉篇》）歐裡庇得斯在約西元前四二〇年上演的《哀求的婦女》中表達了同樣的觀點：他引用公民

大會上的傳令官所言:『任何人有良策獻於城邦並希望表達出來?』提秀斯評論道:『這即是自由,渴望者可享譽;無慾者則默默無聞。對城邦來說,有什麼比這更公平的?』」(芬利《希臘的遺產》〈政治〉)每個人只要願意,都有對政治發言的權利,這就是古希臘的自由和民主。

在中國的同一時代,孔子和孟子都是以布衣之身在各個邦國之間往來,遊說諸侯,陳說對政治的見解。諸侯國的君主對他們待以客禮,認真傾聽他們對邦國治理的意見和君主修身的主張。在其後的「禮崩樂壞」時代,也有蘇秦、張儀那樣的縱橫家遊說諸侯;就連在自己的邦國遭受排擠的韓非,也能跑到秦國向嬴政獻策。如今留下的孔孟以及韓非的書多為對邦國政治發表見解的言論集。可見,與古希臘城邦政治同時代的中國,因為有相似的政治生態,人人有申述政治見解和學術言論的自由,我們把這稱為「百家爭鳴」。如提秀斯所云,渴望參與政治並對政治發言的人會享有盛譽。無論是孔、孟還是韓非,他們享譽兩千餘年,名聲不朽,著作被人閱讀,孔子和孟子還被稱作「聖人」,難道不是他們所處的社會有可以談論政治的自由,才成就了他們不朽的聲名和歷史地位嗎?(中國的歷史典籍並沒有記載當時有公眾議政的場所,孔子等人只是向諸侯國君主進諫,「肉食者謀之」仍是春秋時代的政治現實。)

人類文明的初始階段好比一個人的童年和少年,朝氣蓬勃,心地純潔,質樸向善,儘管由於地理、族群和語言的限制,兩種文明並無交匯。中西的政治生態有諸多相似之處,後來卻走向了截然相反的方向。

四

中國的專制主義難以撼動,是因為它的歷史太久遠了。二千多年前,有韓非這樣的專制主義思想家,也有秦始皇這樣專制主義的實踐

家。秦始皇統一六國之後，建立了中央集權制的大一統國家，他把江山、國家、百姓當成自己私產，給自己定的名號叫「始皇」，即從他開始，他和他的子孫要千秋萬代永遠高踞權力的巔峰，號令天下，統治萬民。國家權力如同一個猛獸搶奪來的獵物，因時刻怕失去權力，所以統治者用戒懼、仇恨的目光打量著周圍。秦王朝整治國人的措施如此血腥，法律如此嚴酷，如連坐法（一人犯法，家人與鄰里同坐）、挾書令（非法持書者殺）、偶語者棄市（兩人在一起說話，一定有圖謀或發洩不滿，殺）、銷兵、焚書、坑儒……乃至血腥的酷刑和殺人的手段，千年之後，仍令人不寒而慄。這個第一次把華夏大地整合在一起的中央集權制國家使黃河、長江流域的人類文明倒退至最黑暗、野蠻的時代。後世的人不斷美化秦王嬴政和他建立的王朝，那是出於維護專制權力的需要。至於一些所謂文人和歷史學家不斷地為這個有史以來最殘暴的君王大唱讚歌，那是因為他站在君本主義的立場上而非站在民本主義的立場上。疆域廣大，統治牢固，那是帝王之事，好像輪不到後世一個小小的讀書人來高興。倘若你生在秦始皇時代，拿一本官家禁止的書就要殺頭；兩個人在路上相遇只能以眼色會意（道路以目），開口就會招來殺頭之禍；挖個坑把讀書人活埋（你這種人當然也在坑裡）；或者你的老子和鄰居犯了法，你和你的親人連同幼小的孩子都被大刀砍頭，鐵矛貫胸……你怕是就唱不出讚歌來了！或曰，秦始皇畢竟搞了「書同文，車同軌」，統一度量衡的事。前面說過，文明是人類共同創造的，也是漸進的。若說沒有秦始皇，我們至今仍會活在人類造巴別塔的時代，大概你也不會贊同這個說法。孔子、孟子、老子、莊子……他們生活的時代都比秦始皇要早，他們的著作照樣被各諸侯國的人閱讀；孔子坐著牛車到處跑，沒聽說因車軌不同不能通行。一個國，疆域再遼闊廣大，種族再群聚繁衍，如果人們都生活在恐懼之中，不許思想，不許說與官家不同的話，法如蝟毛，動輒得

咎，隨時會被關到牢裡或送到刑場上去，這個國只該被詛咒，而不該被歌頌。

嚴復說，自秦始皇開始，中國曆代君主都是「強梗欺奪」之人，因為他們把國當成自己的「私產」，待民如奴虜，千年的學術政教，都以愚民為能事，「使吾之民智無由以增，民力無由於奮」，造成中國民智矇昧，民德窳劣，民力困窮。這樣的奴虜之國，何以能和西方秉持平等自由的列強之國相抗衡呢？中國曆來奉行周公孔孟之教，「則周孔之教，固有未盡善焉者，此固斷斷不可辭也，何則？中國名為用儒術者，三千年於茲矣，乃徒成就此相攻、相感，不相得之民，一旦外患忽至，則糜爛廢瘦不相保持。其究也，且無以自存，無以遺種，則其道奚貴焉？儒術之不行，固自秦以來，愚民之治負之也」（《原強》）。中國奉行儒術三千年來，造成了互相攻擊，互相欺詐的國民，外患一來，糜爛而不堪一擊，甚至有亡國滅種之虞，請問，三千年尊崇的儒術到底寶貴在哪裡呢？民智如此矇昧，民德如此敗壞，民力如此困窮，難道不是自秦以來，愚民之政教造成的嗎？嚴復指出中國曆來的禮教文化乃是馴化奴隸的手段，他說，把人分成等級，「以隸相尊者，其自由必不全」。而吾國的禮教文化，「必使林總之眾，勞筋力，出賦稅，俯首聽命於一二人之繩軛，而後是一二人者，乃得恣其無等之慾，以刻剝天下，屈至多之數以從其至少，是則舊者所謂禮，所謂秩序與紀綱也，則吾儕小人又安用此禮經為！」（《主客平議》）嚴復是在介紹西方自由平等的政治倫理時說這番話的，「故言自由，則不可以不明平等，平等而後有自主之權」。所謂自由，是每個人能「各盡其天賦之能事」發揮自己聰明的天性，自己去創造生活，為自己的命運負責。但統治者把人分成等級，多數人被少數竊奪權力者奴役，不但要拚死拚活出力供養他們，還要如奴隸一樣被捆縛著俯首聽命，任憑那少數人為所欲為，敲剝天下，這就是中國的禮教和紀綱。我們老百

姓為何要用這種所謂的禮教來束縛自己呢？

　　嚴復多次指出，中國人尊崇儒術，信奉孔教，但三千年來，中國信奉的孔子早已不是原來的真孔子了。孔教多變，「西漢之孔教，異於周季之孔教；東漢之孔教，異於西漢之孔教；宋後之孔教，異於宋前之孔教。國朝之孔教，則又各人異議，而大要皆不出前數家。故古今以來，雖支派不同，異若黑白，而家家自以為得孔子之真也」（《保教余義》）。儒術支派眾多，流變如此，各家理論，如黑白之異，但大家尊崇孔教是一致的。嚴復舉出一個例子來說明孔教儒術無補於救亡。很多儒家信徒把孔教視如性命，認為關乎國家興亡，但香港、旅順、威海、膠州等地被割讓給外國居住和經商，鐵路、礦產、關稅等關係國家經濟命脈的利權被外人把持，國人不過將此作為飯後談資，以遣雅興。可是，聽說一夥兵丁進入山東孔廟，有褻瀆狼藉之行，立刻洶洶不可終日，不但讀書的士人忿忿然，就連商賈行旅之人也矍然怒目，如挖了自家祖墳一般。是的，中國人是有信仰的，國家是有主義的，但國家之尊嚴到底體現在哪裡呢？失地、賠款、戰敗、求和以及種種屈辱的不平等條約，國人認為那是「肉食者謀之」，大不了改朝換代，亡國而已，國又不是自己的，與己何幹！而關涉到信仰和文化，則是亡天下的大事，匹夫有責。中國三千年尊崇孔教和儒術，上下大講禮教，但由於視民如奴虜，「君主臣民之勢散，相愛相保之情薄也」（《原強》）。「歐人視之，相與駭笑」，所以「駭笑」者，那是不瞭解中國的國情啊！

　　嚴復因為不是科舉正途出身，儘管他學通中西，在那個時代是最瞭解西學的士人，但在官場上卻得不到重用，也被靠八股文起家的權貴看不起。嚴復因此發憤於科考，自一八八五年始，參加了四次科舉考試，皆名落孫山。從自身痛苦經歷和八股取士的實踐中，認識到「八股取士，使天下消磨歲月於無用之地，墮壞志節於冥昧之中」（《救亡

決論》)。他總結八股誤國之害：一曰錮智慧，二曰壞心術，三曰滋游手。社會上充斥著遊手好閒，不辨菽麥，不事生產，考場作弊，醉心仕途，於家國有百害無一用的八股士人，使國家愈愚愈貧。他認為八股也為統治者愚民之一法，因此和當時很多有識之士一樣，呼籲廢除八股。嚴復在三十歲至四十歲之間準備科考，集中精力重讀、深讀經史典籍，補足了自十五歲即中斷了的中國傳統教育。但他畢竟有西學的眼界，他深入中國傳統文化和學術後，覺得中國的知識和西方的知識有著巨大的差距，中國知識人好古，所學所議，孜孜矻矻，終其一生，對強國富民百無一用。「蓋學術末流之大患，在於徇高論而遠事情，尚氣衿而忘實禍。」厭棄科舉的士人，「厭制藝則治古文詞，惡試律則為古今體，鄙折捲者，則爭碑版篆隸之上游；薄講章者，則標漢學考據之赤幟」。知識人即使不入八股科考之門，不過去搞古文詞，抄古碑，習書法，做訓詁考據，「於是此追秦漢，彼尚八家……唐祖李杜，宋祢蘇黃；七子優孟，六家鼓吹。魏碑晉帖，南北派分，東漢刻石，北齊寫經……鐘鼎校銘，圭琮著考，秦權漢日，穰穰滿家，諸如此類，不可殫述。然吾一言以蔽之，曰：無用」。

嚴復把歷代中國讀書人醉心的學術志業判之為無用，是和西方知識人所關注的文化相比較而言，認為西方人無論是社會科學還是自然科學，都切近實務，不尚空談，於國於民有看得見、摸得著的好處。而中國讀書人好古談玄，在書法、考據、鐘銘鼎石、訓詁考據上終一生之力，終無補於國衰民困。這樣的學術和文化也是愚民之一種。八股取士加上千年以來知識人所浸淫其中的學術文化，把中國弄到了敗亡的地步。當然，嚴復也並非全盤否定中國的文化和學術，他說，中國之學術「非真無用也，凡此皆富強而後物阜民康，以為怡情遣日之用，而非今日救弱救貧之切用也」。他又斥「侈陳禮樂，廣說性理」的陸王心學乃玄遠無實之學。他說，當此民族生死存亡之際，不獨破壞

人才的八股宜除，舉凡宋學漢學，詞章小道，皆宜束之高閣。他認為所謂陸王心學，完全是師心自用、閉門造車之學。如驪山博士說瓜，先不問瓜之有無，議論先行蜂起。他舉了明朝儒生王伯安的例子，對著窗前一竿竹子冥思苦想，想從中弄清心學之道，結果，「格竹」七日，把自己弄出病來了。西方有格致之學，乃科學也。王伯安和西方植物學家之「格」，簡直風馬牛，這樣的學術於國計民生有何實用哉？

嚴復有西學的功底和眼界，因此對中國文化能深入其內，又出乎其外，無論對韓非與秦政的批判，還是對中國傳統文化的檢討，都洞燭其病灶。正因為有視民如奴虜的專制主義制度，才有錮蔽民智的愚民文化。千年以來，八股取士，無用無實之學術，造就弱國愚民的朝廷。在西方列強破門而入，「運會」之來，無可阻遏之際，唯有開啟民智的啟蒙，向西方學習，才能救亡圖存，開出中華民族的新路，使中國實現近代的制度轉型。

五

嚴復是百餘年前，中國面臨「千年未有之大變局」之際，一度有著最清醒最激進認識的知識分子。他對中國落後的原因從制度和文化層面給以了深刻的批判，**觸動了專制主義的老根子，因此也招致了專制主義上層及其衛道士最為激烈的反抗**。他的《辟韓》一文一出，晚清大臣張之洞就認為這是離經叛道、非君犯上的「洪水猛獸」，命御史屠仁守在《時務報》撰文反駁。嚴復也私下稱張之洞為「妄庸鉅子……恐此後禍國即是此輩」。張之洞一度曾想將嚴復羅致自己麾下，但由於兩人思想上存在根本分歧，關係破裂。

張之洞最為世人所知的是他提出的「中體西用」說，既不改變中國固有之思想制度，又引進西方之術，為我所用。嚴復認為這條路根

本走不通，他列舉了中國當時引進西方的一些做法，曰：「海禁大開以還，所興發者亦不少矣：譯署，一也；同文館，二也；船政，三也；出洋肄業局，四也；輪船招商，五也；製造，六也；海軍，七也；海署，八也；洋操，九也；學堂，十也；出使，十一也；礦務，十二也；電郵，十三也；鐵路，十四也。拉雜數來，蓋不止一二十事，此中大半，皆西洋以富以強之基，而自吾人行之，則淮橘為枳，若存若亡，不能實收其效者，則又何也？」（《原強》）他引用蘇東坡的話：「天下之禍，莫大於上作而下不應，上作而下不應，則上亦將窮而自止。」中國引進西術，因沒有社會基礎，上作而下不應，流於形式，收不到強國富民的實效。「中體」不動，「西術」無法為我所用。強為之用，淮橘為枳，勞民傷財，晚清洋務運動的失敗，證明了嚴復的灼見。

千年專制主義的統治，以奴虜驅民（民亦以奴虜自視），以無用無實之學術束縛知識人的頭腦，思想被禁錮，民德、民智、民力愈益竄敗墮落，中國積貧積弱久矣。面對前所未有的外力衝擊，也有人提出兩種自保之路：一是不變祖宗之法，走中國自己的路。「中國之所以不振者，非法制之罪也，患在奉行不力而已。祖宗之成憲俱在，吾寧率由之而加實力焉。」就是說，按照秦始皇的辦法，尊崇法家，力行秦政，「於是而督責之令行，刺舉之政興」。上督下責，檢舉揭發，嚴刑苛法，人人自危，刺舉之政，遍於國中，則天下何言不治？嚴復說：「如是而為之十年，吾決知中國之貧與弱猶自若也。」後來的歷史已經證明了他的預見。二是既然西方富強有術，我們照搬其術就是了，於是大搞洋務，通鐵軌，開路礦，練陸軍，置海旅……其效如何？人所共見也。

嚴復認為，改變中國之貧弱，必須從根本即啟蒙和教育入手，改變中國人的觀念，提高中國人的公德心，開啟中國人的智慧之門，而這一切，首先要使中國人由跪下的「奴虜」成為站起來的自由人。所

謂國家富強，根本在於國民有權利，有尊嚴，「夫所謂富強云者，質而言之，不外利民云爾，然政欲利民，必自民各能自立始；民各能自立，又必自皆得自由始；然欲聽其皆得自由，尤必自其各能自治始」。民何得自由、自立而自治，由專制國家的「奴虜」成為民主國家的公民？對此，嚴復提出，「是以今日要政，統於三端：一曰鼓民力，二曰開民智，三曰新民德」。之後，嚴復對比中西教育，批判中國教育對人的戕害。「且中土之學，必求古訓。古人之非，既不能明，即古人之是，亦不知其所以是。記誦詞章既已誤，訓詁註疏又甚拘，江河日下，以致於今日之經義八股，則適足以破壞人才，復何民智之開之與有耶？」至於中國之民德，嚴復舉了一個例子，甲午年辦海防時他在北洋水師任職，有人為了獲取一得之私，偷工減料，竟然在製造水雷和炸彈時以沙泥代替火藥。這件事使西方人大為吃驚，在報紙上評論說，何以中國人不怕戰敗失地、喪師辱國，見小利而忘大義？甲午之敗，豈偶然哉？在《救亡決論》一文中，嚴復引一位朋友的憤慨之言：「華風之弊，八字盡之，始於作偽，終於無恥。」此弊從上到下，一以貫之，且問政事、政教何事不作偽？又何事不無恥也？上行下效，社會上作偽已成風氣，為害之烈，何可盡言！至於民之公德心，國乃一人或一夥人之國，國本私產，無公可言，奴虜不必為主人負責，何公德之可云乎！

　　嚴復說來說去，還是歸結到中國應該學習西方的制度。他說，政府如果真有改革圖強之心，你就做一件老百姓期待最殷呼聲最高的實事讓大家看一看，「有一二非常之舉措，內有以慰薄海臣民之深望，外有以破敵國侮奪之陰謀，不然，是瑣瑣者，雖百舉措無益也」。當然這是對聾子喊話，你無法叫醒一個裝睡的人。

　　嚴復深知近代國家轉型絕非易事，專制權力既為私有，又不受制約，必定形成特權，權力必被濫用和尋租。權貴們為了保護自己的政

治特權以及由此帶來的利益,必然拚死抵制社會轉型,所以,要專制統治者隨「運會」而變更制度和行為規則,無異與虎謀皮。嚴復在《論世變之亟》一文中,引用一位官員論及廟堂頑固派的話說:「世固有寧視其國之危亡,不以易其一身一瞬之富貴。」推測其心理曰:「危亡危亡,尚不可知,即或危亡,天下共之。吾奈何令若輩志得,而自退處無權勢之地乎?」是啊,為什麼讓改革成功,把我的特權地位弄沒了呢?即使天下危亡,天下人共擔,讓我為此犧牲權位和利益,休想!孔子曰:「苟患失之,無所不至。」為了保住壟斷的權力,任何傷天害理的壞事都可以幹得出來,這是專制權力的本質所決定的。正因如此,雖然「運會」已至,世變已亟,嚴復深知,腐朽的清王朝是不會棄舊圖新,走上人類現代文明的康莊大道的。在西學東漸、大潮洶湧的十九世紀末,嚴復對中國問題的思考,主要體現在《原強》一文中。他對此文很重視,因言猶未盡,又寫了續篇,最後做了修訂。他在此文中提出了學習西方制度的重要性,最後引用梁啟超的話說:「萬國蒸蒸,大勢相逼,變亦變也,不變亦變。變而變者,變之權操諸己;不變而變者,變之權讓諸人。」且問專制權力家天下有萬世一系,亙古不變的嗎?大勢相逼,想不變可能嗎?清王朝拖延不變,結果「變之權」讓給了革命黨,土崩瓦解,一命嗚呼。

殷鑑不遠,豈可不凜然深懼哉!

六

嚴復對中國轉型期的思想貢獻,因其對中國歷史文化及國民性的深刻反思,在同時代的思想家中是最清醒和最深刻的。其主要原因,和一般囿於中國傳統文化的士大夫不同,他有著西方學識的底子,有世界的眼光,在中西文明的對比中有切身的痛楚和清明的理性。

嚴復是福建侯官人，十五歲起就入由清末革新派和洋務派大臣沈葆楨與法國人日意格所創辦的船政學堂學習。他在那裡以英文為專業語言，學習算術、幾何、物理、化學、機械等課程，與同時代以讀經和八股為課業的少年相比，他非常幸運地很早就接受了現代教育。一八七一年五月，十七歲的嚴復從該校畢業，其後的六年間，在英國皇家海軍的教導下，他分別在「建威」和「揚武」兩艘軍艦上實習，曾到過新加坡、日本等地。這種閱歷和眼界，又非浸淫於經史子集和舉業中的青年可比。嚴復在廿三歲時，被清政府派遣，前往英國皇家海軍學院留學。他在英國待了兩年，其間與駐英大使郭嵩燾成為忘年交，兩人有機會就中國接受西學融入世界的問題進行深入的交談，為了開闊這些青年的眼界，郭嵩燾還帶嚴復等人訪問過法國。在英國和法國的學習和遊歷，使青年時代的嚴復對西方文明有了更加深刻的體悟。在十九世紀下半葉的中國，嚴復所受的教育和個人經歷異於儕輩，是一個特例。

　　嚴復被國人所重，似乎並非因他對國事的思考和議論，乃是他對流行於西方思想界經典文獻的翻譯。對赫胥黎《天演論》的翻譯，使他在國人中暴得大名，「物競天擇，適者生存」的思想一時深入人心，對被迫洞開國門而又惶惑無措的中國無異當頭棒喝。其後，他陸續翻譯了《原富》、《群己權界論》、《群學肄言》、《法意》、《社會通詮》、《名學淺說》、《穆勒名學》等西方重要典籍，將西方重要思想家達爾文、斯賓塞、赫胥黎、邊沁、亞當·斯密、穆勒等人的思想介紹到中國，這對於國人認識西方文明，開啟民智有著開拓之功。我們的近鄰日本在學習西方上是走在前列的，日本因「脫亞入歐」擺脫了東方的文化羈絆，成功地實現了社會轉型，其中，翻譯西方著作是一個非常重要的舉措，我們如今使用的許多耳熟能詳的名詞皆來於日本的翻譯。加藤周一認為「明治的翻譯主義」實現了西洋文化的「日本化」過程，

同時也確保了日本文化的獨立。嚴復的翻譯工作不僅有著驕人的實績，他還為翻譯確立了信、達、雅的標準。十九世紀，他在翻譯上的開拓之功和對國人的啟蒙作用，無人能出其右。

但是，處於時代急遽變化中的嚴復，置身於中國文化的大環境中，有著十分複雜的面相。由於不是科舉正途出身，他的政治地位不高，無法躋身於權力的中樞，這是他大半生的焦慮。在中國，官位的大小決定一個人的社會地位，儘管他被時人譽為「西學第一人」，但仍不被朝廷賞識和重用，他的頭銜僅止於北洋水師學堂總辦道員，屬於正四品。很多庸碌窳劣之徒官運亨通，學貫中西的嚴復只能沉沒下僚。嚴復在三十至四十歲之間，決定科場一搏，但四次入闈，皆名落孫山，這給他很大的打擊。他的一些師友為他抱不平，但這改變不了黃鐘毀棄、瓦釜齊鳴的現實。嚴復從自身的經歷中，痛陳八股取士埋沒和摧折人才之弊，認為中國積貧積弱以至今日，八股乃亟應革除的弊政。科場失利的打擊，使嚴復落寞消沉，加上恃才傲物，使他與上司李鴻章關係不睦。本來他可以棄北圖南，投奔張之洞而求一展長才，但由於他對中國專制思想及制度的批判，二人積不相能，他的這條路也斷了。大約在此時，苦悶中的嚴復染上了鴉片癮，且終其一生都難以戒除。他曾在文章中自嘲說，中體西用引進了西方很多東西，大多淮橘成枳，難收實效，唯有鴉片一物為國人所鍾愛。他對鴉片深惡痛絕，認為「害效最著」，陳層層嚴禁之策，然而他自己就是受害者和頑固的癮君子。這可以看出嚴復性格上軟弱頹唐的一面。他和上司與同僚的關係都很一般，這是他在與人相處上的短板，更由於缺少堅強果決的意志，所以只能在譯事和文章上有所成就。他曾短暫地主持安慶高等學堂和北京大學，因人事糾紛而主動去職。他是主張從教育入手，開民智、新民德、強民力，為中國富強行治本之策的，然而真叫他執中國高等教育之牛耳，他卻做不下去，因而幾無建樹。他的好

友林紓感嘆道:「君著述滿天下而生平不能一試其長,此可哀也。」豈無一試之時機和平臺,自身缺乏堅毅果決的意志而不能持之有恆也。

有人把嚴復和日本的伊藤博文相比較,認為嚴復只能「坐而言」,卻不能像日本的伊藤博文那樣返國後「得君行道」,把國家帶向轉型之路。不錯,伊藤博文和嚴復都處在各自國家被西方破門而入的轉折時代,但前者出生在下層武士家庭,日本的武士文化使伊藤博文養成以命相搏的狠勁和認準道路寧死不返的韌勁,而這是出生於以儒家文化為底色的中醫之家的嚴復絕不可能有的品格。伊藤博文開始是一個排外的「憤青」,從事暗殺迫於西方壓力而妥協的幕府人士。但排外並沒有把日本帶出困境。一八六三年,長洲藩主命令他和其他三個年輕藩士祕密出洋,到英國留學。此時的伊藤博文也是廿三歲,和嚴復去英國時年齡相同,這是他們的命運暗合之處,因此才有人把他們相類比。伊藤博文在英國目睹西方文明,思想發生變化,認識到,攘夷絕非日本新生之路,只有開國,向西方學習,日本才能走上光明大道。此後,他為自己「脫亞入歐」的理想做著不屈不撓的努力。作為日本第一任總理大臣的伊藤博文,在推動日本走向現代化方面貢獻巨大。一八八一年起,他主持開設國會,制定憲法,推行政黨政治,組織自由民權運動,主張司法獨立原則,使日本在制度上走向了西方民主之路。嚴復所以不能和伊藤博文相比,不僅在於個人性格和修為上,更在於兩人處於不同的社會環境中。嚴復回國之後,只能做洋務運動中教英文的教師(洋文總教習),無法參與政治活動。即使有政治活動的平臺,他在腐朽的清王朝也不會有什麼作為。

且不說在實際政治中影響日本近代走向的伊藤博文,即和同時代的福澤諭吉對日本國民的思想啟蒙相比,嚴復對十九世紀中國的思想影響也談不上多麼重要。福澤諭吉比嚴復大十九歲,他主持慶應義塾(後發展為聞名世界的日本慶應義塾大學),辦《時事新報》,也從事

對西方思想文化的翻譯和引進，他是日本「脫亞入歐」論的積極提倡者。從旁觀者的角度，他對腐朽清王朝的認識高於國內許多當權者和士大夫，他說：「日中韓三國相對而言，中韓更為相似，此兩國的共同之處就是不知國家改進之道，在交通便利的現世中對文明事物也並非沒有見聞，但卻視而不見，不為心動，戀戀於古風舊習，與千百年前的古代無異。」中國對西方的學習，只注意引進「器」的方面，對西方文明的本質，即思想和制度，不僅無視，且採取排斥的態度。他認為這是日本和中國學習西方根本上的不同。他認為中國已變為腐朽、頑固和野蠻的國家，日本應以西方文明的標準判斷是非，脫離中國的影響，加入西方文明的陣營，這樣，日本很快就會成為東亞的盟主，強大起來。一百多年前，福澤諭吉的此種認識，當年的中國人除嚴復等人外怕是很少有人認識到。

福澤諭吉一生沒有官職，只是從事教育、翻譯、著述的民間人士，嚴復雖有正四品的道員之稱，後又被授予文科進士，但沒有任何政治上的實職和操作空間，本質上說也只能算作民間人士。但從實際的影響和事功來說，嚴復對近代中國的影響實在有限。和福澤諭吉一樣，嚴復也從事過中國的高等教育的管理工作，但福澤諭吉主持的慶應義塾是他自己的學校，嚴復的職位是被聘任或被任命的公職。嚴復缺少管理才能，和同事、下屬不能和睦相處，所以，在職時間都很短。一九一二年，他被袁世凱任命為京師大學堂總監督，出掌北京大學，接管大學堂事務，但他只幹了不足八個月，就撂挑子了。他也辦過一份名為「國聞報」的報紙，但在中國的政治環境下，他的報紙不能持久也在意料之中。先是有人說他的報紙和外國人勾結，引起了光緒皇帝的疑心，命北洋大臣王文韶調查。後來雖然解除了疑慮，但顯然舉步維艱。康、梁戊戌變法失敗後，風聲日緊，他怕以言賈禍，就把報紙賣給了日本人。他和福澤諭吉同樣從事西學的翻譯，但無論就

數量和所涉範圍之廣，嚴復都不能和後者相比。福澤諭吉翻譯的書有六十餘部，達一百數十冊。諸如政治經濟、軍事外交、歷史地理、制度風俗等固不待說；就是天文、物理、化學，或是兒童讀物、習字範本、修養叢書等，甚至連簿記法、兵器操作法或攻城野戰法等，都包括在內，範圍之廣，有如百科全書。對西方文化的全面引進，在十九世紀的中國，如嚴復不能和島國日本的福澤諭吉相頡頏，更有何人哉！另外，就著述的影響來說，更不可同日而語。福澤諭吉的著作文采斐然，通俗易懂，易於深入人心；而嚴復的譯本對應的是桐城派古文的筆法，雅則雅矣，偌大中國，除了有古文修養的文人學士，又有幾人能懂？嚴復自己的著述皆為文言，一般識字人讀來皆感費力，其影響力當然大為減弱。福澤諭吉的《脫亞論》在日本幾乎無人不知，其所著《西洋事情》十卷，在日本發行竟達廿五萬部。日本民風大開，對西方文化的認識，端賴於此。

十九世紀的中日兩國，皆處在被迫打開國門，接受西方文化的時代，當時兩國先進人才的對比，於斯可見，其最後的成果不待預卜而知。福澤諭吉雖然終生在野不仕，一直以民間學者文化人的身分開辦學校、編輯報紙、著書立說，其實際影響要遠遠大於任何一個政治家或其他方面的人士。一百年來日本主流輿論奉福澤諭吉為「日本近代最重要的啟蒙思想家」，給予他極高的評價，他的肖像一直印在日本面額最大的紙幣——一萬日元紙幣上。而中國的嚴復，似乎早就被一般的中國人所忘記了。

七

嚴復一生和許多大人物有過交集。如他在英國留學期間和駐英大使郭嵩燾成為忘年交，儘管他們對西方文化都十分欽慕，認為向西方

學習乃中國富強的必由之路，但由於年齡和社會地位的差距，二人很快就相忘於江湖。回國之後，晚清重臣李鴻章又調其到北洋水師學堂任教，但李鴻章似乎並沒有為他的前程提供幫助，一八九一年，他已經卅七歲，才升為正四品道員。此時他身體欠佳，精神鬱悶，染上了鴉片癮。北洋水師雖為國家海軍重鎮，但嚴復親見其軍紀廢弛、內幕黑暗以及種種劣敗之行，這使嚴復對國民的品格和改革的前景產生悲觀情緒，也加重了他的精神苦悶。他對自己的工作並無熱情，自云「味同嚼蠟」。

嚴復自小喪父，十五歲就進入船政學堂學習輪船駕駛，這是一所軍事學校，實行軍事化管理，相對封閉，專業性強；廿三歲又赴英國皇家海軍學院留學，在當時的中國是比較另類的青年。社會上沒有人會對他的專業感興趣，也少有人與他用英文交流，因而養成他孤高自傲、我行我素、不易與人相處的性格。他對人和事有清醒的認識和判斷標準，不因個人好惡而改變，儘管李鴻章對他沒有恩寵私交，他仍然認為李是晚清政府難得的明白人，忍辱負重而盡忠國事。李去世後，他撰一輓聯：「使先時盡用其謀，知成功必不止此；設晚節無以自見，則士論又當何如？」李若地下有知，當感這位多年被其冷落的部下乃是真正的知音。

他在李鴻章那裡不得志時，曾有意投奔張之洞，但嚴複本質上是書生，對未來的靠山並無巴結屈從之意，終因發表時論文章得罪了張之洞，斷了另謀高就之路。這或許是他未及預料的。但《辟韓》等文從根本上揭示中國專制主義的本質，指出秦以後之帝王皆為「強梗欺奪」的強盜，幾千年因懼怕人民覺醒而實行愚民統治。這樣忤君犯上的言論，皇帝也不能容，況寄生於廟堂奉君如父的眾多臣子呢？但嚴復就是嚴復，他後來曾說張之洞是「妄庸鉅子」、禍國之人，批駁張之洞的「中體西用」說，痛言朝廷應破把持之局，他引孔子之言，痛斥

為私利而阻礙改革者為「鄙夫」,云「小人寧坐視其國之危亡,不以易其身一朝之富貴」時,心中未嘗沒有張之洞的影子。張之洞雖非晚清的頑固派,但他與晚清朝廷一損俱損,一榮俱榮,同體同命,休戚與共,他的改革和「西用」之說只是為了保朝廷,嚴復比他看得更遠、更深。

嚴復在一八九八年(戊戌年)九月十四日曾蒙光緒皇帝召見。這一年他四十四歲,所譯《天演論》發行不久,聲名大噪。康、梁的戊戌變法正在進行中,嚴復並沒有參加康、梁等新黨的活動,他不在圈子裡,或許新黨有人認為嚴復這樣有西學背景的人宜應大用,因而建言皇帝召見。但晉見皇帝沒有給嚴復帶來任何命運的轉機。外面的人很難看清廟堂內的情形,雷霆飆風之來,只有身在其中的人才能敏銳地感覺到。此時,政局險惡,光緒帝的變法頻遭阻遏,頑固派積聚力量,正在拚死抵抗,慈禧太后已經對光緒帝積累了太多的怨恨,她覆手之間,一切所謂的新政都將化為烏有。就在同一天,光緒帝命楊銳(字叔嶠)帶密詔給康有為,詔稱「朕位且不保,令與諸同志設法密救」云云。(張榮華編《中國近代思想家文庫・康有為卷》)如果這是真的,那麼,光緒帝還有什麼心情與嚴復深談呢?六天之後,即九月廿一日,政變發生,光緒帝被囚,慈禧回宮訓政,譚嗣同等六君子相繼被捕,幾天後被殺於菜市口。光緒帝的接見,對嚴復來說,可能是生命中的一件大事,但無論對中國政治還是對嚴復本人都毫無意義。這一年,嚴復有《擬上皇帝書》,不知是接見前準備的摺子還是事後欲上書言事,其忠君愛國之心、剖肝瀝膽之誠、對世事洞見之明以及切要實際的分析都令人折服。他陳請皇帝在實施變法前應亟行三事:一曰聯各國之歡,二曰結百姓之心,三曰破把持之局。用現在的話來說,要為改革創造良好的國際環境和民意基礎,限制或打破阻撓改革的既得利益者把持的權力,如此,變法和改革才能順利進行。真可謂句句

切中肯綮。他建議皇帝開展高層外交活動，請皇太后監國，由十幾艘軍艦護送，帶領龐大的外交團隊，親自走訪西歐各國，在平等互惠基礎上締約結盟，申天子勵精圖治之志，破列國侮慢覬覦之心。正是野賢焉知朝中事，空將良策付流云。嚴復的上書即使能夠上達天聽，被囚於瀛臺的光緒帝讀到，也只能流涕嘆息也。

袁世凱尚未執掌國柄時，和嚴復就有交往。一八九七年，嚴復與夏穗卿、王修植、杭辛齋在天津創辦《國聞報》，袁世凱正在小站訓練新軍，每週提前到天津，必至王修植處落腳，和幾個文人作長夜談，「斗室縱橫，放言高論」（嚴復《學易筆談二集序》）。當時他們「靡所羈約」，言談隨意，甚至互相開玩笑。杭辛齋笑指袁世凱他日必做皇帝，袁世凱回道：「我做皇帝必首殺你。」於是，「相與鼓掌笑樂」。這樣一種關係，雖算不得貧賤之交，也算訂交於微末之時。後來袁世凱對嚴復多方關照，先是任命他為南下議和代表，隨唐紹儀與南方共和派談判；袁做中華民國大總統後，一九一二年二月即任命嚴復為京師大學堂（五月改為北京大學）校長，月薪三百廿兩；八個月後，嚴復辭職，旋被任命為總統府外交法律顧問、參政院參政，以及憲法研究會與憲法起草委員會委員。應該說，袁世凱對嚴復寵眷有加，其原因一是顧念舊交，二是看重嚴復才名，第三點也是最重要的一點，就是嚴復與袁世凱在政治理念上有同氣相求之處。後來，袁世凱欲恢復帝制，嚴複列名籌安會。當然，籌安會主要是楊度等人在張羅，嚴復似乎沒參加什麼活動，袁帝制失敗後，嚴復也有為自己辯解之詞，說袁利用他的聲名造勢。但是，他在袁世凱帝制自為上態度搖擺曖昧，應該是確鑿無疑的。後來，籌安會諸人被通緝，嚴復在天津待不下去，才南去上海。與嚴復不同的是，袁世凱欲拉攏杭辛齋為其當皇帝充當幫手，這位預言袁他日將當皇帝的預言家，此時斷然拒絕袁的拉攏和賄賂。杭辛齋被投入監獄，袁死後才獲釋。如果袁世凱皇帝當下去，

杭辛齋極有可能成為首個祭龍旗的死囚。「我做皇帝必首殺你」，當年袁的戲謔之言或許真的一語成讖。

嚴復是一個書齋裡的思想家，不是政治活動家，沒有折衝樽俎的才能、酬應化解的本事，儘管袁世凱對他多方提攜，他在實職祿位上終無所為。他對袁世凱始終心存感念，一九一六年，袁世凱在萬方唾罵中鬱憤而死，嚴復《哭項城歸櫬》詩有語云：「近代求才傑，如公亦大難。六州悲鑄錯，末路困籌安。」對袁晚年鑄成終生大錯深表痛惜。「及我未衰時，積毀能銷骨……化鶴歸來日，人民認是非。」他相信歷史對袁世凱的功過終會有一個公正的評價。

一九○一年，嚴復曾任職於開平礦務局，一九○五年，因開平煤礦訴訟事前往倫敦，他在那裡會見了中國革命的先行者孫中山。嚴復認為中國千年專制，造成國衰民愚，積重難返，必經漸進改革才有出路，而激烈的革命會使中國陷入更大的動亂和紛爭。他對孫中山說：「中國民品之劣，民智之卑，既有改革，害之除於甲者，將見於乙，泯於丙者，將發之於丁。為今之計，惟急從教育上著手，庶幾逐漸更新乎！」孫中山回答說：「俟河之清，人壽幾何，君為思想家，鄙人乃實行家也。」這是改良與革命，改良思想家和革命實踐家的分野。當然，中國沒有按改良思想家的路子走，教育救國在革命家的眼裡顯得太過迂腐，中國急遽的制度變革給中國帶來了幾十年的紛爭和新的問題，啟蒙仍然是需要的。

嚴復十五歲起即中斷中國傳統教育轉向西學，卅歲以後為求取功名再讀經史典籍，儘管屢次落第，無補於仕進，但正如余英時先生所云，此舉使他完成了運用古典文字的有效訓練，使他在中國古典文化的一般修養已與同時代的士大夫沒有很大區別了。此種修養當然不僅是文字的運用，更重要的是給他的思想打上了傳統的底色，使他的思想呈現出複雜面相。他一生堅持西方的民主、自由、平等的理念，

但他不是一個革命家和徹底的西化主義者。如果說，日本的福澤諭吉能夠輕易拋棄中國的傳統，提出「脫亞入歐」的主張，而身處東方儒家文化母國的嚴復對傳統價值在靈魂深處有著更多的認同。他後期思想有儒家的底色，也有道家的影響，甚至篤信扶乩，焚靈符為藥以治病，相信鬼神靈異等。但這不影響他是一位歷史上難得的具有世界眼光和進化觀念的傑出思想家，他對西學的翻譯和介紹，對國人有著振聾發聵的影響。他反對革命，主張中國漸進改革，認同康有為的改良主義思想，認為「舊法可損益，必不可叛」。

一九二○年，嚴復有詠菊詩云：「萬里西風雁陣哀，蒼然秋色滿樓臺。那知玉露凋林日，猶有黃花冒雨開。」延頸而望，家國仍在煙雨蒼茫處；黃花淒冷，他彷彿聽到了云中寒雁嘹嚦聲聲，生命的暮雨黃昏就這樣降臨了⋯⋯

一九二一年，六十七歲的嚴復病逝於福州郎官巷家中。他在遺囑中慨嘆：「知做人分量，不易圓滿。」

嗚呼，人生一世，又有誰能圓滿呢？

第二章
舊文化與新生機

啟蒙先驅康有為[1]

一

梁啟超在品評時代的傑出人物時，提出兩種標準，即「先時之人物」和「應時之人物」。所謂「先時之人物」，即是引領時代潮流，以他的思想和行為創造和推動一個時代的人，也就是我們所說的先知先覺的人；而「應時之人物」則是順應時代潮流，因時代而造就的人物。梁啟超認為他的老師康有為是「先時之人物」。康有為有許多令人訾議的思想和行為。對於這個評價，後人或許有異議，但我們回顧中國近現代的歷史，不能不承認，康有為和他的弟子梁啟超等人的確是開啟近現代中國思想的先驅，是數千年帝王專制的黑暗世界的一縷耀眼的強光。

康、梁諸人是從傳統的士轉向現代知識分子的「先時人物」，中國現代意義上的知識分子從康、梁諸人發其端，應該是沒有疑義的。中國傳統的士，以儒家經學立身，所謂「學成文武藝，貨與帝王家」。他們是帝王專制制度的道統維護者，時刻準備通過科舉進入治統，也就是皇權體制中去，他們是皇權體制的「後備幹部」，談不上獨立意志、

---

[1] 本文的寫作參考茅海建《戊戌變法的另面：「張之洞檔案」閱讀筆記》、康有為《康南海自編年譜》、梁啟超《康有為傳》等，不一一具注。

自由思想，更談不上對現行體制的審視和批判，以及知識分子必備的人文關懷和對靈魂的終極追問。一句話，他們是皇權體制上的「毛」，「皮之不存，毛將焉附」，一旦皇權體制瓦解，他們也就惶惶如喪家之犬，失去了存在的意義。康、梁諸人通過公車上書推動的戊戌變法，儘管其事功幾乎全部失敗，但它開啟了中國現代化的歷史輪轂，誕生了現代意義上的知識分子。康、梁諸人如火中涅槃的鳳凰，終於在皇權的迫害和追殺中完成了從士向現代知識分子的轉化，成為了中國近代思想史上的啟蒙先驅。這裡可化用陳寅恪評價王國維的話，「先生之著述，或有時而不章，先生之學說，或有時而可商」，惟此先時而動，開風氣之先，引領時代精神的思想和行為，如開江河而闢草昧，終為歷史所銘記，為後人所跟從。

　　康有為參與推動的皇權體制末期的變法運動，在體制內尋求改革而終歸失敗，史稱戊戌變法，其政治成果寥若晨星，然其開啟現代啟蒙運動的思想意義則影響深遠。皇權體制迅速崩解後，歷史雖沒有按照康有為所期待的軌轍運行，但在其後暗昧的歷史天空中，康有為這顆思想星辰，仍未隕落。

　　一八九五年，時當甲午戰敗，李鴻章代表清政府與日本簽訂喪權辱國的《馬關條約》，外敵環伺，國事糜爛，朝野士大夫面臨亡國之虞，惶惶不知所終。康有為時年卅七歲，入京會試，中式為第五名，殿試為二甲四十六名，朝考為二等第一百〇二名，奉旨分發工部，為學習主事。[1]本已進入皇朝體制，但吃官飯、做一個公務員而了此一生，豈康氏之志乎？其自述云：「自知非吏才，不能供奔走，又生平講學著書，自分以布衣終，以迫於母命，屈折就試，原無意於科第，況仕宦乎？未能為五斗米折腰，故不到署。」此康述志之言。這一年，康

---

[1] 見茅海建《戊戌變法的另面：「張之洞檔案」閱讀筆記》，此說與康自編年譜有異。

迫於母命，入京科考，因公車上書受阻，決定做一個體制外的讀書人「講學著書」，以一介布衣終此一生，因此雖被錄用為國家公務員，並沒有上班。康有為暫時仍留居京城，一方面結交朝中官員和士大夫，拓展人脈，另一方面也算盡了一點「工部主事」的分內之責。他見京城街道蕪穢不堪，曾上摺請求整修街道，但依他的職位和資歷，其所建言，並不能上達天聽，後來由另外一個官員上書，把他的摺子作為「附片」呈上去，這才得「奉旨允行」。但先要開會，「交工部會同八旗及順天府街道廳會議」，最後形成一個文件上報，「僅修宣武門一段」。何以如此？全北京城的街道皆坎坷荒穢，為什麼只修一小段呢？一個官員告訴他：「修道歲支帑六十餘萬金，旗丁工部街道廳分之，若必修，則無可分矣。」朝廷雖有修路的專款，每年下撥，都被分掉，並沒用在工程上，若真修路，大家無錢可分，誰願意去做？所以只修「宣武門一小段」以應付皇上。這件事情被康有為鄭重記於《我史》中。康有為上摺請修路的舉動雖是為公盡責，但肯定會招來不滿和怨恨。朝廷腐敗，上下痞隔，國事糜爛，於斯可見。大清國敗亡之象，豈僅在外敵攻伐凌辱乎！

官職卑小，政事一無可為，又不願做一尸位素餐的祿蠹，上班應差混日子，應賦《歸去來辭》，捲鋪蓋回家才是。但一些官員還是挽留康有為，認為國事堪憂，「時有可為，非僅講學著書之時」。康有為是個讀書人，而非僅供驅遣的差役，他所貢獻於國家的，主要在於思想文化方面。他認為，古老的帝國要想振作重生，必須引進新的觀念，進行思想的啟蒙，「以士大夫不通外國政事風俗，而京師無人敢創報以開知識。變法本源，非自京師始，非自王公大臣始不可，乃與送京報人商，每日刊送千份於朝士大夫，紙墨銀二兩，自捐此款。令卓如、孺博日屬文，分學校軍政各類，日騰於朝，多送朝士，不收報費，朝士乃日聞所不聞，識議一變焉」。卓如，梁啟超；孺博，麥孟華。自

費辦報，分贈朝中士大夫，以引進外來思想，開拓其眼界，拓展其心胸，中國首開啟蒙之功，非康氏而誰？

這份名為《萬國公報》的報紙於一八九五年八月十七日創辦於北京，康有為為創辦人，由他和另一名叫陳熾（字次亮）的人負擔經費，編輯為康的兩位弟子梁啟超和麥孟華，所刊文章雖未署名，其實皆出自梁、麥之手。後來康氏兩名弟子梁、麥並稱且聲名大振，的確是始於這份報紙。

《萬國公報》是中國近代較早的報紙之一。同名的報紙有兩種，第一份《萬國公報》由美國監理會傳教士林樂知於一八六八年九月五日創辦於上海，原名《教會新報》，是教友交流宗教信息的報紙，一八七四年該報出至第 301 期時改名為《萬國公報》，介紹西方各國的政治、歷史和文化信息。廿年後，康有為襲用其名，介紹「外國政事風俗」，其所刊文，涉及西方的教育、軍事和政治，具體的操盤手就是他的弟子梁啟超和麥孟華。

康、梁師徒的學問底子是中國古老的儒家經學，康有為對此多有闡述和發明，梁啟超在《康有為傳》中說，康有為青年時期「其間盡讀中國之書，而其發明最多者為史學。究心歷代掌故，一一考其變遷之跡，得失之林，下及考據詞章之學」。這種傳統教育和歷代儒生並無區別，然則康有為的西方學問是從哪裡來的呢？「其時西學初輸入中國，舉國學者，莫或過問，先生僻處鄉邑，亦未獲從事也。及道香港、上海，見西人殖民政治之完整，屬地如此，本國之更進可知。因思其所以致此者，必有道德學問以為之本原，乃悉購江南製造局及西教會所譯出各書盡讀之。彼時所譯者，皆初級普通學，及工藝兵法醫學之書，否則耶穌經典論疏耳，於政治哲學，毫無所及。而先生以其天稟學識，別有會悟，能舉一以反三，因小以知大，自是於學力中，別開一境界。」這是十九世紀末海禁初開時，中國先進的知識人接觸

並學習西方文化的實況，康有為如是，梁啟超又何嘗不如是！先是入眼，親見殖民地（香港和上海租界）西人良好的治理環境；然後是入心，閱讀翻譯西方的書籍；盜來天火之後，啟蒙中國士人。而康有為所創辦的《萬國公報》就是啟蒙的陣地。

如梁啟超所云，康有為等先驅人物當時對於西方的理解不可能全面和深刻，或許還有些幼稚和誤解，但是，西學東漸之門一旦開啟，對於古老中國思想和文化的衝擊，如天際隱約轟鳴的雷聲，必將帶來暴風驟雨，蕩滌古老中國陳腐污穢的思想觀念以及政治制度，爆發一場全新的革命。康有為和他的弟子們，是奮力開啟這扇沉重大門的力士。

二

康有為在創辦《萬國公報》介紹西方的同時，還在京城組織了強學會，這也是現代結社之始。康、梁二人對此皆有追述。

康有為說：「中國風氣，向來散漫，士夫戒於明世社會之禁，不敢相聚講求，故轉移極難。思開風氣，開知識，非合大群不可，且必合大群而後力厚也。合群非開會不可，在外省開會，則一地方官足以制之，非合士夫開之於京師不可，既得登高呼遠之勢，可令四方響應，而舉之以輦轂眾著之地，尤可自白嫌疑。」

梁啟超說：「自近世嚴禁結社，而士氣大衰，國之日孱，病源在此，故務欲破此錮習，所至提倡學會。」

強學會者，為使國家富強而開拓視野，增長學識之會也。其宗旨在於「開風氣，開知識」，以使衰朽、僵死的中國思想界開出一扇窗，透進外面的空氣和陽光，從而一新士人的知識和眼界，使古老的中國得到新生。其行為在於打破皇權專制下「嚴禁結社」的律令，使知識人煥發出蓬勃的朝氣，相聚講求，討論思想和知識，砥礪共進。強

學會得到了體制內外知識人的普遍響應，因有朝廷官員相助，故起初如燼火初燃，奪人眼目，既則騰焰而起，光耀暗夜，京師強學會成為衰朽的清王朝一道奇異的風景。政治新星袁世凱、後被殺於北京菜市口的戊戌六君子之一的楊銳、參與並贊同變法的沈曾植（字子培）等人，都是最先入會並捐款贊助的人。其中清王朝最具新思想的高官張之洞捐銀五千兩，此舉具有風向標的意義。據康有為自述，強學會的序文和章程是他和梁啟超草定的，然後交與大家討論。但由於有官僚的參與，康、梁等人與其思想觀念和辦會宗旨上多有分歧，故久議而未決。為了顧全大局，使強學會不致流產，康有為做了讓步，這樣，強學會總算開辦起來。入會諸人每三日在炸子橋嵩雲會館聚會一次，討論新思想和學問，結社入會鼓蕩起體制內外讀書人的熱情，「來者日眾」。為使強學會能持久開辦下去，真正成為黑暗中國的啟蒙陣地，他們議定了三件將辦之事：一是辦報輸入新思想；二是建「書藏」，即圖書館；三是派人遊學、遊歷各國以學習現代西方的思想和文化。

北京強學會成立後，「先以報事為主」，將《萬國公報》改為《中外紀聞》，算作強學會旗下的報刊。「書藏」準備辦在京師文化薈萃之地的琉璃廠，並開始選址購書，派康有為之弟康廣仁去上海購置圖書。專營圖書古籍的翰文齋「願送群書」，「英美公使願大助西書及圖器」。使得「書藏」的規模日廣。可是，遍搜京城，卻找不到一張世界地圖，康有為慨嘆道：「京師錮塞，風氣如此，安得不敗？」在國事危亡之際，士大夫和知識者眼光向外，尋求振興之道，同時也在努力探索自身安身立命的新途。按此發展下去，萬馬齊喑的局面就會打破，國家或許會有新生之路，而士這個階層或許也會進化為現代知識分子，找到自己的價值，有一片獨立於體制外的生存空間。

但是，這可能嗎？

康有為是一個一腳門裡一腳門外的人，他深知，想做這樣一件王

朝體制並不看好的事，必須找體制內的靠山來站臺，他向王朝內的權臣發去公函請求支持。因為要圖強救國，拯救危亡，王朝體制內的所謂「清流」自然也希望大清江山代代相傳，於是，劉坤一、張之洞、王文韶等各捐銀五千兩扶持強學會。李鴻章也捐銀二千兩表示支持。但李鴻章剛剛代表清政府和日本簽訂完《馬關條約》，在「清流」主戰派眼裡，李鴻章屬於漢奸賣國賊，所以，拒收了李鴻章的捐款。官僚的參與引入了朝廷內部的派系鬥爭，埋下了隱患。強學會的性質也發生了潛在的變化，滑向了明末東林黨朝爭權鬥的邪路。東林黨就是一群朝中的官員自以為站在道德的制高點上強項抗爭，最後造成王朝為平息內爭無暇他顧，埋下了玉石俱焚、同歸於盡的伏筆，終使大明覆亡。康有為倡導的強學會有與明末東林黨全然不同的性質，這是一個相聚講求的思想文化陣地，是知識分子「自由結社」的林中響箭，具有雄雞報曉的意義。但是，在皇權專制時代，與它初衷相背的變化和失敗幾乎是難以避免的。這裡所謂的「清流派」是一些熱血沸騰的愛國主義者，但是，難道他們不知道依大清之窳敗無力抗擊日本及列強的蠻橫強權嗎？除了嘴上功夫和呼天搶地的表演，他們誰有扭轉乾坤的平戎之策呢？他們知道，李鴻章甲午敗後的簽約是不得已而為之，《馬關條約》是太后和皇帝批准的。李鴻章自己也說，他是一個裱糊匠，維護著這個千瘡百孔的王朝最後的體面。他被選中去和日本媾和，當了皇家的「背鍋俠」，也成了政治對手的靶子。對於很多朝中官僚，愛國是幌子，權鬥才是實質。但權鬥引入強學會，就等於為它裝置上一個爆炸的引信，最後終於摩擦出火花，發生了爆炸，四分五裂而歸於消亡。

　　由於拒收李鴻章捐款，引起了朝中另一派官僚的警惕和嫉恨，他們上疏皇帝，要求查禁強學會。清王朝本就對結社辦報之類的行為抱有極大的不安和敵意，因為這是中國數千年聞所未聞的，在皇權專制

的祖宗家法里根本就沒有這一條,知識人的言論歷來被視為煽動造反的先聲,於是斷然下令查禁。存在僅數月的強學會就此終結,由《萬國公報》更名而來的《中外紀聞》,發行僅一個月零五天即遭封禁。

三

就在風聲日緊,京師強學會面臨劾奏岌岌可危之時,康有為留下梁啟超在京中支撐,於一八九五年陰曆八月二十九日出京南下。他離京之目的,是要在上海和廣東兩地籌辦強學會,以形成南北呼應之勢,動員更多的體制內外的知識人學習西方,接受他孔子改制的學說,以推動變法維新運動。

當時的康有為由於過人的才華、早年在家鄉講學授徒的經歷以及在京師積極參與公車上書等政治活動,已在政、學兩界積累了相當的名望。他途經山海關、天津、上海,九月二十日抵達南京,受到了時任兩江總督張之洞的熱情接待。[1]

光緒二十六年(1900 年)庚子事變後,康有為在海外支持的唐才常自立軍起義失敗,張之洞搜捕屠殺起義黨人,康有為避難新加坡,致信張之洞,憶及南京交往,云:「隔日張宴,申旦高談,共開強學,竊附同心。」他在上海設立強學會的主張得到了張之洞的熱烈回應。依康有為的社會地位,位高權重的晚清名臣張之洞何以對他青眼獨垂,並如知交密友般「隔日張宴,申旦高談」?其間原因有二。一是康有為在張之洞眼裡,不僅是朝廷六品銜的「工部主事」,而且是名聞海內

---

[1] 康抵達南京的日期,本文採用了歷史學家茅海建的說法,《康南海自編年譜》中云:九月「十二到上海。十五入江寧,居二十餘日,說張香濤開強學會,香濤頗以自任,隔日一談,每至夜深」。

的大名士，所以對其格外器重。據蔡元培《自寫年譜》云：光緒二十一年「赴南京訪張香濤氏……張氏盛讚康氏才高學博，膽大識精，許為傑出的人才」。身為晚清大員並在士人中有極高地位的張之洞願意籠絡名士，為其所用。二是兩人有相同的政見，「在馬關議和期間皆主張廢約再戰，在換約之後皆主張變法自強」，這使兩人有了彼此信任的基礎和共同語言，所以，康有為與張之洞的會談非常成功。張之洞是晚清最具新思想的重臣，上海、廣東兩處強學會的開辦，體制內說話有分量的人的支持是至關重要的條件。

康有為能夠成為張之洞的座上客，還有一個隱秘的背景，那就是張之洞最重要的幕僚梁鼎芬的引薦。梁鼎芬，廣東番禺人，字星海，號節庵。他小張之洞廿二歲，雖為晚輩，卻對張影響極大。康有為是梁鼎芬最重要的同鄉和朋友。梁鼎芬早年很推重康有為，曾有詩云：「豈有疏才尊北海，空思三顧起南陽。」把康有為喻為孔融和諸葛亮，可見推重之深。而梁鼎芬把康有為引薦給張之洞，是為了讓康發宏論，以解張之洞的悲痛和煩憂。原來，張之洞次子（一說長孫）張仁頲，於光緒二十年九月十九日夜半，賞月覓句而誤墮江寧總督府園池，未久身亡，年僅廿四歲。張之洞為此傷悼不已，梁鼎芬建議張之洞與康有為等談話聊天，以疏解心愁。這有梁鼎芬致張之洞兩封書簡為證。這些隱情康有為是不知道的。

總之，康與張的交談頗為順利，張之洞決定上海的強學會由他的幕僚汪康年辦理，廣東的強學會由康有為辦理。因為汪康年尚在武昌，上海強學會由康有為等人先行辦理。康有為到達上海後，即著手辦理強學會事宜，他選定了上海張園附近為會址，並撰寫了《上海強學會序》，由張之洞署名，發表在《申報》上。一八九五年設會開局，一時間江南士人轟動，遠近響應，入會者眾，黃遵憲、張謇、陳寶琛、汪康年、章炳麟等人都是最先入會者。上海強學會開辦的主要經

費是由張之洞支付的。他共撥銀一千五百兩，其中五百兩是他的個人捐款。

　　《上海強學會章程》開列「最要者四事」：「譯印圖書」，「刊布報紙」，「開大書藏」（圖書館），「開博物院」。這些事要根據後續款項的多寡陸續推行。這四件事都是當時中國的啟蒙要事，康有為是把它作為終生事業來做的。因為強學會很快就被封禁，康有為和張之洞的矛盾公開化，這些事基本都沒來得及開展。康有為主持的《強學報》刊發了兩期，第三期雖已印好卻停發。這期間，康有為還向南京一個叫楊仁山的人購買了兩架來自英國的天文望遠鏡，一大一小，大者據說能看到火星，小者準備送到北京的強學會。但張之洞等人已不再支持，且令停辦，所以康有為只好把訂購的望遠鏡退了回去，自己還賠了一些錢。

　　康張之矛盾，一關學術，二關政治，後幾不相容。所關學術者，康有為自述云：「香濤不信孔子改制，頻勸勿言此學，必供養。又使星海來言。吾告以：『孔子改制，大道也，豈為一兩江總督供養易之哉？若使以供養而易其所學，香濤奚取焉。』」所謂孔子改制以及今文學說的學術主張，一直是康有為學術立身之本，但張之洞並不買賬。據張之洞一個名為陳慶年的幕僚一八九七年八月八日的日記所記：「薄暮，南皮師招赴八旗會館談宴。散後，在小亭觀月。同人圍坐。南皮師說：康長素師主張素王改制，自謂尊孔，適足誣聖。平等，平權，一萬年做不到，一味囈語云云。反覆詳明。三更始散。」南皮、香濤，皆張之洞[1]。長素，康有為[2]。

　　康有為與張之洞矛盾的不可調和，還在於政治上。康、張二人儘

1　張之洞，字孝達，號香濤，直隸南皮人。
2　康有為，號長素，廣東南海人，後人稱康南海。

管都是忠於清王朝的，但康有為有著知識分子自負甚至狂傲的個性，有些自由主義，不顧及政治禁忌；而身為朝廷高官的張之洞則不然，清王朝是他安身立命的「皮」，稍有違忤，在他眼裡都是大逆不道的事情。康有為所刊發的《強學報》不用清王朝皇帝年號為紀年，為了張揚康的孔子改制的學說，而以孔子誕生為紀年。「奉正朔用紀年當屬政治表態，立教會更有謀反之嫌，康此時雖絕無與清朝決裂之意，但此舉必引來許多不利的議論。此在康似尚屬理念，在張則是政治。」除此之外，張之洞認為，康有為的學術主張可以自己著書立說，絕不可在《強學報》中夾帶私貨，更何況他本不認同康有為那一套。所以，他斷然中止了對康有為的支持，康、張自此分道揚鑣。也就在此時，光緒二十一年十二月初七日，御史楊崇伊參劾京師強學會，光緒帝當日下令封禁。十二月十四日，在上海的張之洞財務總管經元善致電張，請示是否應停止對上海強學會的撥款。張回電：「不便與聞。」他已經躲得遠遠的，把這件事情撇得一乾二淨了。可見，即便在王朝統治式微之際，知識人的活動空間還是相當有限的。

　　強學會在十九世紀的中國，如曇花一現，此後終不復見，但它對中國社會啟蒙發軔之義，則不容低估。它使知識人認識到，在皇權體制之外，還有另外一個生存空間。這個空間使得士化蛹成蝶，蛻變為現代知識分子成為可能。

梁啟超悲悼菊花硯

一

　　一八九七年，梁啟超廿五歲，滿腹經綸，豪氣干云，痛國家之衰敗，哀民智之暗昧，有匡世救國之志。這年秋天，湖南友人譚嗣同和

黃遵憲、熊希齡等開辦時務學堂於長沙，聘請梁啟超為總教習，梁遂欣然前往。

這之前，王文韶、張之洞、盛宣懷等朝中大臣曾向朝廷連銜舉薦，謂梁乃國家可用之才，請朝廷擢拔重用。朝廷有旨，交鐵路大臣差遣。梁啟超以不願被人差遣辭之。張之洞又力邀其入幕府，梁亦固辭。那麼，他為何跑到湖南一個剛成立的學堂去教書呢？他在那裡又教了些什麼呢？

中日甲午戰後，清帝國危機日深，但國家的出路在哪裡？朝野上下仍很迷茫。雖有一些大臣有改革圖強的想法，但朝中守舊勢力相當頑固，國家仍然在舊有的軌道上蹣跚。民間百姓被舊的禮法和道德所束縛，懵懂混沌，對世界大勢一無所知。要想民族新生、國家富強唯有開啟民智，改弦更張，向世界上先進國家學習，變法維新。覺醒的士人最先認識到這一點，他們憂心如煎，奔走呼號，希望能警醒帝國統治者和他們治下的臣民。梁啟超和他的老師康有為就屬於這樣一群先知先覺的人物。如果說，當時的中國面臨著三千年未有之大變局，在這大變局中，中國的知識人由皇權專制下「學成文武藝，貨與帝王家」的士蛻變為現代的知識分子，梁啟超就是他們中最傑出的代表。在這個由蛹成蝶的艱難蛻變中，梁啟超具有標誌性的意義。

湖南的時務學堂有學生四十人。受聘前，梁啟超曾與老師康有為擬訂教育方針，以徹底改革、洞開民智為目標，用急進之法，痛下猛藥，言人所不敢言，提倡民權、平等、大同之說，發揮保國、保種、保教之義。在這萬馬齊喑、死氣沉沉的專制帝國裡，這樣的聲音，無異於悶云不雨中的驚雷，既使人驚悚惶懼，又令人警醒振奮。梁啟超不奉朝廷，不入官場，以啟蒙民眾為己任，於這年冬月，來到了長沙。在時務學堂教學的日子裡，是梁啟超最激昂、最快樂的時光，真是「指點江山、激揚文字，糞土當年萬戶侯」。在講堂上，宏論滔

滔，在學生所作札記上，日批萬言。時務學堂和舊時的私塾、書院不同，應是中國最早的新式學堂之一。學生如何學，教師怎麼教，皆無定法可資借鑑。梁啟超後來回憶道：當時「學科視今日殊簡陋，除上堂講授外，最主要者為令諸生作札記，師長則批答而指導之，發還札記時，師生相與坐論」。這樣的教學方法和當今培養研究生的方法差不多。這四十個學生，多為有一定舊學功底的少年學子，老師批答講授之言，皆聞所未聞。初聞如霹靂驚夢，懵懂茫然，繼則如醍醐灌頂，歡忭起舞，師生間往來辯難，「時吾儕方醉心民權革命論，日夕以此相鼓吹」。學生與老師都在風華正茂的年齡，學到的不止是學問，更激勵出以身許國的人生志向。

應該說，梁啟超等人在時務學堂所講在當時都屬於「大逆不道」之言，所以後來守舊頑固派以他們在學生札記上的批語為「叛逆」之據，向朝廷告發，由朝中頑固派大臣逐條劾奏，成為戊戌政變鎮壓維新派的最有力的口實。下面是梁啟超在學生札記上的幾條批語：

> 今日欲求變化必自天子降尊始，不先變去拜跪之禮，上下仍習虛文，所以動為外國訕笑也。

乾隆年間，英使馬戛爾尼來華，朝廷以天朝大國自居，強令英使晉見皇帝行三跪九叩之禮，英使不從，廢然返國，開放口岸貿易的使命沒有達到。後來用大砲打開天朝國門。鴉片戰爭多年後，中國仍然保持著這種皇帝神聖至尊，臣子口稱奴才，伏地三跪九叩，不能仰視天顏的野蠻禮節。統治者不把臣子當人，更談不上把百姓當人，這樣專制野蠻之國，欲求平等、民權，何其難也！

> 屠城、屠邑皆後世民賊之所為，讀《揚州十日記》尤令人髮指

皆裂。故知此殺戮世界非急以公法維之，人類或幾息矣。

「揚州十日」、「嘉定三屠」乃清軍入關後對漢人最血腥的屠殺暴行，梁揭此傷疤，無異於罵清王室的祖宗，煽動民族革命，當屬大逆不道的罪行，無怪乎朝廷視康、梁為不赦之異端也！

二十四朝，其足當孔子王號者無人焉，間有數霸者生於其間，其餘皆民賊也。

此論何其精當痛快！專制王朝哪裡會行孔子王道之說，除了幾個霸主外，餘下的都是壓迫欺侮百姓的民賊，清王朝自然也不例外。

要之，王霸之分，只在德力，必如華盛頓乃可為王矣。

提出華盛頓，引入西方民主思想，對當時閉關鎖國的大清王朝，真乃石破天驚之語！與梁同在時務學堂的韓樹園亦有批語云：「地球善政首推美國」，「天下無敵，美國有焉，歐洲不及焉……將來大一統者必由美國以成之也」。在一百多年前的晚清，嚮往美國聯邦制的民主制度，提出這樣超前的觀念，令我們不能不佩服他們的遠見卓識。

這樣的教學方法和教學理念，在幾千年延續下來的封閉、腐朽的文化環境中自然是一個異數。梁啟超在《清代學術概論》中述及當時的教學情形：「啟超每日在講堂四小時，夜則批答諸生札記，每條或至千言，往往徹夜不寐。所言皆當時一派之民權論，又多言清代故實，臚舉失政，盛倡革命。其論學術，則自荀卿以下漢、唐、宋、明、清學者，掊擊無完膚。」如此離經叛道，抨擊時政，豈能不惹來禍端！

湖南這個地方，雖得風氣之先，維新改革的激進分子多出此省，

但也是維護舊學問、舊道統的頑固派最為猖獗之地。當時,賴有先進革新思想的湖南巡撫陳寶箴之提倡和回護,時務學堂得以開辦並維持下來。當時,社會上並不知入了學堂的學生在那裡學些什麼,因為學生住宿在學堂,師生日夕相處,家長還以為學生在那裡學些八股策試一類東西。及至放了年假,把札記及老師的批語遍示親友,結果聳動省內外,惹得全湘大嘩,新舊兩派大哄大鬧,陣線分明,勢同水火矣!先是湖南守舊派學人王先謙、葉德輝以時務學堂的課本為叛逆之據,向湖廣總督張之洞舉報,巡撫陳寶箴聞訊後,派人午夜通知梁啟超,速將課本改換,否則不等第二年戊戌政變,以梁啟超為首的這一干書生早就遭了大禍。表面看來,這是思想學術之爭,但它的激烈程度,已上升到政治層面,你死我活,不共戴天。葉德輝著《翼教叢編》數十萬言,將康有為所著書和梁啟超所批學生札記及湘中革新派報紙上的言論逐條批駁,以名教罪人和當朝叛逆申討之,其言曰:「偽六經,滅聖經也;托改制,亂成憲也;倡平等,墮綱常也;申民權,無君上也;孔子紀年,欲人不知有本朝也……」王先謙更是聲稱,與革新派鬥爭「雷霆斧鉞,所不敢避」,完全是一副拚死的架式。思想學術上的紛爭一旦變成政治的聲討,就透出了凜凜殺氣和血腥味,守舊派指斥梁啟超等人「是何肺腑,必欲傾覆我邦家也?」。後來,在變法的日子裡,就有湖南舉人曾廉上書皇帝,摘錄梁啟超在《時務報》及時務學堂的關於民權自由的言論,指為大逆不道,請殺康、梁。光緒皇帝為了保護康、梁二人,先命譚嗣同對曾廉奏疏逐條駁斥,才敢給西太后看。

湖南革新派和守舊派的殊死搏鬥,關乎國家的前途和命運,其意義非同一般。一八九五年,梁啟超就認識到湖南在國家變革中的重要性,在給友人的信中寫道:「十八省中,湖南人氣最可用,惟其守舊之堅,亦過他省,若能幡然變之,則天下立變矣。」三年後,梁啟

超毅然入湘，如蛟龍弄潮，和一幫志同道合的熱血士子，掀起宏波巨浪，使古老而沉酣的中國顫慄猛省，進入了光明和黑暗的交戰，其功厥偉，何可限量！後來發生戊戌政變，梁啟超流亡東瀛，他在時務學堂所教的四十名學生中，竟有十一人衝破重重阻力，歷經千難萬險，跑到日本去找他。先進的思想一旦進入青年的大腦，會產生何等的精神力量！這四十名學生，後來都成了中國革命和進步的中堅，至民國初，大半死於國事，存者僅五六人而已。其中最優秀的學生蔡鍔（字松坡），後來在梁啟超的支持下，潛回雲南，組織護國軍，倒袁起義，成為中國近代史上的傳奇人物。這已是後話。

二

　　一個傑出人物的出現，必然有他得以產生的大環境和適宜成長的小環境。啟蒙思想家梁啟超也不例外。從大環境來看，十九世紀末，一方面中國內憂外困，列強環伺，面臨瓜分和亡種之禍，首先覺醒的有識之士如寒蟬臨秋露，對危機有切膚之痛，認識到中國必須改革舊制，方能自保而圖強；另一方面，東西方列強的入侵也帶來了全新的思想觀念，並向國人展示了他們不同於古老專制帝國的先進政治制度，這些都強烈地刺激著知識者的神經。反觀中國，在上者顢頇守舊，不想放棄專制的權力，在下者麻木愚昧，自甘為奴隸和奴才，渾渾噩噩，對世界大勢一無所知。改革圖強，必須喚起國人覺醒，梁啟超認為「開民智、開紳智、開官智」乃一切之根本，因此，他們才奔走呼號，辦學辦報，以啟蒙為己任。在這個大環境下，湖南又形成了一個小環境。這個小環境，首先有賴於湖南巡撫陳寶箴對維新改革思想的支持和同情；其次，在他的提倡和保護下，有一批志同道合者齊聚湘中，無論為官為民，居長居幼，皆平等共事，以新學相砥礪，以

議政相激盪，以國事相期許，以推進國家更新改製為目標。在等級制森嚴、尊卑次序分明的專制帝國裡，形成這樣一個知識者的小團體是多麼難能可貴啊！在這個小團體中，梁啟超年紀最小，卻因他的才華和卓見贏得普遍的尊重，成為其間的翹楚和核心人物。

梁啟超也認為湖南時務學堂期間是其平生「鏤刻於神識中最深」的一段經歷。他在《戊戌政變記》中有一段記述說：「先是湖南巡撫陳寶箴、湖南按察使黃遵憲、湖南學政江標、徐仁鑄、湖南時務學堂總教習梁啟超及湖南紳士熊希齡、譚嗣同、陳寶箴之子陳三立等，同在湖南大行改革，全省移風……」這裡列出了湖南改革集團的主要人物。下面僅就諸人與梁啟超的關係縷述一二。

陳寶箴，江西義寧縣（今修水縣）人，一八三一年生，一八九七年在湖南巡撫任上時已經六十六歲，長梁啟超四十二歲，應該算祖父輩的人。他的新政舉措領全國風氣之先，如開辦時務學堂、刊布《湘學報》以啟民智，設礦物、輪船、電報及製造公司等實務，設保衛局維護地方治安等，成為地方督撫中唯一傾向維新變法的實權派。梁啟超在湘期間，協助陳、黃諸公倡行新政，出力甚多。德國占領膠州灣後，外患益深，梁曾有《上陳中丞書》勸湖南自立自保，以為將來大難到來做準備，又有《論湖南應辦之事》，力陳變科舉、設學堂、倡新學，以應時變。這些建議都深得陳的重視，對梁的才華深表嘉賞。在梁啟超父親蓮澗先生五十大壽時，陳親為撰聯：「行年至一萬八千日，有子為四百兆中雄。」這樣的贊語可謂極矣。陳寶箴之子陳三立，一八五三年生，長梁二十歲，應屬梁的父輩，時任吏部主事，在父親任所襄助新政，和梁也情厚誼深。百日維新夭折後，陳寶箴以「濫保匪人」罪被革職，永不敘用，其子陳三立，以「招引奸邪」罪，一併革職。陳氏父子退居南昌西山，陳寶箴兩年後即鬱鬱而終。陳之死因，後世有很多猜測，後有史料和分析證明，他是被西太后密旨賜死的。

黃遵憲，字公度，一八四八年生，一八七六年中舉。一八七七年隨清朝駐日大使何如璋出使日本，後任大清國駐美國舊金山領事、駐英使館二等參贊、駐新加坡總領事等職，是當時頗負時望的外交官。一八九四年奉召回國，先任江寧洋務局總辦，一八九七年轉任湖南長寶鹽法道，後署理湖南按察使。在此期間，協助陳寶箴辦理新政，是維新派的骨幹和中堅。黃有許多詩文著作傳世，如《日本國志》、《日本雜事詩》、《人境廬詩草》等，因有東西洋遊歷見識，對維新變法鼓吹最力，是當時最有影響的改革思想家之一，同時被譽為「詩界革命之鉅子」。黃長梁啟超廿五歲，來往書函中卻尊梁為「公」，自卑為「弟」，此絕非虛文客套，實乃對梁之才華見識感佩敬服之至也。一九〇二年，梁在日本辦《新民叢報》，黃來信盛讚曰：「驚心動魄，一字千金。人人筆下所無，卻為人人意中所有，雖鐵石人亦應感動。從古至今，文字之力之大，無過於此者矣。羅浮山洞中一猴，一出而逞妖作怪，東遊而後，又變為《西遊記》之孫行者，七十二變，愈出愈奇。吾等豬八戒，安所容置喙乎，唯有合掌膜拜而已。」黃也是見識遍寰宇，文名滿天下的長者，將梁比作孫悟空，自貶為豬八戒，對梁這等「後生小子」推重如此，豈非心悅而誠服！一九〇五年黃逝世前，在與梁書中謂梁「公學識之高，事理之明，並世無敵」。時梁流亡東瀛，周圍聚集一些當年時務學堂中跑出去追隨梁的弟子，眾人照了一張照片，寄給臥病在梅州家中的黃遵憲，黃興奮之情，溢於言表，「半年岑寂，豁然釋矣」，並囑梁對眾人朗誦他的兩句詩：「國方年少吾將老，青眼高歌望爾曹。」這位親自籌辦時務學堂，為國培育新政人才的老人痼疾纏身，行將就木之時仍對少年後進寄望殷殷，對國家的新生充滿憧憬。黃在輾轉病榻的晚年，梁啟超幾乎是他唯一的精神寄託。二人彼此傾慕，又政見相同，來往書函，滿佈風雲滄海之氣、剖肝露膽之誼，讀來令人感慨良深。黃在彌留之際的最後一首詩就是寫給梁的，

詩云：「君頭倚我壁，滿壁紅模糊。起起拭眼看，噫吁瓜分圖。」對梁的懸望之深和對國事的憂慮多麼深切動人！黃死後，梁啟超有語云：「平生風誼兼師友，不敢同君哭寢門。」應是肺腑知己之言。

　　陳寶箴父子和黃遵憲對梁啟超而言，應算有官職的長輩。在湖南改革集團中，還有一人，即江標，一八六〇年生，長梁十三歲，按年齒來算，也是長輩。他當時是湖南學政，相當於省教育廳廳長，那時這樣級別的官也是要由朝廷任命的。江是江蘇元和（今蘇州）人，光緒十五年進士，曾任翰林院編修，當時即蜚聲詞翰，詩文、書法、篆刻無所不精，時務學堂應是在他親自操持下辦起來的。他雖年長，但與梁啟超之關係，應屬嚶鳴友聲，才華相引，並無尊卑長幼之藩籬。此何以證之？就是下面菊花硯的佳話。

　　在敘述這段佳話前，還要引出一個主人公。此人姓唐，名才常，字黻丞，一為佛塵，一八六七年生，長梁六歲，和譚嗣同同為湖南瀏陽人，因此梁指稱二人有譚瀏陽和唐瀏陽之別。早在一八九五年，梁即與譚嗣同定交，梁在給老師康有為的信中稱：「譚復生才識明達，魄力絕倫，所見未有其比。」可見推重之深。梁曾問過譚，依君之才華抱負，可有知音密友？譚答曰：二十年間刎頸之交，黻丞一人而已。原來譚、唐二人不但是同鄉，且同為瀏陽學者歐陽中鵠之弟子。此話梁牢記心中，久欲結識。正巧來長沙任教，譚為介紹，三人遂同為摯友。能為梁、譚二人引為同道知交，唐才常自非庸常之輩。他是貢生出身，在岳麓書院和兩湖書院都讀過書，曾主辦過《湘報》和《湘學報》，鼓吹變法維新，當時在時務學堂任助教。還有一個來自湖南鳳凰縣的熊希齡，和梁年相仿，只長梁三歲，其後熊與梁在政治活動中交往很深，此略而不言。至此，湖南時務學堂萃集的一時才俊除梁、譚、唐、熊外，尚有同去任教習的韓樹園、葉湘南、歐矩甲等人，陳寶箴以巡撫之尊總攬新政，按察使黃遵憲以地方官身分時相過從，而

學政江標與諸君惺惺相惜，同氣相求，和他們已經打成一片了。我見過一張時務學堂教習們合影的照片，八個人皆長衫飄逸，俊朗超群，飽蘊書卷風雲之氣，堪稱中國知識界啟蒙之前驅。

梁為總教習，雖年紀最輕，才華見識頗負眾望。唐才常出身詩書世家，家境殷實，對梁敬慕有加。一日，贈梁一方菊花硯，梁甚喜之。時譚嗣同在側，親為作銘曰：「空華了無真實相，用造荊偈起眾信，任公之硯佛塵贈，兩公石交我作證。」晚清的許多文人，從傳統舊學中找不到思想突圍和民族自強的思想資源，有很多人熱心佛學（如章太炎曾主張用佛學救中國），譚嗣同亦熱心佛學，曾自號「華相眾生」。銘的前兩句，譚用佛家語，指出世相「了無真實」，必須用新的思想（用造荊偈）重新建立信仰，表明了以啟蒙為己任的心志。「荊偈」是佛教的一種文體，在此泛指來自西方的一切先進思想學術和制度。有硯有銘，誰來鐫刻，使硯銘一體，珠聯璧合？此時，湖南學政江標將奉旨卸任回京，來時務學堂與眾人作別。原來，西太后此時歸政光緒，光緒有變法之志，正羅致新政人才，江標調任回京，或有重用。此當國家有望之時，維新士子，人人振奮，皆欲一展抱負，為國效力。江標意氣縱橫，艤舟待發，見梁所示唐硯譚銘，曰：「此銘鐫刻，豈可委石工，能此唯我耳，我當留一日了此因緣。」為了這菊花硯刻銘，朝廷命官江標寧可晚一日發舟，與梁啟超等眾士子之情，於此可見。梁述此事，其情其景，歷歷如新，故人神態，恍如目前，文字亦佳妙傳神，其述江標曰：

遽歸舟，脫冠服，向夕，褐裘抱一貓至，且奏刀且侃侃談當世事，又氾濫藝文，間以詼諧。夜分，余等送之舟中，翦燭觀所為日記，忽忽將曙，建霞轉相送於江岸，濛濛黃月，與太白殘焰相偎照，則吾儕別時矣。

這哪裡是一個官員，分明是一個親切隨意，道法自然的才子！想湘江岸邊，荻花秋月，才相埒，情相通，天欲曙，人將別，此情此景，安得不長留魂夢！

　　至此，菊花硯遂成完璧。

三

　　江標返京後，湖南學政由徐仁鑄接任。徐是朝中改革派大臣侍讀學士徐致靖之子，時務學堂堅持了啟蒙維新的路子，繼續宣揚自由民權的思想。剛入戊戌年，梁啟超患了一場大病，幾乎死去。不久，即攜菊花硯返滬治病。回上海，他坐的是招商局立村號輪船，雖病體未癒，仍意氣昂揚，據同舟人狄楚青記載，一日飯後對同人曰：「吾國人不能捨身救國者，非以家累，即以身累，我輩從此相約，非破家不能救國，非殺身不能成仁，目的以救國為第一義，同此意者皆為同志。吾輩不論成敗是非，儘力做將去，萬一失敗，同志殺盡，只留自己一身，此志仍不可灰敗，仍須儘力進行。然此時方為吾輩最艱苦之時，今日不能不先為籌劃及之，人人當預備有此一日，萬一到此時，不仍以為苦方是。」以身家許國，志氣宏壯，然維新之勢未張，改革之道未行，前路崎嶇險惡，梁氏已懷隱憂也。

　　梁回滬後，戊戌三月，奉老師康有為之命，由康有為弟弟康廣仁護送陪伴入京。入京後，即參與了康有為發起的保國會和請廢科舉的公車上書活動，這年農曆四月二十三日，光緒皇帝頒發《定國是詔》，變法維新運動正式啟動。在這場表面轟轟烈烈的變法運動中，梁啟超亦喜亦憂，喜者為光緒皇帝變法之意甚堅，國事有望一新；憂者為以慈禧太后為首的頑固派勢力強大，變法充滿變數，隱伏凶險和殺機，所以梁在與友人書中有不日將出京南下之語。由於徐致靖的保薦，梁

啟超於這年的五月十五日被光緒皇帝召見。按舊例，皇帝是從來不見四品以下官員的，梁氏雖有舉人功名，但尚無實授官職，以一介布衣，蒙皇上召見，也是破例之舉。這次召見，授梁六品銜，欽命梁辦理譯書局事務。這是皇上要從思想上廣開海禁，引進西方思想、文化、學術的大舉措。皇上厲行變法，推進很快，繼五月五日和五月十二日下旨廢除八股取士的科舉制度後，七月十九日，動雷霆之怒，罷阻撓變革的禮部六堂官之職，七月二十日，就拔擢楊銳、劉光第、林旭、譚嗣同四京卿為軍機章京，賞四品銜，參預新政。這時，張揚激進的變法之輪已經滾到了懸崖邊上。

首先被難的是為菊花硯作銘的譚嗣同。八月六日，梁氏正在譚嗣同寓所，對坐榻上，策劃變法時局，驚聞抄捕康有為之報，接著就聽到慈禧太后重新垂簾聽政的諭旨。二人知事不可為，譚從容勸梁氏入日本使館避難，自己竟日不出門，以待捕者。當日，捕者未至，譚第二天入日使館與梁氏作別，以自己所作詩文手稿和家書一篋托於梁，對梁慨然道：「不有行者，無以圖將來，不有死者，無以酬聖主。今南海（康有為）之生死未可卜，程嬰、杵臼、月照、西鄉，吾與足下分任之。」譚嗣同以春秋時晉國為救趙氏孤兒首先赴死的公孫杵臼和日本幕府末期為維新變法而投海自盡的月照自比，將變法未盡之責托於梁氏，已抱定必死的決心。譚、梁二人相抱而別，此八月初七日事也。後兩日，有日本志士數人勸譚嗣同東去日本，譚不從，曰：「各國變法，無不從流血而成，今中國未聞有因變法而流血者，此國之所以不昌也。有之，請自嗣同始！」初十日，譚被逮捕，八月十三日被斬於北京菜市口，留下了「我自橫刀向天笑，去留肝膽兩崑崙」的悲壯詩句。

接著，為菊花硯刻銘的江標也在變法失敗後英年早逝。江標入京後，受命四品京堂、總署章京上行走（和譚嗣同官職相同，也是被光緒皇帝倚重的變法骨幹）。尚未就職，新政失敗，隨即被革職永不敘

用，並交地方官嚴加管束。次年憂病交加，卒於家鄉，年僅四十歲。

在這次血腥的政變中，菊花硯原主人唐才常暫時倖免，他被友人譚嗣同招引入京，本欲在變法新政中一展抱負，船到漢口，政變已作，唐遂返回湘中，前往上海。其後，周遊香港、新加坡、日本各處，一八九九年二月返回湖南，三月到上海，主持《亞東時報》。這時的唐才常已成為反清革命最重要的活動家。唐在日本期間，和舊友梁啟超以及孫中山多有交往。當時，時務學堂的學生蔡鍔等十一人也跑到了日本，和梁在一起，唐才常數相來往，在一起摩拳擦掌，共圖革命。一九〇〇年七月，唐在上海張園召開「中國國會」，唐自任總幹事。提倡自主和民權，不認清政府，但又提出擁護光緒復辟的口號。參與此會的章太炎認為既排滿，又勤王，自相矛盾，遂於會上割辮與之絕。唐才常的矛盾其來有自，因為他從前的友人譚、梁等人都是擁立光緒皇帝的維新派，此時的唐實是借勤王以圖革命。流落海外的梁啟超並沒有放棄維新的主張，毋寧說他是更加激烈了。他一方面辦報宣傳新思想，攻擊後黨頑固派，一方面和康有為等籌組政治團體，以圖大舉。還在華僑中籌款，欲重金購求聶政、荊軻一類志士行刺朝廷重臣，李鴻章及其幕僚劉學詢、張之洞都在他們的行刺名單上。他和唐才常書信往還，共同商議起事密謀。一九〇〇年，唐組織的反清「自立軍」，因海外匯款未到，匆促起事，謀洩被捕，於七月二十八日夜被殺於武昌大朝街滋陽湖畔，刑前有詩云：「七尺微軀酬故友，一腔熱血濺荒丘。」為了民族新生，故友或殉難或亡命，唐才常視腐朽的清政府為寇仇，以血明志，從容就死。在這次起義中，不止死唐才常一人，好多從前時務學堂的學生也一同被難。

至此，與菊花硯相關的贈硯者、題銘者、刻銘者皆死於國事，梁啟超亡命天涯，菊花硯遭落塵海，再無從得見。唐才常被難後，梁啟超悲痛異常。清政府正懸賞十萬兩白銀要他的頭顱。這年七月，梁從

檀香山返國，有《東歸感懷》一首，抒發蒼涼憤郁之情——

> 極目中原暮色深，蹉跎負盡百年心。
> 那將涕淚三千斛，換得頭顱十萬金。
> 鵑拜故林魂寂寞，鶴歸華表氣蕭森。
> 恩仇稠疊盈懷抱，撫髀空為梁父吟。

多年之後，梁啟超悲悼菊花硯，有語云：「戊戌去國之際，所藏書籍及著述舊稿悉散失，顧無甚可留戀，數年來所出入於夢魂者，唯一菊花硯……今贈者銘者刻者皆已沒矣，而此硯復飛沉塵海，消息杳然，恐今生未必有合併時也，念之淒咽。」百年中國，知識分子於國事之心意糾結，生死相許之悲情能不令人淒咽哉！

春半如秋意轉迷——梁啟超民初歸國的心路歷程

一

清末戊戌年八月，以西太后為首的頑固黨發動政變，逮殺維新黨人，變法失敗。梁啟超得日本人營救，搭乘日本大島艦赴日避難，此乃梁氏去國流亡之始。行時有《去國行》一篇，悲憤沉鬱，以詩言志，中有語云：「君恩友仇兩未報，死於賊手毋乃非英雄，割慈忍淚出國門，掉頭不顧吾其東。」學習日本明治維新，建立現代國家制度，一直是他抱持的政治理想。他已經體驗到了變法的艱難和制度變革的殘酷性，中國的現實和日本的經驗告訴他，重大的社會變革是要付出血的代價的：「爾來明治新政耀大地，駕歐凌美氣蓊蘢。旁人聞歌豈聞哭，此乃百千志士頭顱血淚回蒼穹。」理想的太陽在他的頭頂照耀，青春的

熱血在他的周身奔湧，為了理想，他已把生死置之度外：「男兒三十無奇功，誓把區區七尺還天公。不幸則為僧月照，幸則為南洲翁。不然高山蒲生象山松蔭之間占一席，守此松筠涉嚴冬，坐待春回終當有東風。」政變始作，譚、梁訣別之時，譚嗣同有語：「月照、西鄉，吾與足下分任之。」譚願作月照殺身成仁，勉勵梁像西鄉那樣，實現變法的理想。「南洲翁」即是日本維新三傑之一的西鄉隆盛。

此時梁啟超二十六歲，幸與不幸，成功成仁，兩種結果，他希望自己三十歲時會見分曉。但是到了三十歲時究竟怎樣了呢？對人生前景的預測總是落空，三十歲那年，他並沒有建立什麼「奇功」，仍然羈留日本，歸國無望。他主要的事情是主筆《新民叢報》，宣傳維新變法的主張，偶爾也為《新小說報》撰文。他為自己沒有從事叱吒風雲的實際政治活動而懊惱：「爾來蟄居東國，忽有歲余矣，所志所事，百不一就，惟日日為文字之奴隸，空言喋喋，無補時艱，平旦自思，只有慚悚。」他不以文字之功為然，刻刻不忘從事政治活動，引友人詩句云：「『舌下無英雄，筆底無奇士』，嗚呼，筆舌生涯已催我中年矣，此生所以報國民之恩者，未知何如？每一念及，未嘗不驚心動魄，抑塞而誰語也！」三十歲的梁啟超由報「君恩」到報「國民之恩」，說明他思想的進步外，仍然是一副鬱鬱不得志的樣子。視文章為「雕蟲小技，壯夫不為」，嚮往在政治上大展宏圖。從事實際的政治操作，使中國變法圖強，是梁啟超大半生的心結。這種意識其來有自，儒家知識分子向來以天下自命，「齊家、治國、平天下」，「立德、立功、立言」，實際的事功要比「空言喋喋」更輝煌也更真實。就連李白也有「為君談笑靜胡沙」的志向，在李白那裡，或許只是詩人狂傲的大話，但在梁啟超這裡，卻是刻刻縈懷、須臾不能忘記的頭等大事。

梁啟超去國流亡十幾年，除遊歷夏威夷、澳洲、美洲等地外，中間有兩次密潛回國，為安全起見，來往不過數日，其餘歲月皆蟄居日

本。在日期間，他除了辦報寫文章，著書立說，鼓吹君主立憲的政治主張和「驅除韃虜，恢復中華」的革命黨論戰外，也時時關注國內的政局，從事一些他認為更重要的政治活動。擇其要者而言之，有如下幾項：

第一，和他的老師康有為在海外組織「中國維新會」，以旅美華僑為主，籌捐款項，擴大組織。在美洲、南洋等地成立保皇立憲的分會，並於一九〇四年正月在香港召開保皇大會，海外的保皇黨因此形成一定的聲勢。但是，這些海外組織對中國中樞政局並無影響，晚清帝國加速滑向深淵，直到帝國的實際主宰者西太后和被囚禁的光緒皇帝同年死去，不久發生辛亥革命，弄到無「皇」可保為止，康、梁所秉持的政治理想最終破滅。

第二，為了籌措政治活動經費，和康有為等搞一些實業經營。如梁啟超參與主持的廣智書局，康有為在墨西哥投資的鐵路和電車運營業，皆因書生輕信，用人不當，奸猾舞弊，墮人彀中，弄到虧損倒閉，全盤皆輸。由康有為和廣西巡撫張鳴岐等贊助成立的振華公司，由憲政會人士參與主辦開發桂省實業，剛一開張，就發生騙財殺人慘案。張鳴岐幕僚劉士驥被殺身死，張遷怒於康、梁，弄得眾口囂囂，狼狽不堪。至辛亥革命前夕，立憲黨所開辦的海內外實業幾乎全部垮臺。一九一〇年，康有為致信梁啟超，念此幾痛不欲生：「大局同盡，大局俱裂，我豈徒身敗名裂，牽累萬端，為此大痛幾死，今唯有日病待亡。總之，權利二字一涉，則爭盜並出，或陰或陽，其來萬方，入其中者，必狡獪辣毒，與之相敵然後可。」讀此言令人可悲復可憫。康、梁皆為書生，強入此道，安得不敗！

第三，在國內開展祕密活動，以圖動搖乃至推翻西太后的統治，影響晚清政局，改變清政府政治走向。其活動包括參與密謀支持唐才常等的所謂「勤王」起義，收買荊柯、聶政一類死士，對西太后和朝

廷大員搞暗殺，對當朝權貴可利用者行賄，等等。「個中要義，一賄，二丸，徒恃口無用也。」（1908年馬相伯致梁書）丸者，暗殺之彈丸也。儘管花了很多錢，也網羅了一些所謂「喋血義士」，但大多被騙錢了事，暗殺行動一次也沒有進行過。多年經營暗殺西太后的梁鐵君被人告發，於一九〇六年被清政府捕殺。革命黨中的汪精衛暗殺攝政王還埋過一次炸彈，立憲黨連槍也沒放過一次，徒花冤錢而已。行賄當朝權貴，在政權中樞尋找代理人的事情也沒有成功。

梁啟超在海外的政治活動已如上述，不僅沒有什麼成效，幾乎可說枉費心機，一敗塗地。一九〇七年，梁發起成立的政聞社被清政府查禁，他們一直進行的推動清政府開放黨禁的活動，因頑固派的阻撓也毫無結果。他在詩中抒發蒼涼的心境說：「一出修門已十秋，黃花見慣也應羞。無窮心事頻看鏡，如此江山獨倚樓。」其蕭瑟和寂寥有獨立秋風之感。但梁的事功之心從未消泯，反倒愈挫愈奮。他的政治抱負於一九〇九年給其弟梁仲策的信中表露無遺：「兄年來於政治問題研究愈多，益信中國前途非我歸而執政，莫能振救，然使更遲五年，則雖舉國聽我，亦無能為矣；何也，中國將亡於半桶水之立憲黨也。」此時的梁對同黨某些人已深感失望，對多年努力不懈卻一無所成有所反思，但對自己卻信心滿滿。多年研究，他自信已握有救國之良方，認為只有自己歸國執政，方能救中國於危亡，聽來真似古儒生「治大國如烹小鮮」的狂妄。中國的事情真的這麼容易嗎？只待一個大賢人措置江山似棋局，撥亂起衰如反掌？梁啟超是這樣想的，他甚至以醫國聖手自詡，拿起架子來：「茲非有聘莘顧隆之誠，決高臥不漫起也。」他等著人家恭請他歸國收拾殘破的江山，拯救混亂的時局。

梁啟超沒有失望，他終於等來了這一天。中國發生了辛亥革命，逼迫他出亡異國，一直沒有赦免他的清王朝垮臺了。他終於熬過了漫長的嚴冬，他認為自己政治上的春天到來了，他將像英雄凱旋般被迎

回祖國，以施展他政治上的抱負。

梁啟超能夠如願嗎？

二

辛亥年，武昌起事後，國內政局動亂。南方數省宣佈脫離清廷而獨立，但群龍無首，以同盟會為首的革命黨雖然將獨立各省整合，選舉孫中山為臨時大總統，但亂兵暴民，遍於國中，輿論紛紜，謠諑四起，臨時政府財政困窘，政令不行；北方的清廷雖起用袁世凱出面組閣，但袁對清王朝已懷二心，故首鼠兩端，握兵待機，竊奪權力的野心正在發酵。國內基本處於無政府狀態，各方政治勢力縱橫捭闔，紛紛登場，開始角逐權力。大有「秦失其鹿，天下共逐之」之勢。

此時以康、梁為首的立憲黨人也急於實現自己多年的政治理想，一九一一年農曆九月初八日梁啟超給徐勤的信中有語云：「今茲武漢之亂，為禍為福，蓋未可知，吾黨實欲乘此而建奇功焉。」接著，就將自己兩年來所策劃的「錦囊妙計」傾筐倒篋，和盤托出。兩年來，梁等在海外，用各種關係和手段結交權貴，「朝貴中與吾黨共事者惟濤、洵兩人而已，而洵實無用，可用者唯有一濤」。原來，他是想助載濤用禁衛軍搞宮廷政變，驅逐頑固黨中的慶親王奕劻和載澤等人，使載濤為總理，然後開國會，實行立憲。為此，他決心不顧凶險，密潛回國，串聯清軍第六鎮統制吳祿貞起兵以助載濤。他甚至天真地以為，利用資政院投票，他可以取袁世凱而代之：「本初[1]觀望不進，今欲取巧。今欲取而代之，誠甚易，資政院皆吾黨，一投票足矣。惟吾頗慎重不欲居此席。」大有運天下如股掌之氣概。當然，事情成敗，既關人事，

---

[1] 袁紹字本初，此代指袁世凱。

又關天事，所以不可逆料。因此，梁在信中，有託孤之言。徐勤與梁是萬木草堂的同學，同為康有為弟子，徐對康、梁事業忠心耿耿，甚至破家以助，梁慨言道：「弟日內必行矣，弟氣固甚壯，然天下事安可逆睹，若其無成，而以身殉之，亦意中事。若萬一有他變，則全家二十餘口，盡以托諸吾兄。吾老親有仲策可料理，吾弱息則惟吾兄撫之。」真是風動易水，慷慨悲壯也！梁啟超此時所依仗的，主要是清廷的資政院，認為其中大半皆是立憲黨人，靠資政院投票，掌政柄，行立憲，易如反掌。梁啟超九月十六日乘日本天草丸祕密返國，行前又有給徐勤書，提出立憲黨應對時局的八字方針：「和袁、慰革，逼滿、服漢。」行前膽氣頗豪，欲擬杜甫作《北征》詩，雖未成，可見其心境也。到大連後，梁給女兒的信中對自己的政治前程仍有非常樂觀的估計：「入都後若冢骨尚有人心，當與共戡大難，否則取而代之，取否惟我所欲耳。」此「冢骨」者，借指袁世凱也。梁等指稱袁有多種稱謂，若「土」、「土頭」、「本初」、「公路（袁術字）」、「項城」等，此云「冢骨」，冢中枯骨，輕賤之甚也！詎料梁一登岸，就聞知國內局勢混亂，北京處於無政府狀態，治安一團糟，人人自危，所謂資政院，議員已遁逃大半，無法開會（即便能開會，中國當時難道能靠投票治理嗎？梁之設想，完全是一廂情願的書生之見）。更令人失望的是，想藉助軍隊方面的原陸軍第六鎮統制（後署理山西巡撫）吳祿貞被袁世凱收買的部下殺害，他想運動軍隊，結果卻招來一些馬賊頭子和來路不明的人，想擁他而獨立。他回國的消息被報紙宣傳後，南方某些報紙竟造作謠言，說他欲聯絡宗社黨人，意欲引入沙俄軍隊撲滅革命黨，大約就在這種情況下，梁等寄予厚望的具有強烈反清革命思想的藍天蔚、

張紹曾[1]已不為其所用，藍天蔚等將不利於梁。梁此時不僅所有謀劃皆成泡影，且有性命之虞，不得不倉皇逃歸日本。

辛亥革命甫一發生，梁啟超此次歸國之行，懷有祕密的政治使命，時間頗短促，是梁氏政治生涯的一段小插曲，還不能算「英雄般的凱旋」。此後，袁世凱奉命組閣，梁被任命為袁閣中的法律副大臣，但梁辭而不就，回函於袁，建議召開全國人民代表大會，解決國體問題，不能進剿南方革命黨，以免國家分裂。嗣後，清廷與袁本人多次促梁歸國就職，但國內時局紛擾，瞬息萬變，梁此時尚不欲為袁所用，他還要觀察、權衡國內政治勢力的消長強弱，以定行止。因此，他仍滯留日本，密切注視國內時局的發展，等待歸國的時機。

這時，國內進入了南北和談時期，國體問題成為焦點。梁啟超發表《新中國建設問題》，重申立憲主張，認為中國應仿照英國實行「虛君共和」。今天看來，這種漸進革新的主張或許震盪最小，對國家向現代立憲體制轉變的過程中減少人民的痛苦，實現國家政治體制的平穩過渡來說，是一條最為穩健的路徑。但是，激進的革命黨堅決不採納，而袁世凱方面，因別有所圖，虛於委蛇，所以，立憲派的主張終是不能實行。儘管如此，在中國未來命運的決戰中，在南北和談處於膠著狀態的短暫時間內，梁啟超等立憲派仍然為自己的政治主張做著最後的努力。如麥孺博在粵、羅癭公在京、盛先覺在滬、張漢章和譚奎昌在魯……都不斷地向遠在日本的梁報告國內時局和立憲派運動情況。梁所收到的信息，有的似是而非，有的比較客觀。如羅癭公信中云：「北方一般輿論有不滿意袁者，甚盼康、梁內閣，謂繼袁非康不可。」中國政治一直靠實力說話，輿論不能左右中國政情，況此種「輿

---

[1] 二人皆日本士官學校畢業，與吳同稱「士官三傑」，藍後被孫中山任命為關外大都督，北伐軍總司令。

論」可信度大可存疑，此言之謬，自不待辯。又如藍公武報告說，袁財政困窘，無力為戰，孫中山從國外並未攜款歸，南方社會秩序混亂，「南方之敗，立而可待」。又云：「項城兵力雖厚，然欲借此以平十四省，則不僅勢所不可，力所不能，且亦心所不敢。」此語對局勢的判斷還算準確。康（此時亦在日本）、梁憑藉這些國內黨羽的匯報和日本的報紙遙策國事，以定進退。然而動亂中的中國形勢瞬息萬變，時勢變化，多不如其策。

　　梁啟超於九月十六日歸國的計劃失敗之後，當年十一、十二月間尚有兩次打算往滬和入京的計劃，最後都沒有成為事實。隨著形勢的發展，他的「虛君共和」的主張已成明日黃花，南北輿論都傾向於革命黨的「民主共和」，一些立憲黨的中堅人物也已轉向。梁原來的策劃，以為完滿，但終歸是「可憐無補費精神」。南北兩方——革命黨和袁世凱——忙著談判，立憲黨再無置喙之餘地，已被邊緣化，有土崩瓦解之勢。梁啟超被晾在了一邊，對於他的歸國問題，同黨人士眾說不一，歸國後幹什麼，也莫衷一是。但大體說來，不外兩種意見：立即歸國說和暫緩歸國說。

　　主張梁立即歸國者，以立憲黨骨幹徐勤最為激烈，他主張放棄保皇主張：「滿人氣運已絕，若復抗輿論，存皇族，必為全國之公敵矣。」徐雖憨直幼稚，但他這一點認識，算明白了中國政治的本質：「今日唯有兵力乃可有勢力，有勢力乃可有發言權。」因此主張立憲黨在粵省割據一隅，招兵買馬，以進中原。認識到「槍桿子裡面出政權」這種中國政治的鐵律，參與軍事角逐，實際上已放棄了立憲黨人一貫秉持的政黨政治的理想，但揆諸康、梁等人，無疑痴人說夢，即使心有所欲也勢所不能也。到了一九一二年，徐勤等海外立憲黨人士見梁仍留日本，更是心急如焚，四月二日致康有為信中有言：「吾黨之弊，全在理想太多，實事全無，不免有文人習氣，豈能立於競爭之世耶？」此言

可謂一語中的，康批註此信曰：「覽書吾愧欲死。」回思多年來種種慘痛失敗，康氏之心境可知。脫胎於士人階層的中國知識分子秉持立憲的理想，力圖用和平的方式在中國行政黨政治，其信仰之誠，奮鬥之苦，令人欽敬，但到此已四面鐵壁，無處突圍。

主張梁暫緩歸國者，主要是在國內密切關注形勢的黨內同志。一是認為局勢混亂，為梁安全考慮。上海的革命黨報紙遍登判梁死刑的消息，同盟會攻擊醜化梁啟超不遺餘力——同盟會中的劉揆一認為應接近梁，共圖國事，被詆為「漢奸」；有言「虛君共和」者，竟被殺死；立憲黨人徐佛蘇主持的《國民公報》被同盟會人攻毀，徐本人也被毆傷。況南北談判，局面尚不明朗，即便歸國，也無事可做。另有人認為依梁之身分影響，無人敦請歡迎，豈可輕易歸來？如吳冠英致梁書，認為梁此時出山，已無名義號召天下，所倡「虛君共和」不行，若倡「民主共和」，乃附「革黨」之驥，亦難為天下所重，要梁暫留日本，靜觀時變，伺機而動。又孫洪伊認為梁歸國須歸之有名：「浩然自歸，興味索然，何如有一二政黨舉以為魁，歡迎之而後歸。」又云：「歸國之期愈遲重，則社會歡迎愈至，自行歸國，終不如國人迎之以歸，能否在社會上占一勢力，其關鍵全在此也。」

對梁啟超歸國後所為，也有各種說法，大致有三種：一是勸梁歸國主持輿論，莫入政界，如湯睿（字覺頓）告誡梁歸國後「斷不可入政界，入黨派」，不贊成康的入政府為閣員的主張，應辦《國風》，辦法政大學，「以閒雲野鶴之身，歸國主持輿論」。羅瘦公認為所謂幾個黨聯合推戴梁不過是如粵諺樹幡竿以招鬼，萬不可信，勸梁拿定主意，不入政界，不入政黨，以清流之身待機以動。但梁豈是閒云野鶴？這種主意當然不會被梁所採納。另有人主張梁應入孫、袁兩黨之外的第三黨，即與黎元洪結盟，同為黨魁，在政黨競爭中角逐權力，徐佛蘇、徐勤等人均持此議。最切近的主張，是要梁與袁世凱結盟，

如張君勱等人。馮驥年、梁炳光等人敦促梁迅速出山，參與袁世凱政權，云：「若有機不出，則人將疑足下仍有故清系戀，他日若有宗社黨餘孽煽惑，且污足下以惡名，雖有百喙將何從而辯之？」他們將梁視為可以攀援的大樹，急煎煎促梁馬上附袁：「必須早與本初攜手，方能達其目的。」並云：「吾輩已過中年，寧堪再誤？」要在政治宴席上分一杯羹，情急之態畢現。

梁啟超對這些信息當然是照單全收，他傾聽所有人的意見，但卻分析形勢，權衡利弊，對廁身國內政局，有著自己的盤算。一九一一年冬天，他就有了聯袁的趨勢。一九一二年，袁世凱取代孫中山當大總統，梁立即表示祝賀，袁覆電示謝，情辭懇摯，也有籠絡這位大名士之意。梁大喜過望，於同日致書袁世凱，暢論財政、政黨問題，勸袁行「開明專制」，並申自薦之意：「今百度革新，大賢在上，若他日得為芹曝之獻，自效涓埃於萬一，何幸如之。」袁世凱自當會意，他此刻需要梁啟超這樣的名士來扮靚他的武人政治，所以極力拉攏。示意他的心腹幕僚梁士詒要梁啟超為之撰施政草案，指示說：「項城擬參合法、美、葡而合於我國三年內所適宜者之秉劃宗旨，速撰寄。」此時的梁啟超欲結袁而急於登上政治舞臺，所以，不惜做袁的編外大秘書，立即撰寫寄上。當年梁在海外，曾有謀刺袁世凱之籌劃，蔑稱其為「土頭」、「豕骨」，如今時移世易，好惡翻轉，起碼在表面上已在巴結袁。與此同時，革命黨方面的疏通也在進行，同盟會方面，汪精衛早有結識梁啟超之意向，曾託人帶書，以示傾慕，並贈金二千。南北和談，孫中山在南京臨時大總統位子上時，北方已提名梁入內閣，但被孫塗去，如今，南京留守政府已撤消，同盟會方面對於梁啟超也有了和解的願望。

到了一九一二年六、七月間，隨著時局的變化，國內忌梁者日漸減少，而同情歡迎者日漸增多，梁啟超的學生、時任雲南都督的蔡鍔

和副總統黎元洪先後通電歡迎,並請政府起用,國內各團體也表示了歡迎的意向。同盟會中一向激進的張繼(字溥泉)和劉揆一電請梁歸國,梁的朋友和黨徒也在國內積極運動,鼓動徐世昌、張國淦等有影響的人物為其奔走說項,又串聯蒙古王公呈請袁大總統迎梁歸國。此時,歸國的火候已經到了,國內佇望歸鴻,望穿雙眼,此時不歸,更待何時?

不過,在梁啟超榮歸故國之前,還要插敘兩件事。一是,對於梁啟超歸國事袁,反對最力的是周善培。據他回憶,他曾與自己的老師趙熙(字堯生)先生特意跑到日本,力勸梁不可事袁,說得唇乾舌焦。梁似有難言之隱,回道:「我不是不聽你的話,卻不能不聽南海先生的話,你有什麼意思,應當先去同南海先生說清楚。」周、趙二人只好坐了三十分鐘火車去找康有為,結果與康辯論了幾個小時,康堅持梁一定要去。所以,對於這次梁啟超歸國事袁,周善培認為是被康所誤。周、趙之諫阻,可能是愛人以德,但對於中國政治有急切事功之心的梁啟超在眾望所歸的假象中,焉得不縱身急流濁浪,一試身手?所以,歸國事袁,應該說梁是主動的。二是,十餘年間,康、梁二人由於政治觀念、學術見解以及其他瑣事,已時見嫌隙,至民國初年,由於康作為立憲黨領袖,所有海外經營歸於失敗,加上他的性格缺欠,在黨徒中威信大損,而梁啟超的威信卻遠遠超邁於康之上。梁啟超雖然事師惟謹,但康心有憾焉。此時,國內對康攻訐甚烈,康已成為梁的政治負累。於是,梁勸康退隱。康有為表面上似已同意,但內心唧恨,自不待言。這就是康、梁分道揚鑣的開始。康作為推舉梁歸國事袁的幕後推手,似有所圖。後來的事實也證明了這一點。

一九一二年九月末,流亡海外十五年的梁啟超躊躇滿志,在日本神戶登上了歸國的輪船。這一年,他正好四十歲。

三

　　梁啟超此次歸國，可謂風光無限，用他自己的話說「可謂極人生之至快」。當然他又加一句：「亦可謂極人生之至苦。」後一句是撇清的話，所謂「苦」，乃應酬不暇之苦，萬方輻輳，眾星捧月，若無人理睬，何快之有？所以，此「至苦」乃「至快」之基礎。

　　梁於是年十月到天津，在津住了十二天，後入京，在京也住十二天，復返天津。這不到一個月的時間內，梁啟超大有如今世界超級明星受各路「粉絲」擁戴之快，真是載欣載奔，如痴如狂，讓他過足了人生的癮。十一日給長女梁令嫻的信中述及到津三日的情形說：「三日來無一日斷賓客（唐紹儀及前直督張錫鑾皆已來謁，趙秉鈞、段祺瑞皆派代表來），門簿所登已逾二百人矣。各省歡迎電報，亦絡繹不絕，此次聲光之壯，真始願不及也。張謇、黃興皆候三日⋯⋯又地方官紛紛宴請，應酬苦極。寓中則分三處，客廳無時不滿。」來趨奉拜謁的可不是尋常的追星族，都是當時中國叱吒風雲的人物，梁啟超自是豪情滿懷：「吾雖終日勞勞，精神愈健，亦因諸事順遂，故神氣旺耶。」國人歡迎之盛，不僅有虛的，還有實的，十三日信中說：國民黨已派兩人專門來勸駕，邀梁入國民黨。「道不同，不相與謀」，梁當然不會入國民黨，但他又不想得罪他們，所以頗感難處。又有北京大學反對新校長，聞梁歸來，要政府派梁任北京大學校長，各科各派代表四人來津見梁敦請。梁此時在政治上有更高的抱負，兩事均已力辭。還有一件大實惠：袁世凱決定給梁月餉三千大洋，「受之與否，亦尚未定，旅費家費皆極繁，恐不能不受也」。十七日赴京前，又告家人說：「京中行館，一切由總統府供張，即前此用以館黃（興）氏者也。此次項城致敬盡禮，各界歡騰，萬流輳集，前途氣象至佳也。」但也有一點小

小不如意:「惟應酬苦極,夜不得睡,今日虛火湧上,牙痛大作。」比起受尊崇和追捧的大場面、大歡樂、大得意,這點小毛病自然不在話下。畢竟本質是文人,心頭又掠過一點自戀自憐的小情緒:「遙思(日本)須摩、箕面間,菊花正肥,楓葉將赤,攜酒跌宕,為樂何極,無端預人家國事,塵容俗狀,良自憐也。」此言雖屬撇清,但也算真實。第二天(18日)又作一書,除告知牙痛已癒外,又告都中、上海各報,皆以梁歸國為輿論中心,進步、民主兩黨將開歡迎會,國民黨也將開歡迎會,重點告知的是袁世凱之態度:「因吾偶與人言,曾文正、李文忠入京皆住賢良寺,彼飭人鋪設賢良寺,頃已備矣。此公之聯絡人,真無所不用其極也。」袁氏接待梁啟超入京的規格,已高於革命黨黨魁黃興,只因梁偶爾一言,下榻之地安排在前清勳臣和一等大員曾國藩、李鴻章所居之賢良寺(後因避嫌沒住)。

梁啟超入京後受歡迎的程度,可謂烈火烹油、錦上著花,比之在津更熱鬧十倍,其情形和心境皆在家書中道及。廿四日信中說:「都人士之歡迎,幾於舉國若狂,每日所赴集會,平均三處,來訪之客,平均每日百人。」國務總理趙秉鈞以及各總長,還有前清功名顯赫如今也舉足輕重的大員如徐世昌、陸徵祥、孫寶琦之流談話以二十分鐘為限,等而下之者只給五分鐘,其餘連見也難。在共和黨、民主黨和報界歡迎會上演說三次,聲勢之壯、影響之大未可量也!尚有很多民間團體排日歡迎。他認為自己此次歸國入京,真如雷霆巨響,為國內溫和派吐盡一年來之宿氣。激進的革命黨有點灰溜溜了,今後以他為代表的溫和派將在中國政壇呼風喚雨。入京四天,袁大總統就與他密談一次,宴請一次,而梁「仍虛與委蛇而已」。至廿九日,又有家書一封,再述京中受歡迎情形,除告總統府開歡迎會國務院全體作陪外,尚有十省都督來電歡迎,又講各團體邀請以及演說事,聽其演說無不歡欣鼓舞。報喜也不忘報憂:上海已數次密電,言「某黨」已派多人

前來暗殺他。他已嚴加防備，自信敵人是不能害了他的。所以還有閒情逛琉璃廠，為女兒買文具等物。在京十餘日，「日日自晨九時至晚十二時，未嘗停口，鐵石人亦受不住，故非逃遁不可矣」。

梁啟超於十一月一日復返天津，當日家書中對入京後所受榮寵和歡迎情形做了一次總結：引日本報紙言「所謂人氣集於一身者，誠不誣也，蓋上自總統府，國務院諸人，趨蹌唯恐不及，下即全社會，舉國若狂。此十二日間，吾一身實為北京之中心，各人皆環繞吾旁，如眾星之拱北辰」。他最引以為豪的是，此次歸國入京，長了立憲黨人的志氣，滅了國民黨的威風。他說：「此次歡迎，視孫、黃來京時過之十倍，各界歡迎皆出於心悅誠服……孫、黃來時，每演說皆被人嘲笑，吾則每演說令人感動，其歡迎會之多，亦遠非孫、黃所及。」然後再次述及被歡迎及演說的盛況，「在京十二日，而赴會十九次之多」，湖廣會館答謝茶會「政界在焉，報界在焉，各黨在焉，軍人在焉，警界在焉，商界各行代表在焉，蒙古王公在焉，乃至和尚也到十餘人，雜沓不可名狀，可謂自有北京以來，未有之奇觀也」。最後告家人說，已經接受了袁世凱三千月餉。一則若不受，怕袁猜忌；二則支出浩繁，他也確實需要錢。至此，他已達到了結袁並歸國從政之目的。

梁啟超歸國，正當延續二千餘年的君主專制制度徹底崩潰之時，一般國人不知共和為何物，對國家前途乃至個人命運懵懂徬徨，多年傳播西方制度及思想觀念的啟蒙活動也就是他並不看重的「筆墨生涯」，使他名滿天下，國人對現代國家制度和思想觀念的常識大多有賴於他的著作及文章，他歸國之大受歡迎，正是國人對他啟蒙之功的回報，加上各派政治勢力皆欲藉助他的影響，所以才有所謂「舉國若狂」之大觀。正是：「故國名園久別離，今朝楚樹發南枝」（柳宗元《過衡山見新花開卻寄弟》）。然而他春風得意的日子是如此的短暫，熱鬧過去，煩惱即來，轉瞬間黃葉飄飛，陰霾滿天，可謂「宦情羈思共淒淒，

春半如秋意轉迷」（柳宗元《柳州二月榕葉落盡偶題》）。處在新舊交替，光明與黑暗搏戰中的中國的政治亂象令他苦悶不堪，書生意氣般的報國志向撞在黑暗而堅硬的鐵壁上令他疼痛而驚愕，他的自大和狂妄很快就灰飛煙滅。

回津只月餘，梁啟超心境大壞，雖然得喜訊，夫人又給他生了一個兒子（四子梁思達），但情緒之惡劣，與月前判若兩人：「吾昨夕因得須摩書，頗躁異常，又見國事不可收拾，種種可憤可恨之事，日接於耳目⋯⋯大抵居此五濁惡世，唯有雍樂之家庭庶少得退步耳。吾實厭此社會，吾常念居東之樂也。」（12月20日致長女書）言語間，對歸國從政已有悔意，但已無從抽身退步，只好打點精神，硬著頭皮向前了。

民國開局第一年，梁啟超就在這種壯懷激烈、意興闌珊、春風得意、憤慨憂煩的大起大落心境中過去了。

四

一九一三年，梁啟超四十一歲了。這年二月，他加入了共和黨，五月，統一、共和、民主三黨合併，統稱進步黨，梁啟超被舉為黨魁之一[1]。從前黨禁未開，他的政黨活動都是非法的地下狀態，如今，他的公開的政黨生涯開始了。這種人事安排的結果，和去年他得到的承諾有一些區別。那時合併的大約只有民主、共和兩黨，內定黎為總理，梁為協理，張謇、伍廷芳等「皆退居於事」，就是說，他是名副其實的第二號人物。而今，理事一下子增加了九名，他雖然名列第一，但不過是九份之一而已。那時，他豪情萬丈，認為自己歸國，振臂一

---

[1] 理事長為黎元洪，梁為九名理事中第一名，進了常委會，相當於黨內二把手。

揮，則溫和派吐盡宿氣，他將帶領兩黨，一馬當先，在政黨政治中大展宏圖，「兩黨黨員皆有『哀鳴思戰鬥，回立向蒼蒼』之意，選舉勝利可期，然自茲以往，當無日不與大敵相見於馬上，吾則必須身先士卒也」。只不過兩三月，萬丈豪情化為寒冰，所謂進步黨，雖有政界大佬為之撐腰或廁身其間，但其實質不過是權貴梟雄竊權攘利的胯下之馬，更有鑽營和不逞之徒日夜爭競撕咬不休，弄得一片烏煙瘴氣，合併前久拖不決，合併後同床異夢，梁啟超先前所抱的政治理想一遇到這種醜惡的現實立刻就敗下陣來。他被夾在欲退不能、欲進不得的窘境中，本年二月廿四日與長女令嫻書中云：「政局危險不可言狀，此時投身其中，自謀實拙，惟終不能袖手，奈何！」三月五日又有一書云：「國內種種棼亂腐敗情狀，筆安能罄……吾在此日與妖魔周旋。」這年三月廿日，宋教仁被刺殺於上海火車站，國民黨將梁啟超列為袁世凱後的第二號嫌疑人，聲言必報復。處於軍警嚴密保護下的梁啟超情緒低落到極點，廿五日在家書中說：「在中國政界活動，實難得興致繼續，蓋客觀的事實與主觀的理想，全不相應，凡所運動全如擊空也。」救國拯民的熱忱和理想在棼亂腐敗的現實面前顯得多麼蒼白無力！

　　這時，梁啟超已有抽身退步之念：「吾性質與現社會實不相容，愈入之愈覺其苦」，「黨事極棘手，合併已中止，吾亦將褰裳而去之耳」。但無論利用他的人還是擁戴他的人怎麼能允許他退呢？所以只好硬著頭皮，在極其痛苦煩惱中應付局面。四月十四日，黎元洪在北京萬生園宴請參眾兩院議員，他在演說中重申自己的政治理想，認為共和黨目前的任務應該是與腐敗和亂暴兩大勢力作戰，但對戰勝這兩大勢力，他自己也沒有信心：「腐敗派與亂暴派其性質雖若絕不相容，然彼為個人私利計，未嘗不可以交換利益，狼狽為奸，則國事愈不可問。」從各國歷史看，革命之後，暴民政治最易發生，而暴民政治一旦發生，國家元氣大傷，不可恢復，以中國列強環伺的現實，瓜分之禍

殆不可免。所以,儘管當時大家對政府有種種不滿意,還是認為有政府比沒政府強,只能在維持中慢慢改造它。這也是他一以貫之的對中國漸進式革新的溫和派主張。可是面對中國嚴酷的政治現實,他首先對自己就失去了信心。國事、黨事之無望,使他的心境極其惡劣。四月八日,國會開會,他從前認為穩操勝券的共和黨敗給了國民黨,十八日在家書中沉痛地說:「吾黨敗矣!吾心力俱瘁(敵人以暴力金錢勝我耳),無如此社會何,吾甚悔吾歸也。」這是他第一次對歸國從政明確表示悔意。他極力想從這骯髒的泥淖中拔出腳來:「吾今擬與政治絕緣,欲專從事於社會教育,除用心辦報外,更在津設立私立大學⋯⋯」其實,這正是上天所賦予梁氏的最根本的使命,惜其不重其身,有出位之想,弄到想退也不能了,他只好在其中痛苦地掙扎下去。

不久,二次革命爆發,袁世凱任命熊希齡組閣,又悍然下令取消國民黨籍國會議員,接著,又下令解散國民黨和國會。梁啟超既為進步黨之理事,又入熊內閣為司法總長,全國輿論指其為破壞共和制度的罪魁禍首,口誅筆伐,無所不至,一年前榮歸之聲色、驕人之威望全都化為烏有。其不能堪者,就連本黨議員也戟指聲討,其中以進步黨議員劉偉君致梁的一封信最具代表性。此信開頭即對梁氏為熊內閣草擬的施政大綱中所謂「救亡」一說極盡冷嘲熱諷,云:「竊謂救亡之術無他,剷除致亡之根株而已。致亡之根株不在外患,不在貧弱,在三數黨魁爭權而攘利,圖私而害公而已。古今中外,破家亡國,一丘之貉,罔不由此。當其樹幟稱號,無不曰救亡救亡,察其舉措行事,無一非致亡速亡,故救亡之說,不惟其名惟其實。先生以黨魁入佐國務,以救亡為大政方針,不審為名為實乎?為名則全國生命財產豈堪再試,為實則自公等入閣,何為以破壞國會為初哉首基之政策耶?共和國不可無國會,夫人而知之矣。共和國之無國會,自中華民國始,中華民國之無國會,自十一月四號始。四號之事孰實為之?命令出自

總統,副署出自總理,形式所在,責有攸歸,宜若與司法總長進步黨理事之任公先生風馬牛不相及,然而道路之人,愛國之士,不問形式而苛求底蘊,不信謠諑而好察邇言,窮源探本,人有恆情,圖窮而匕首自見,事久而黑幕益張,雖有知者無如之何,眾口鑠金,竊為高明危之。」這一段話,不僅將梁指斥為解散國會的罪魁禍首,且抨擊他為爭權攘利的偽君子。梁啟超對袁世凱解散國會究竟負有何等責任?是參與決策,抑或慫恿之,默許之?毋庸諱言,梁氏與同盟會政見不同,視由同盟會脫胎而來的國民黨為敵黨、暴民政治之源、「民主鬼」,但梁並非獨裁主義者,他入政府是想漸進地改造政府,達到憲政的目的,所以對於袁世凱對國會的態度他是持反對意見的。他致書袁世凱,要求必須維持國會三分之二以上的多數,除確有陰謀暴亂的實據者外,不可濫捕議員。他對於袁恃武力而倒行逆施的行為不以為然:「或以為兵威既振,則國會政黨不復足為輕重,竊謂誤天下必此言也。」同時,他利用進步黨的力量竭力團結其他黨派的議員,以保證國會能正常運作,當然,既為幕僚,向總統進言,亦容有不當:「古之成大業者,挾天子以令諸侯,今欲戡亂圖治,惟當挾國會以號召天下,名正言順,然後所向莫與敵也。」雖如此,其維護國會的苦心昭然可見。但無論如何,政黨政治遠非他所預想,一方面不容異見,悍然依恃武力破壞共和,一方面心懷怨恨,煽惑拆臺不遺餘力。共和國甫一誕生,國會即分崩離析,其前途凶險自不待言。

　　黨事如此,國事更不堪問。梁氏為袁世凱的司法總長,似乎位高權重,其實什麼事也做不成。他曾幫助袁世凱擘畫消除各省武人政治以統一政令,欲廢省置州,又欲整頓財政,可惜焦苦勞神,一無所成。更糟糕的是,同黨、同門、同鄉,皆欲攀緣請託,要他在政府中安排位置。民國肇始,「兩月來在西河沿一帶旅館運動官缺者七萬餘人,其人或在前清久任實缺,或在大學優等畢業,政府何法對付,唯

有謝絕耳」。被拒絕者自是怨恨不已:「人人皆抱非分之想(中國今日大患在此),以相要求,要求不遂,立即反唇。」對這些跑官要官的人,梁啟超窮於應付,煩惱不已,他豈是結黨營私,靠裙帶編織關係網的官痞祿蠹?所以就職之初,就發出《告鄉中父老書》聲言:「謝絕請託,破除情面。」但這個告示只能擋住關係不深的人,卻擋不住他的老師、同學和同志,尤其與他久經患難的「黨人」,認為既然你做了大官,引薦和拔擢黨人乃天經地義,否則你做官為的啥?國內和海外黨人為此與梁結怨和反目的很多。康有為也曾多次要梁安排門下弟子,甚至要梁授某人某官某職,願望不達,亦心有憾焉,梁啟超只好寫長信解釋。踏入官場,才知官場並不好待,嫉妒以謀傾覆者,日夜環集,稍一不慎,則身敗名裂;「愈居高位握重權,則愈授人以可攻之隙」。這當官從政的滋味並不好受,梁啟超在致康有為的信中,坦陳議政和從政絕非一碼事,正是看著容易做起難,站著說話不腰疼。旁觀者自可說三道四,做起來真是千難萬難,「疇昔旁觀批評,謂天下事一二語可了,今乃真不敢輕於責人也」。

梁啟超在司法總長任上僅五月餘,因熊希齡內閣垮臺而辭職,官不可謂不大,責不可謂不重,勵精圖治之心也不能說沒有,但枉費心力,終無所成。辭職時發表一篇談話,借古人「君子思不出其位」之言反省自己的選擇。但袁世凱還不想放過他,又授他一個「幣制局」總裁的閒職,為自己的統治撐門面。梁氏接受了這個職位併力圖有所作為。這是他明知不可而為之,還是「眼看時事力難勝,貪戀君恩退未能」(蘇軾《初到杭州寄子由二絕》)呢?這就不好說了。一九一四年三月十日梁就幣制局總裁職,其後又受任袁氏「參政院」的參政員。友朋故舊已看出國事日非,袁世凱帝制自為的野心也日漸顯露,麇聚其周圍的人大多是無恥之徒,勸梁趕緊抽身退步,莫輕毀一世英名。與梁同門受教的劉復禮言辭最為剴切,云:「閣員不過為人之機

械，聞人不過為人之奇貨，任何事，負何責，望風希旨，旅進旅退，伴食素餐，唯唯否否，偶荷青眼，或令擬一文，草一檄，斯秘書記室之職耳，何足貴！何足貴！」又云：「任公豈猶有衣食之念耶？讀書破萬卷，足跡遍全球，捧手受業於名賢之門，交遊儕輩非齊、魯奇節之人，即燕、趙悲歌之士，出處去就之義，固宜素講，而迷謬濡滯如此，北溟之鵬繫於尺寸之絲，竊為足下痛之。」梁啟超自本年十月後，知事無可為，去意已決，已為自己做了在北京西山賃屋著述的打算，認為自己不是從政的料，「惟自審菲才，舍文章外，實未由報國」。這種自我體認是在轟轟烈烈地折騰之後才漸漸明白的。梁氏屢辭，袁世凱要當皇帝，用不著這個講立憲，談共和的名士裝點門面了，於是，允其辭職。對其請辭書上「以不才之才為無用之用」的話笑而回應道：「卓如非不才，總裁實無用。」梁啟超拔出腳來，但已一身泥污。如果沒有後來運動門生蔡鍔樹幟倒袁和助段祺瑞馬廠誓師討張勳復辟，梁啟超投袁從政的這一身泥污可能終生都難以洗淨。

梁啟超運動倒袁之後，繼任的大總統黎元洪也曾多次敦請他出山，聘請他當總統府的秘書長，梁雖婉謝，但出處進退事仍然困擾於心。一九一六年八月，梁對報館記者有一篇談話，云：「鄙人之政治生涯已二十年，驟然完全脫離，原屬不可能之事，但立憲國之政治事業，原不限於政府當局，在野之政治家亦萬不可少，對於政府之施政或為相當之應援補助，或為相當之監督匡救，此在野政治家之責任也。鄙人常持人才經濟之說，謂凡人欲自效於國或社會，最宜用其所長。鄙人自問若在言論界補助政府匡救政府，似尚有一日之長，較之出任政局或尤有益也。又國中大多數人民政治智識之薄弱，實無庸為諱，非亟從社會教育上痛下工夫，則憲政基礎終無由確立，此著雖似迂遠，然孟子所謂『七年之病，求三年之艾，苟為不蓄，終身不得』。鄙人數年來受政界空氣之刺激愈深，感此著必要亦愈切。」

此時他已經決定不入政局，做一個公共知識分子，在輿論上匡救和監督政府，重新擔起啟蒙思想家的責任。可惜後來還是經不住一些人的敦勸和擁戴，出任了段祺瑞政府的財政總長。和以前一樣，任期很短，鎩羽而歸。

　　梁啟超一生不能忘情於政治，但他不僅在實際的政治操作上一無所成，且受其牽累，所謂「名滿天下，謗也隨之」。他的朋友周善培曾對他說過一番很有見地的話，意即孔、孟也講政治，蘇（秦）、張（儀）也講政治，但孔、孟算得上政治家，而蘇、張只能算政客。孔、孟講政治，沒有自己，只談一些政治倫理，諸侯照他的話做，國家得到治理，百姓安居樂業，那是他的幸運；不照他的話做，國破家亡，那是他活該倒楣，這兩樣都無關孔、孟的事。而蘇、張與此相反，講政治為的是自己，無論結果如何，把官弄到手了，都為自己得利。所以，孔、孟講了一生政治，雖沒有得過意，一生是愉快的，結果是安全的。蘇、張雖然得過幾天意，卻一生在恐怖中，到底得不到好結果。他認為梁啟超有極熱烈的政治思想，極縱橫的政治理論，卻沒有一點政治的辦法，尤其沒有政治家的魄力，所以，只該學孔孟那樣講政治，而不該像蘇張那樣去幹政治。此話對梁氏而言可謂切中肯綮。梁啟超一度看不起著述文章，而正是著述文章成就了梁啟超在中國近現代史上的地位。梁啟超熱衷於實際的政治操作，然而率爾操觚的結果卻與設想大相逕庭。梁啟超是一個知識分子，知識分子大多是理想主義者。理想之於現實，常常圓鑿方枘，對不上茬，無論是傳統的專制政治，還是王綱解紐後混亂的強人政治，都不適合於梁啟超，一旦涉足，內心的苦悶和憂煩即無盡頭。況且一入官場，想潔身自好而不得，理想主義者都是有道德潔癖的人，這種人自己不激流勇退，也會被淘汰出局，否則將在痛苦憂煩中弄得創痕纍纍，黯然收場。梁啟超曾有的煎熬和苦悶正是所有與現實政治糾纏不清的理想主義者共有

的。「君子思不出其位」,學孔、孟,還是做蘇、張,如哈姆雷特詰問自己的那樣:「這是一個問題。」

大道多荊榛──梁啟超的憲政思想及其實踐

梁啟超為在中國實現憲政奮鬥了大半生,最後以失敗告終。通常把他的憲政思想及其實踐定性為「資產階級改良主義」,認為他的思想不合中國國情,失敗是必然的。

梁啟超在中國的憲政實踐分為三個階段:戊戌變法時期的君主立憲,辛亥革命之後的虛君共和和後來依靠袁、段等人的民主共和。在這三個歷史階段中,梁氏都是大聲疾呼,積極奔走,包括為人詬病的入閣和參與修憲等實際政治活動,為他的憲政理想傾其全力,但是每一次都是失敗的。這些失敗疊加起來,就是梁氏一生政治活動的結果。

戊戌變法的歷史國人耳熟能詳,由於以西太后為首的頑固派及朝中權貴為了維護專制特權和既得利益發動政變而歸於失敗。對這次事件的歷史是非,後人的評價沒有歧異,認為康、梁等人的變法要求順應了歷史的潮流,他們是向西方尋求真理和富強之路的先進分子,給了他們應有的歷史地位。梁啟超逃亡國外之後,對清王朝的腐敗和頑固深感失望,一度產生過革命的思想,比較同情和接近與清王朝勢不兩立的以民族革命相號召的「民黨」,因此和他的老師康有為產生了分歧。在這期間,他支持唐才常在湖北發動的祕密的反清活動,這些活動儘管有暴力反抗的實質,打出的旗號卻是「勤王」,即擁護光緒皇帝(因此使主張民族革命最烈的章太炎憤而與之絕),這反映了梁啟超思想的矛盾性。後來,在康有為的激烈批評下,梁啟超通過研究西方諸國政治變革的歷史教訓和經驗,重新回到了改良主義的道路上來。他認為,西方各先進國家政治現代化的過程中,並沒有以民族主義相號

召，煽動和激起民族仇恨無助於立憲政治的實現。

他是被清王朝迫害追殺而流亡異國的所謂「異見分子」，從個人的恩仇來說，他比任何人都仇恨這些統治者，對朝廷的黑暗、腐敗和頑固有著切膚之痛和深切的瞭解。既然朝廷「久施虐政，屢失信於民」，他為何還要主張君主立憲呢？在這一點上，恰恰體現了梁啟超的政治理性。他把上層建築的國家政權分為國體和政體兩部分，認為國體只是一種形式，而政體才是實質，中國需要改良的是政體，即實現立憲政治。這取決於兩點：「今日中國欲變專制為立憲，其一當視主權者擁護憲政之誠意何如，其二當視國民運用憲政之能力何如，謂此二者緣國體之變更而遂生異動，吾百思不得其解也。」此話是梁氏在袁世凱稱帝野心已彰，與袁分道揚鑣時說的一段話，我認為實在是精闢之極。打倒了皇帝，統治者換了名號，換了一撥人，如果沒有擁護和實行憲政的誠意，當然還要回到專制的老路上去。如果有像英國那樣開明的君主，主動出讓權力給議會和由此產生的政府，那麼即使國體上維護君主的名號和位置又有何不可？推翻君主，改變國體，只是更換了統治者，如果他不擁護憲政，他仍然是不叫皇帝的皇帝（自認為專制既久，威權日重，連皇帝的名號也要要，必求實至而名歸，如袁世凱），甚至比君主時代更加專制和黑暗。梁啟超在闡述君主立憲的主張時，說過一段很深刻的話：「吾當時豈有所愛於君主政體，而必犯眾怒，以為之擁護者？吾以為國體與政體本絕不相蒙，能行憲政，則無論為君主為共和，皆可也。不能行憲政，則無論為君主為共和，皆不可也。兩者既無所擇，則毋寧因仍現在之基礎，而徐圖建設理想政體於其上，此吾十年來持論之一貫精神也。夫（國體），天下重器也，置重器而屢遷之，其傷實多，吾滋懼焉。故一面常欲促進理想之政體，一面常欲尊重現在的國體，此無他故焉，蓋以政體之變遷，其現象常為進化的，而國體之變更，其現象常為革命的，謂革命可以求國利民

福，吾未之前聞。是故吾自始未嘗反對共和，吾自始未嘗反對君主，雖然吾無論何時皆反對革命，謂國家之大不幸莫過於革命也。」政體，也就是國家的制度建設，實在應該在和平的、漸進的狀態下進行，在梁啟超等人看來，如果光緒皇帝不死，當是最理想的立憲之君主。憲政既行，自上而下，再洞啟民智，實行公民教育，由臣民而國民，由國民而公民（梁氏後來有辦公民教育學校的動議），那麼，中國即可成為政治上現代化的先進國家，於國於民，皆為大幸。

這種主張，由於清王朝專制、腐敗和頑固而引發革命，終於化為泡影。當袁世凱專制嘴臉暴露時，梁啟超十分痛切地說道：「以革命求共和，其究也必反於帝制，以革命求立憲，其究也必反於專制。吾當時論此焦唇敝舌，而國人莫余聽，乃流傳浸淫，以成今日之局。」我們的民族並非不能傾聽智者的聲音，但是需要一個平和的理性的讓人民能夠從容選擇的環境。當革命大潮洶湧澎湃之際，更多的是激盪迴旋、泥沙俱下、大哄大鬧、暴烈血腥的狂歡，任何理性的聲音都將被遮蔽和湮滅，代替人民選擇的是站在潮頭的領袖人物，直到這狂潮把他推到專制的權位上，人民失去了自由，整個民族縛上了更多的繩索。痛定思痛，更多的苦難、更殘暴的惡行使人民睜開眼睛的時候，歷史已在歧路上顛躓了太久太久。

辛亥革命在武昌革命黨倉促起事後迅速蔓延大半個中國，清帝被迫和平遜位（和法國大革命不同，沒有皇帝、皇后和皇族顯貴上斷頭臺），起碼在形式上結束了延續三千餘年的帝王政治。現在來看，正因為它沒有流更多的血，沒有更殘酷的暴力，它應該算一次中華民族的「光榮革命」，因為它和歷代的改朝換代都不一樣，它不是王朝的鼎革，而是新制度的誕生，它的遺產應該值得我們認真地研究和繼承。把清王朝自身衰朽沒落和袁世凱的政治投機置而勿論，從共和制度能夠迅速取代在治統上已相當成熟的帝王政治來說，梁啟超的憲政思想

及其實踐功不可沒。廿世紀初十多年來梁啟超等人不遺餘力地介紹西方的憲政民主思想，使中國世代在帝王統治下懵懂的臣民們睜開了惺忪的睡眼，知道在世界上還有一種制度，沒有皇帝，老百姓可以通過選舉組成政府，通過權力制衡約束官吏，人民還可以通過言論、出版、結社的自由發出聲音，這已使他們由驚愕、欣喜而產生憧憬，這已經形成了共和制度的民意基礎。而且，梁啟超雖然身在異國，從來沒有放棄憲政政治的實踐活動。遠的不說，在辛亥革命前，他和國內許多具有憲政思想的知識分子們組成的准政黨組織政聞社，為革命前後憲政的運行準備了大批的人才。清政府迫於形勢為行憲而成立的各省諮議局大部分骨幹和菁英分子都是政聞社的人，而他們實際的領袖就是梁啟超。政聞社除了編輯報刊宣傳憲政思想外，還開展了敦促清政府開放黨禁的活動。政聞社被禁後，很多社員都進了各省諮議局並成為其中的骨幹。諮議局最大的舉動就是清末敦促速開國會的聯合請願活動。它不是明末清流東林黨的朝野反對派「士氣」展示，它完全是一次基於憲政立場上的現代政治舉動。這次和平表達政治訴求的舉動，彰顯了議員們和專制政治決裂的決心，同時表現了憲法政治中必須抱持的清明的理性。憤怒而不超越界限，絕不訴諸破壞性的暴力。梁啟超在這次行動中的影響不可低估，其中的骨幹和領袖人物從梁啟超那裡得到了很多及時的指導和輿論上的呼應。後來，清王朝的頑固和愚蠢使民意代表徹底失望，請願的諮議局議員離京前已經站到了王朝的對立面。所以，武昌的槍聲一響，在保路運動的風潮中已和清王朝正面較量的四川、湖北等省率先獨立，接著，長江中下游以及內地數省諮議局先後宣佈獨立，數千年王朝政治走到了盡頭，共和的基礎才算奠定。對此，辛亥前後身在風潮中的立憲黨人徐佛蘇有很明確的認識，他在總結辛亥革命的前因後果時說：「辛亥革命之一舉成功，無甚流血之慘禍者，實大半由於各省議員根據議政機關，始能號召大

義，抵抗清廷。」追根究源，何以如此？「昔年國會請願之能監促清廷，設立各省諮議局，畀人民以議政之權力者，實『大半由於梁先生能以精神及著作領導余等之奮鬥』也。此可知民國之成立，梁先生實有間接之大力。」說到底，清王朝被推翻、共和制度的確立就其遠因和基礎來說，與梁啟超多年來對憲政思想的宣傳和實踐密切相關。

梁啟超憲政思想的核心，在於以和平和漸進的方式實現制度革命。在原有的國體之上培養和建立新的政體。亦可形象地比喻為「舊瓶裝新酒」。這樣，可以使國家免遭動亂，人民少受荼毒。辛亥革命之後，他有虛君共和的主張，並為此做過一些努力。一方面由於革命黨不接受他的主張，另一方面袁世凱已和清王朝離心離德，並懷有自己的政治野心，所以，這個主張很快歸於失敗。為此，他對清王朝的頑固和顢頇、飲鴆速死、自甘取亡，真是痛心疾首：「吾十餘年來，日夜竭其力所能逮，以與惡政治奮鬥，而皇室實為惡政治所從出。於是皇室乃大憾我，所以戮辱窘逐之者，無所不用其極。雖然，吾之奮鬥，猶專向政府，而不肯以皇室為射鵠；國中一部分人士或以吾為有所畏，有所媚，訕笑之，辱罵之，而吾不改初度。」他對清朝統治者的仇恨並不比革命黨稍遜分毫，但朝廷猶如附骨之疽，驟去之而身卻不保，不如借其以為憲政的過渡。一旦憲政實行，權力歸於國會，那麼，專制統治者就被關進了籠子，失去了作惡的可能。這個理想最後歸於失敗，完全在於朝廷不肯交出專制的權力，沒有立憲的誠意，最後激發革命。

梁啟超公開的政黨活動是回國後參加了共和黨並任該黨理事。但他很快就對袁世凱黑暗統治下的政黨活動表示了失望，他在一次演講中談到該黨的宗旨時，痛切地指出，共和黨的敵人是腐敗政治和亂暴政治，與這兩大敵人作戰，共和黨力所不逮。以袁世凱為首的臨時政府既經國民承認而成立，雖然對這個政府無一能滿意者，但有政府

勝於無政府，我們只能盡政黨之責，對政府「嚴重監督」，待正式政府成立，徐圖改造不良之政治。另一方面，革命之後，暴民政治最易發生，如此，則國家之元氣必大傷，而不可恢復。亂暴派好像和腐敗派絕不相容，其實他們的位置完全可以互換，亂暴而腐敗，腐敗而亂暴，兩派狼狽為奸，人民更受痛苦，國事愈不可問。這些言論，申述的還是他的改良主義主張，意即在憲政政治的框架內行使政黨監督之責，防止國家陷入無政府的亂局。政治的改造應該走積極穩健的道路，但並非無原則，一旦有野心家企圖破壞共和制度，梁啟超就會不顧身家性命，與之作殊死的搏鬥。他歷經險阻，策動倒袁和參與反張勳復辟已載於史冊，就他當時的影響和實際作用來說，對於再造共和，梁啟超居功厥偉。

　　數千年帝王專制制度完結的民國初期，舊制度的腐屍在散發臭氣，共和制度運行相當艱難。梁啟超參與高層政治運作，深感腐敗和亂暴政治對憲政的威脅，他感到貫徹自己的憲政主張舉步維艱。而且，最腐敗、最醜惡、最無恥的穢行在政治人物身上表現得淋漓盡致，沒落專制的腐屍招引來的大多是蛆蟲和蒼蠅。梁啟超感到窒息和無比痛苦，他說自己的本性與現社會實不相容，愈入之愈覺其苦，他痛斥當時的社會為「五濁惡世」，決心激流勇退，從現實政治中脫身。但是梁啟超已經不是舊時代的士了，他是滿懷理想並一生充滿積極進取精神的中國現代知識分子的傑出代表，他的退不是消極意義的獨善其身，做一個與現實社會絕緣的隱士。梁啟超改造中國的政治熱情至死未曾消泯，他退出現實政治，是要從事社會教育，為在中國造就一個公民社會做出他的貢獻。他引述古人「君子思不出其位」的話，是要回到知識分子本位的立場上來。退出現實政治之後，何以報國？一九一五年，他在《大中華》雜誌發刊詞中闡述了自己的主張：「我國民前此之失望，政治上之失望也，政治不過國民事業之一部分，謂政治

一時失望,而國民遂無復他種事業,此大惑也。且政治者,社會之產物也,社會凡百現象皆凝滯蠱敗,而獨欲求政治之充實而有光輝,此又大惑也。」改良政治,首先要改良社會:「而以舉國聰明才智之士,悉輳集於政治,故社會事業一方面虛無人焉。」如果沒有公民社會,沒有順應時代,有民主和憲政意識的政治人才,「則政治雖歷十年百年終無根本改良之望」。社會好比土壤,政治是其上的根株,「凡百國民事業悉頗廢摧壞而無復根株之可資長養,故政治一有闕失,而社會更無力支拄」。所以,對醜惡政治失望之後,不必頹廢喪氣,完全可以去從事社會事業,搞教育和文化建設。退出實際的政治操作後,梁啟超承辦中國公學,組織共學社,成立講學社,整頓《改造》雜誌,發起國民動議制憲運動,在天津創辦文化學院,主持憲政儲才館,在北京創辦松坡圖書館以及南北各地的講學活動等都是為了在中國形成一個健全而多元的公民社會,為憲政在中國實現準備必要的條件。這是一個有影響、有擔當的知識分子的本分和責任,也是他所能做到的。

　　憲政政治的核心是民主協商和對權力的制約。而中國幾千年來的帝王專制傳統的主要特色是一旦權力在手,就要把手中的權力變成不受制約的絕對權力,從袁世凱到後來的蔣介石無不如此。

　　梁啟超雖是一個樂觀的人,但對中國的禍亂苦難一日比一日深重,還是殷憂在心,不能自解。一九二七年,他的老師康有為病逝,他送上一幅輓聯,其詞曰:「祝宗祈死,老眼久枯,翻幸生也有涯,倖免睹全國陸沉魚爛之慘;西狩獲麟,微言遽絕,正恐天下將喪,不僅動吾黨山頹木壞之悲。」在他的晚年,對自己一生所抱持的憲政理想和國家的前途,已懷有非常黯然和悲觀的心態了。

亂世和末世的自我救贖

　　大約歷史到了某個階段，人們的精神狀態有某種相似處。清朝宣統二年（1910年），梁啟超的同學麥儒博因為找不到人生的方向，心情就很鬱悶。按說他是我們祖爺爺一輩的人物了，又是飽讀詩書的老夫子，應該世事豁達，從容淡定，對自己的人生有個明確的規劃和目標才是。可是不然。他雖然很閒，卻什麼事也做不下去，他對國家的前途感到悲觀，認為大亂將至，自己的命運操在別人的手裡，一切自我努力都是徒勞的，因此有些厭世和悲觀。於是他向同門好友梁啟超傾訴了內心的苦悶。梁啟超給他回了一封長信，在信中，梁啟超不僅表述了自己積極樂觀的人生哲學，而且以救國救民的使命相砥礪。今天重讀此信，對於人生路上苦悶徬徨的朋友療治心疾未始不是一劑良藥。

　　自戊戌國難始，梁啟超亡命異國，顛沛流離，至此已十餘年，對社會的黑暗有刻骨銘心的感受。他說：「竊以為吾輩生此混濁之世，而勢又不得不日與為緣，而天時人事之相厄者，又無所不用其極，今日正吾輩生死一發之時也。」在這樣黑暗的世道，所謂生死，並非僅指自然生命的盈虛存亡，主要指的是精神生命。他認為人一旦精神墮落，不可復振，雖生猶死。而戰勝精神死亡的藥方，一曰「自樂」，二為「自信」，由此達「自得」之境。這種精神上的超拔之道在於祛除世俗上成敗得失的心魔，而不為其所累。他說：「吾輩十年來，循物太甚，馳逐不可必得之業，而歆羨憂感，遂日與之相乘，習之既久，視為固然，雖自問初志本在用世，而役役於得失，已漸夷為流俗人而不自察矣。」所謂「循物太甚」，過於看重世俗的功業和物質上的得失，日夜為之「歆羨憂感」，精神不能超然獨立，其實已經成為「流俗人」，產生苦惱、消極、頹廢的情緒是必然的。人只有進入「自得」之境，這

些情緒才會一掃而空,怎樣才算「自得」?梁啟超引用孟子的話說:「孟子釋自得之義曰『居之安而資之深』。吾輩之於學未有一專能安而深者,是既未嘗自得之效也。」對於平生所選擇的學問、事業持守不移(居之安)並精研深討(資之深),從而達到一種精神愉悅無所不適的忘我之境,這就是「自得」。返觀我們自身,左顧右盼,患得患失,為物慾所累,被世相所蔽,浮躁煩惱,心靈不能寧帖安然,當然就進入不了自得之境。

　　梁啟超從古代哲學的角度談「治心」之法,云:「古今言治心之法者,不出兩派,一曰應無所住,二曰主一無適。」所謂「應無所住」,大約是老莊和佛家的人生哲學,即心游萬仞而無所用心,如莊子所言「芒然徬徨乎塵垢之外,逍遙乎無事之業」(〈達生〉)、「乘夫莽眇之鳥,以出六極之外,而游無何有之鄉,以處壙垠之野」(〈應帝王〉)。這是一種超越各種外在因素的誘惑和影響,突破自身形骸的拘囿,把是非、生死等量齊觀的人生觀,和佛家所云的破除「執著」的教義有相通之處。梁啟超認為這當然是人生的「極軌」,但像我們這些人是不容易做到的。我們生當這個塵俗的世界,在其中「陷溺」太深,「欲求無住,則如獼猴失樹」。所以,我們還是應該力求「主一無適」。所謂「無適」,可以理解為「無往而不適」。就是說無論身處何種環境,都能安然自得。梁啟超說:「惟無適之義,則似平實而最切於用。欲求無適,必先有所主,而所主者必須為足乎己而無待於外者,否則非主也,而役從也。」就是說,在你的心靈深處必須闢出一個花園,那裡茂草葳蕤、鮮花盛開、果實纍纍,你在不斷的努力中使之豐滿、圓融、鬱鬱蔥蔥,從而使你自身得到快樂和滿足。這個花園,就是你的人生之「主」,也就是你人生的價值和意義所在。這個花園,不受外界風雨陰晴的影響,更無須藉助外力來耕耘,它是你「自己的園地」。有這個園地,謂之人生有「主」,無這個園地,當然就是無「主」,無「主」

者如無根的飄蓬，人生也就失去了依傍和目標。梁啟超又說：「所主者有大德，有小德，為有用，為無用且勿論，苟誠足乎己，無待於外，則必能有以自樂，有以自信，無入而不自得。」無須用大德、小德、有用、無用來衡量你這個園地的價值，只要它使你自樂、自信、自得，就是好的園地。我們可以舉一個例子：一個人熱愛書法，孜孜矻矻，不斷研習求索，比起有人研究救國救民的大道理來，自屬「小德」，這個人也沒有靠書法成名，甚至也沒有靠書法掙來錢，在常人看來，當屬「無用」。然而卻使此人怡然自樂，活得自信而充實，無論身處何地，皆能自得，這當然就是「主一無適」的人生了。梁啟超也舉了兩個人的例子：一個叫古微的人喜歡填詞，一個叫伯嚴的人喜歡作詩，這兩個人活得非常灑脫，「有鳳翔千仞之概，嚼然不滓之志」，究其所以然，「古微舉天下之美，不以易詞，伯嚴舉天下之美，不以易詩，古微、伯嚴無所往而不得詩詞，故常有以自樂，詩詞可以致伯嚴、古微於不朽，故常有以自信，而其卓然自拔於流俗者，則亦在此矣」。或許有人會說，這個道理當小學生時老師就講過了，有什麼高明處？梁啟超駁斥道：「世之以應酬名譽為詩詞者，其視詩詞也，決非有伯嚴、古微所視者同物，至易見也。彼方以所學為科舉之行卷，為商賈之貨賄，豈得曰學。」一句話，一個人所「主」者，必得有一種精神的超越。

　　梁啟超認為一個人悲觀、頹喪、惶惶不可終日的原因在於心中無「主」，也就是沒有自己的精神追求，心靈深處沒有「自己的園地」。因而既閒極無聊，又浮躁惶惑，不想做事，不知做什麼事，也做不成事，他指出這種精神狀態的病根，告誡他的朋友說：「今吾弟受病之原有二，一曰太閒，二曰將來之命運懸於人手，有所待而不自決。閒故憧擾，有所待故蹉跎不振。治本之法，當絕所待，治標之法，當使勿閒。」我們見過多少一天無所事事，卻又大叫活得累的人，這是些不能把握自己命運的人。梁啟超為他的朋友擬了十六字的座右銘，曰：「必

有事焉，知止乃定，莫非命也，樂天不憂。」有自己的精神天空，有自己的人生追求，每天有做不完的事，樂天知命而又奮鬥不息，如范仲淹在〈岳陽樓記〉中所說的那樣，「不以物喜，不以己悲」，這不僅是一種人生修練，更是一種通達的人生境界。

梁啟超寫這封信時三十八歲，正當意氣宏壯的盛年，與友人以救國救民的偉大志向相激勵，認為危廈將傾，重開新局的使命捨我其誰：「夫今天下之人才，已可見矣，吾輩數人不任此，誰復任者？自古喪亂之世，恆有一二瑰偉絕特之人，為千古百王之道所托命，非惟吾國有然，即如意大利、德意志所以蹶而復振，舉賴是也，此獨非吾輩之責也？今當前古未有之運，信能會通古今中外，而成前古未有之學術，則其所造於天下者，亦豈可量，烏可以不見用而嗒然自喪哉。」這樣的志向對於常人，或許陳義過高，難以企及。後來梁啟超在政治的漩渦裡搏擊浮沉，是非經過而成敗昭然，回歸到知識分子的本位立場時，再以一個普通人的心態來談人生就平實得多了。梁啟超的一生是通達樂觀，進取充實的一生，他自稱他信仰的是「趣味主義」，即人活得要有意思。怎樣活才有意思？一九二二年，正是梁啟超知天命之年，他發表了《學問之趣味》的講演，講的是怎樣活才有意思的話題。我覺得他講的不止是學問，講的是人生的真諦──

> 我是個主張趣味主義的人，倘若用化學化分「梁啟超」這件東西，把裡頭所含一種原素名叫「趣味」的抽出來，只怕所剩下僅有個零了。我以為，凡人必常常生活於趣味之中，生活才有價值。若哭喪著臉捱過幾十年，那麼，生命便成沙漠，要來何用？中國人見面最喜歡用的一句話：「近來做何消遣？」這句話我聽著便討厭。話裡的意思，好像活得不耐煩了，幾十年日子沒有法子過，勉強找些事情來消它遣它。一個人若生活於這種

狀態之下，我勸他不如早日投海。我覺得天下萬事萬物都有趣味，我只嫌二十四點鐘不能擴充到四十八點，不夠我享用。我一年到頭不肯歇息。問我忙什麼？忙的是我的趣味。我以為這便是人生最合理的生活，我常常想運動別人也學我這樣生活。

那麼究竟什麼是趣味呢？普通人怎樣才能抓住「趣味」過有意思的人生呢？他說──

> 凡屬趣味，我一概都承認它是好的。但怎麼才算「趣味」，不能下下一個註腳。我說：「凡一件事做下去不會生出和趣味相反的結果的，這件事便可以為趣味的主體。」賭錢趣味嗎，輸了怎麼樣？吃酒趣味嗎，病了怎麼樣？做官趣味嗎，沒有官做的時候怎麼樣？⋯⋯諸如此類，雖然在短時間內像有趣味，結果會鬧到俗語說的「沒趣一齊來」，所以我們不能承認它是趣味。凡趣味的性質，總要以趣味始，以趣味終。所以能為趣味之主體者，莫如下列的幾項：一勞作；二遊戲；三藝術；四學問。諸君聽我這段話，切勿誤會以為我用道德觀念來選擇趣味。我不問德不德，只問趣不趣。我並不是因為賭錢不道德才排斥賭錢，因為賭錢的本質會鬧到沒趣，鬧到沒趣便破壞了我的趣味主義，所以排斥賭錢。我並不因為學問是道德才提倡學問，因為學問的本質能夠以趣味始，以趣味終，最合於我的趣味主義條件，所以提倡學問。

不是所有人都是學問的人生，但你可以是勞作的人生、遊戲的人生（不是遊戲人生，譬如收藏、旅遊、做票友，亦可謂之遊戲，它足可使一個人活得興味盎然）、藝術的人生，所以，普通人要想活出意思

來，盡可以找到你的趣味。

梁啟超一生，他的朋友徐佛蘇總結為四個時期：「第一個時期亦可稱為變法維新之時期，第二個時期亦可稱為立憲、革命雙方並進之時期，第三個時期亦可稱為興兵起義，恢復共和之時期，第四個時期亦可稱為講學育才，領導青年救國之時期。」這是從梁啟超對社會影響方面而言。我認為，就他的個人生命體驗來說，無妨說成是兩種人生：為在中國實現憲政而奮鬥的政治人生（包括徐氏所言的前三個時期），到一九一九年從歐洲遊歷歸來，他進入了第二種人生，即回歸到知識分子本位立場的學問人生。無論是「主一無適」的政治人生還是看重個人生命體驗強調趣味的學問人生都貫穿了一種自強不息、樂觀進取的精神。

下面是他對自己人生的一種總結——

> 假如有人問我：你信仰的什麼主義？我便答道：我信仰的是趣味主義。有人問我：你的人生觀拿什麼做根柢？我便答道：拿趣味做根柢。我生平對於自己所做的事，總是做得津津有味，而且興會淋漓，什麼悲觀咧厭世咧這種字面，我所用的字典裡頭可以說完全沒有。我所做的事常常失敗——嚴格得可以說沒有一件不失敗——然而我總是一面失敗一面做，因為我不但在成功裡頭感覺趣味，就在失敗裡頭也感覺趣味。我每天除了睡覺外，沒有一分鐘一秒鐘不是積極的活動，然而我絕不覺得疲倦，而且很少生病。因為我每天的活動有趣得很，精神上的快樂，補得過物質上的消耗而有餘。（《趣味教育與教育趣味》）

從「主一無適」的人生到趣味人生，梁啟超的人生哲學貫穿了一種積極進取的樂觀精神，對於某些身處迷惘苦悶中的現代人是一劑有

益的良藥。

湯壽潛：讀書人的國運擔當

一八八七年，光緒十三年，湯壽潛三十二歲，開始撰寫《危言》一書。

晚清朝廷經歷了太平天國的戰亂，喘息未定，瘡痍未平，而驚濤拍岸，外侮疊加，聳然而起的資本主義列強頻頻撞擊古老帝國的大門，大清國內外交困，應對無術，已然病體支離。此時的湯壽潛正當盛年，霍然而起，有醫國之志。

他在《危言》開篇第一句即宣稱：「吾欲為策士……乃以醫國。」這是他給自己的人生定位。「策士」者，絕非以詩文裝點太平，以文牘效力上司的御用文人，乃是運籌於廟堂，謀劃於帷幄，針對具體問題，提出應對之策，開出療救藥方，且能身體力行的實幹家。他對自己的人生，提出了兩點期許：一是做一個地方官，守土安民，「小試吾道」，「掊擊豪強」，抑惡揚善，以求風清氣正，造福一方，而「不願飽食倉粟，旋進旋退，以作大官」；二是代表國家「出使絕域」，宣揚朝廷的「寬大之政」，弘揚「孔孟之教」，用華夏文明統領世界，「萬耳萬目，駿駿觀聽，四海文軌，從此大同」。我們讀其述志之言也不必過於當真，當時的湯壽潛還沒有進入朝廷的官場，頂多只能算「野有遺賢」之「賢」。所要表達的是滿眼時弊，眼見得朝廷和社會百孔千瘡而力圖挽救的心情。《危言》就是他身為「策士」給風雨飄搖的大清國開出的一份醫國藥方。

大清國是病了，而且病入膏肓，無須診脈，萬種病象，歷歷在目，莫說關注時事的讀書人，即使普通百姓，也知道大清國要完。朝廷乃傳統讀書人命脈所繫，彼時，知識人還沒有形成獨立的社會身

分，他們的前程是做官，如果沒有了朝廷，官就做不成。況且讀書人比一般人視野更開闊，看問題更全面，家國同構，命運相關，所以大聲疾呼力圖救治的大有人在，湯壽潛只是其中的一個。但大清國究竟有什麼病呢？不必探其病源，先看其症狀。湯壽潛《危言》一書，計四卷，給大清國列了四十條病象，皆為應革之弊，舉凡遷鼎（都）、尊相、考試、書院、部臣、停捐、鬻爵、冗員、兵制，乃至農業水利無不囊括在內，此皆為治國理政之實務，必須有具體的政策、措施和辦法方可奏效，所以已上升到決策和具體操作層面。

如在《親藩》一節中，湯壽潛提出未來帝國統治者也即皇位繼承人的培養問題。帝王的德行和能力決定帝國的興衰，清王朝不立太子，「故金枝玉葉與近支王公之裔，同在上書房讀書」。他們之中必有一人將成為未來帝國的實際統治者，可是教他們的老師都是八股取士的翰林，他們「足不出國門之外，業不過經史之常，於中外之情偽，稼穡之艱難，官吏之貪廉，將卒之強窳，國計民生之贏絀，天文地理之繁奧，未之及焉」。這樣不懂中外大勢，不接觸實際的老師怎麼能教出合格的帝王和未來的統治者呢？湯壽潛給出的建議是：以後上書房所課經史，但明大義，不必尋章摘句，浸淫於故紙堆中，而要多講時務和科學，因為天下已經變了，必須睜開眼睛看世界。到了一定年齡，就要他們入同文館、方言館學習外語，既長，就要派他們出國，或到各省，接觸實際和民間，瞭解社會，只有這樣，將來才能「領袖各衙門」，執掌帝國的權力。湯壽潛敏銳地認識到，帝王和官僚集團已無法按照傳統的統治術來治理國家了，統治者首先應該瞭解變化了的世界，與時俱進，才能維繫老舊的帝國不致落伍和崩盤。

又如在《考試》一節，湯壽潛抨擊八股取士「徒使庸妄之輩充塞天下」。他主張改變考試的科目，「今請並經義、子、史、古學為一場，時務為一場，洋務為一場」。把實務和洋務作為取士的科目，未來

的官員不僅是「賢人」而且必須是「能人」，打開國門，順勢應變。「自海禁既弛，雖堯舜為之君，管葛為之臣，勢不能閉關謝客，如再諱疾忌醫，事變不窮而人才已窮，不特遊刃有餘者無其人，恐求一敷衍能了者亦不可得，大局何堪設想？」中國從傳統僵化、千年不變的腐朽教育向現代化教育轉型過程中，湯壽潛的疾呼可謂振聾發聵。他在《學院》一節談及教育現狀，語氣沉痛：「五十年來，創不謂不巨也，痛不謂不深也，而尚聚訟於漢宋，桎梏於八股，湛溺於聲律，規撫於楷法……抑中國之大，人才之眾，而所教非所求，所求非所用，所用非所習歟？」他明確主張，學校應聘請諳習西學者為老師，「致知格物，實事求是」，為國家培養「出使之才，翻譯之才，製造之才，法律之才，武備之才」。

再如他論及改造帝國龐大的官僚集團，在《冗員》一節表述說：「整頓吏治，必先遣散冗員。」國家財政養的官員太多，「十羊九牧，官多民少」，不僅百姓負擔太重，而且會滋生腐敗，毀壞國家的統治機器。他引述貴州政府官僚集團超出編制惡性膨脹的例子，說：「以邊瘠之省，而蓄群虎狼於其中，吾民有幾許脂膏，常供若輩之吮吸也？」邊遠落後的省份如此，內地富裕的地區則更甚。這其實是專制帝國的老病，有文化和制度方面的原因，救治之難，超乎想像。中國傳統社會是個官本位的社會，文化菁英的出路唯在做官。湯壽潛在《限仕》一節論及中國人的文化心理時說：「嗟乎！自選舉之典廢，而牙牙學語便以仕進歆動之，其未仕也，如飢蠅慕羶；其既壯也，如駑馬戀棧。」人人都想做官，做了官就一直要做到死，因有榮華富貴在焉。「夫頭童齒豁而尤營營於仕宦，此非天下之至庸極愚，可憫而不足惜者乎！」之所以如此，那是因為官本位的毒深入骨髓。國民之心理與制度相關，專制帝國官貴民賤的制度不改，社會導向和民眾的文化心理便無從改變，官和吏會越來越多、越來越濫、越來越貪，所謂「遣散冗員」

只能是一句空話。此又非大清國一朝之頑疾也。

　　書生議政，旁觀者清。《危言》四十條，條條皆為國家應革之弊。這是在西風東漸、國事阽危的時刻，一個心憂國事的讀書人對國家治理層面的深刻反省。有些病病根甚深，已觸及文化和制度層面，是基因帶來的千年沉痾，無藥可醫。這一點，他已經隱約感到了。一個傳統的讀書人，只有進入到專制帝國的國家機器中去，從內部去改良它，對國事才有所補益。湯壽潛渴望當官，與最高統治者共擔國運。

　　湯壽潛一八五六年出生於浙江省紹興府山陰縣天樂鄉（今杭州市蕭山區進化鎮）大湯塢村湯氏祖宅，是從中國農業社會耕讀傳家的傳統中走出來的士子。從小攻讀四書五經，聰穎上進，少年時就自負地說：「青紫可芥拾，求田問舍，非吾事也。」已確定了當官的志向。到了三十歲，他已經是四個孩子的父親，仍然滯留田舍，看不出有經國治世、大展宏圖的可能。於是，對唯一上升的階梯——科舉制度產生了憤懣和懷疑，說：「大悟五百年時文之毒，天下遂成虛病……欲矯虛病，求人足自食，非急行事業不可。」湯壽潛深感此時滿腹經學無補於生計，如果不尋找出路，他將成為後來魯迅筆下的孔乙己。於是，在他 31 歲那年，入山東巡撫張曜幕，做了地方官員的門客。其間，他協助張曜從事地方政務，治理黃河，對清王朝的政治有了比較深入的觀察和體驗。湯壽潛有管晏之志，不甘心做一個地方官的私人幕僚，但科舉上升的路如此艱難而漫長，湯壽潛必須找到進入帝國官僚體制的捷徑，他要對國事發言，使統治者知道他的治世之才，讓人們認識到他雖是一介布衣，但絕非沉溺於八股帖括的庸人。湯壽潛不僅研讀和摘抄《通典》、《通志》和《通考》等傳統的中國典籍，從那裡尋找讀書人的立身之本，並且留心西方思想和文化，從制度、風習、技術等層面尋找差距，加上在幕僚任上參與實踐和觀察，他深感自己對國事已有了心得和發言權。一八八七年他回到了家鄉撰寫《危言》時，

正當壯歲,不缺少激情和進取心,對自己的前程也滿懷期許。歷時四年的時間,到三十五歲那年,他完成了《危言》四卷的寫作。這期間,他參加過一次科舉考試,得中第六名舉人,但這不能使他進入帝國官僚體系,他仍然是帝國政治的局外人。一八九〇年,他參加了一次會試,名落孫山。一八九一年,湯壽潛卅七歲,已是五個孩子的父親,再次赴壬辰科會試,這次的主考官是翁同龢,他幸運地得中第十名貢生,殿試二甲,賜進士出身,朝考二等,授翰林院庶吉士。同榜得中的還有蔡元培、張元濟、葉德輝、唐文治等中國近代史上的思想文化名流。湯壽潛的試捲得到了主考官翁同龢的好評。此時,青雲有路,丹墀可攀嗎?非也。「劉郎已恨蓬山遠,更隔蓬山一萬重。」湯壽潛只被授予國史館協修(或許相當於一個助理編輯),根本沒有參政的資格。他在國史館待了兩年多,作為體制內的文人,在故紙堆中討生活。

一八九四年,中日甲午戰爭爆發,大清朝引以為國之干城的北洋海軍覆滅,朝野震動。如久病之人被揍了一悶棍,掙扎醒來,四顧茫然,手足拘攣,心跳氣喘,至此方思救治之術。湯壽潛於翌年三月,被外放到安徽青陽去做知縣。臨行前翁同龢召見並與之長談,翁在日記中寫道:「湯生壽潛所著《危言》二卷,論時事極有識。今日招之來長談,明日行矣,此人必為好官。」這年四月十七日(三月廿三日),戰敗的清王朝與日本簽訂屈辱的《馬關條約》,當天,翁同龢將《危言》進呈光緒帝,其後,朝中大臣孫家鼐也向皇帝力薦此書。翁同龢身為光緒帝的老師,翁、孫同居中樞之重,對湯壽潛及其著作如此稱許,似乎湯的仕宦之路會很順暢,他對大清國開出的醫國藥方也將得其用哉!

九重宮闕,云路迢遙,湯壽潛的《危言》雖然上達天聽,他仍然要以微末之身到青陽去上任。他在《危言》開篇,即述志說「吾欲乞斗大山城,為之牧宰,小試吾道」云云,如今真給他個「斗大山城」,按說他會令行禁止,紓解民瘼,踐其言而行其道,把青陽縣搞成大清國

的模範縣才是。可他到任不足三個月，就撂挑子不幹了。我沒有看到他在青陽知縣任上的任何資料，似乎也沒留下他這次出仕為官的隻言片語。但我們可以推測的是，官場絕非他想像的那樣簡單，容許有抱負的官員放開手腳，興利除弊。各種關係、各種潛規則、各種牽絆和陷阱，將使初入者無所適從。腐朽帝國的官場是惡人和小人的角逐地，有理想抱負的讀書人無所容其身，這或許是湯壽潛抽身而退的原因。

這年七月，他辭官回鄉，成為民間的讀書人，所謂「醫國」之志，終成泡影。同年，他被聘為金華麗正書院山長，已出離體制，靠學問謀生立世。此時，國勢日蹙，西方的思想和文化衝擊著華夏文化的堤岸，湯壽潛對西方制度和文化的認識日漸加深，認識到這個老大腐朽的帝國只有學習西方，加速改革，才有生路。他不僅在麗正書院講求時務之學，如西方的政體和法律、國際公法、契約關係（約章）、地理（地輿）、製造業、科學普及知識（格物）、數學等學問，而且結交當時力圖變法圖強的知識名人，與張謇、汪康年等加入了康有為創立的強學會，成為最早一代啟蒙知識分子的一員。

這期間，在康、梁以及朝中維新派的推動下，光緒皇帝也積極振作，力圖學習西方，改革弊政。由於湯壽潛《危言》的刊行以及朝中大臣的舉薦，光緒皇帝也知道了這位有遠見的「策士」。皇帝正在網絡維新人才，一八九八年，湯壽潛四十三歲，光緒兩次下旨地方官，要他入都，由有關部門帶領引見。此時，維新派的帝黨和頑固派的後黨已成水火，廟堂充滿詭譎和凶險的氣氛，湯壽潛以母病為辭，拖延進京。九月，慈禧太后發動戊戌政變，光緒被囚禁，康、梁外逃，譚嗣同等六君子血濺菜市口，轟轟烈烈而急圖躁進的維新運動徹底失敗。

湯壽潛沒有進京朝見皇帝，向皇帝陳述學習西方的變法主張，也沒有被皇帝任用，成為帝黨一員，這使他逃過了一劫，但他的「醫國」主張也成為了紙面文章，對時政毫無補益。數年間，他遊走於蘇、

浙、滬一帶，出入於官署，講學於書院，結交人物，熱心教育，痴迷於學問文章，因此聲名日隆，成為江南著名的士紳。像湯壽潛這樣曾有過科考功名的人，即便游離體制之外，也能憑藉自己的身分廣結官員和士人，其社會基礎不容小覷。他對地方政治有發言權，也有可能被召回體制，授以實職。一九〇〇年，義和團之亂，八國聯軍入侵京津，兩宮外逃，就是湯壽潛等人出面說動幾省地方大員，結「東南互保」之盟，使東南半壁江山免於戰亂。張謇為湯壽潛作《家傳》有語云：「國之不亡者，僅君往說兩江總督劉坤一、兩湖總督張之洞，定東南互保之約，所全者大，其謀實發於君。」[1]湯壽潛以在野之身，在地方政治上有如此作為，殊為可貴。這也是他自詡為國之「策士」，最得意輝煌的一「策」吧！

　　從甲午之敗到庚子之亂僅僅五六年，大清國連遭重創，實在挺不住了，因此朝野上下皆思改弦更張之道，立憲變法的呼聲日漸高漲。民間的士人成為推動立憲的重要力量。一九〇一年，四十六歲的湯壽潛撰成《憲法古義》一書。這部著作標誌著湯壽潛對西方憲政制度的認識已十分成熟，它應該成為大清國君主立憲制度的設計藍圖和普及讀本，使湯壽潛躋身於清末啟蒙思想家的行列而毫無愧色。《憲法古義》三卷，分別論述了元首的權利、議院的權利、行政和立法之關係，法院的權利，國民的權利等內容。他在敘（序）中引管子之言曰：「君臣上下，貴賤皆從法，此之謂大治。」反觀中國，「無數百年不斬之統，無數十年不亂之省」，王朝更迭，動亂不休，皆根源於沒有一部為統治者和國民共同遵循的根本大法。中國自古講禮，禮者，別尊卑也；西方講利，利者，公而平也，沒有平等，當然也就沒有憲政。中國的士

---

[1] 為此事奔走者，似非湯一人，李鴻章、張之洞、劉坤一等封疆大吏折衝樽俎的政治智慧似更為重要。

大夫諳於舊習，顢頇僵化，不知專制之外還有民主政體，所以一談立憲，聞之變色。戊戌變法，無一字言立憲，可無知者偏以立憲歸之，以重其罪，立憲一詞，成為當局之大忌。「庚子亂後，救亡無術，立憲之說，漸騰於朝野。」君主立憲運動是國內外形勢倒逼的結果，由於統治者的頑固拖延而功虧一簣，隨著大清國的覆滅而壽終正寢，然而它留下的思想資源卻不可湮滅。

湯壽潛論及元首之權利時強調國家統治者的權力來於人民授權，並非神授，也非天經地義。「若立憲民主，則為人民所委任，皆在法律之下。」又云：「三法鼎峙，有利無弊。」在《議院之權利》中強調議院對國家財政的監督：「預算非議院許可，不得征一兵，不得用一錢。」在《法院》一節，強調法院的獨立審判權：「獨立不羈，權歸法院」，「明法為一國所遵守，雖天子亦不能以私違之」。在《國民之權利》首先強調言論和出版自由：「言論不外二種，一著述，一論議。孔子之作《春秋》，語多微詞。兩漢經生，各尊所聞，未嘗奉一家之言以為主，此說經之自由也。司馬遷作史，力陳武帝之非。班固著書，不諱元後之惡，此作史之自由也。週末九流並興，各持一說，此著書之自由也。若論議之自由，征之古代，厥證尤多。」湯氏強調中國有出版和言論自由之傳統，和當代立憲之說並不矛盾。之後，他對人民的集會自由、遷徙自由、信仰（尊信）自由、產業自由、居住權、人身勸、通信權、起訴權、鳴願權（上書言事權）、服官權（不分職業，民皆可為官）、參政權和繳稅、服兵役等各項自由及權利義務均分條論列。

湯壽潛的《憲法古義》當然有它的歷史侷限，「古義」者，即云憲法之精神和各項條款中國往昔皆有之，所立之憲，乃我華夏「沉淵之珠」，並非來自西方的洪水猛獸。這對於消除為政者和頑固派對立憲的疑慮或許有用，但它的立論根據則大可懷疑。無論遠古的《尚書》中有多少「憲」字，此「憲」非彼「憲」也。無論中國的商鞅、申韓等

法家如何強調「法」，此「法」非彼「法」也。「歷代都行秦政治」，三千年的專制帝國只有帝王「口含天憲」，哪裡有統治者和百姓共遵之法！清末立憲派之「憲」儘管竭力維護君主的權威和權力，但它本質上仍然是西方人權、平等和自由基礎上的東西，湯壽潛端來的是中國的古瓷大碗，裡邊裝的卻是西藥，然而讓手裡緊緊抓住專制權杖的危重病人喝下這碗藥談何容易呢！他知道自己病得要不行了，但他就是不肯喝，他的眼裡滿是疑慮和恐懼，圍在病榻前的人們泗涕交流甚至以頭搶地力勸敦促，病人也聲稱準備喝——預備立憲，但終於還是以各種理由推諉，把藥碗湊近唇邊又推開。

統治者推諉的理由不過以下幾條：一是藉口人民教育程度低，不配搞憲政。湯壽潛駁斥說：「惟其低也，汲汲需開國會，以便人民實地練習，得以增長其智力。」也就是讓人民在民主政治中學習管理國家，藉口人民教育程度低，拖延幾十年，讓人民在專制制度下捱日子，難道人民教育程度就會提高嗎？二是怕人民權力太大，從前的專制權力無法行使。這正是統治者恐懼立憲的最大心病。湯壽潛說，如今國家弄到如潰瓜、敗葉的地步，難道不是人民沒有權力的結果嗎？「未聞人民有權力之國，而列強敢於凌辱者。」三是立憲的具體操作層面，說是中國戶籍法尚未制定，統計局未能遍設，人口與財產之實數未能切實調查，選舉將無從著手。湯壽潛以日本為例：「查日本明治三十九年之戶口，東京府與警視總監所調查差六十餘萬，而日本國會已開十九年矣。」以此為理由拖延開國會，搞立憲是完全站不住腳的。（詳見湯壽潛《代擬浙人國會請願書》）湯壽潛針對大清國的危局和現狀，沉痛地說：「似憲政而非憲政，似集權而非集權，峻法無救人心之渙散，兵力適為敵國之驅除，益為中國危之。」

一九〇八年，光緒和慈禧兩宮賓天后，三歲的宣統即位，攝政王載灃執政，大清國在權貴的操弄下，更加危殆。這年十一月，湯壽潛

上《為國勢危迫敬陳存亡大計標本治法摺》，舉凡內政、外交、教育、財政等弊政皆有論列，但這無異對一個危重病人大談體育健身之道，權貴們心不以為然，云何起而行之？同年，湯壽潛再上《為憲政維新瀝陳管見事》，對清廷重用權貴以練海軍、官吏肆意箝制輿論和朝廷的祕密外交嚴加斥責：「輿論之不可以空言尊重，而以箝制之實狀風示天下也。」對於官吏濫權，封殺輿論，他說：「為國家發揚輿論，辦報者何負於國家？縱不能盡從輿論以懲官邪，奈何反縱官邪以壓輿論！匹夫無罪，傳達輿論乃其大罪！且他罪雖重而可以貸，傳達輿論之罪雖輕而拘攣無赦，辦法出於五刑之外。」

　　立憲運動之始，湯壽潛就是積極的參與者，不僅寫書宣傳立憲，而且上書言事，敦促朝廷儘早立憲，他對朝廷預備立憲滿懷期待，認為唯有立憲才能挽救大清國之頹勢，救其於末亡。但他自覺偏處東南，不在中樞，身微言輕，無力影響國勢之走向，因此，曾致書朝中大臣章一山（翰林院編修、京師大學堂譯學館監督）、瞿鴻（軍機大臣、外務部尚書），期待他們負起立憲改良之責。他在致瞿鴻信中寫道：「以五千年相沿相襲之政體，不待人民之請求，一躍而有立憲之希望，雖曰預備，亦極環球各國未有之美矣。」他寄望於這些近臣，希望他們推動立憲，成為中國現代政治的「偉人」。但這一切很快歸於失望，「內政未完，外侮交至，其岌岌不可終日之勢，亦既為臣民所共見聞，非必待流涕痛哭之言而後知之也，然病此深矣，救之之藥，終無以起沉痾而復其健康者」（《為興亡大計決在旦夕國勢憂危亟應挽救瀝陳管見伏祈聖明財擇摺》）。如湯氏其人，既中科舉，終為體制中人，身在鄉野，而又隨時可入廟堂。他辭去安徽青陽知縣九年後，曾被任命為兩淮鹽運使，一九〇九年八月，又被任命為雲南按察使，同年十一月，轉任江西提學使，以上任命，湯氏皆沒到任。

　　儘管如此，湯氏自覺和朝廷休戚相關，大聲疾呼，瀝血陳詞，冀

挽狂瀾於既倒，扶大廈於將傾，但終「可憐無補費精神」。戊戌變法時，光緒兩次召其入京朝見，雖因延宕而未成行，但君主眷顧之殷，於此可見。一九〇九年，湯壽潛五十四歲，竭數年之心力勞頓，他所主持修建的滬杭鐵路全線通車，「工程質量之優，造價之廉，為全國商辦鐵路之冠」。按說，這是他一生事業最輝煌的時刻，然而此時他的心境也最為寥落黯然。這年十一月二十日，他奉命進京請辭雲南按察使，陛見攝政王載灃，千言萬語壅塞心頭，但卻無話可說了，堤岸潰決，大廈將傾，說什麼都是多餘的了。攝政王要他「盡欲所言」，他伏地頓首，也只能說出一句：「願朝廷勿再用袁世凱。」此言一出，攝政王也只能默然以對。大清國此時大限已近，所謂身不能使臂，臂不能使指，只有出氣，沒有進氣了。那碗救命的藥已經涼透，病人牙關緊咬，手足痙攣，想喝也喝不進了。不到兩年，武昌那邊一陣亂槍，大清國兩腿一蹬，嗚呼哀哉！任君縱有回春手，須知病國未可醫。湯壽潛醫國之志終成泡影，只能坐待其覆亡。

　　湯壽潛一生勳績當以在浙江鐵路公司總理任上主持修築滬杭鐵路為最，他用民間資本幹成了這件大事[1]，走的是實業救國的路子。他是一個實幹家，著作文章皆關涉時事，不作空談，不尚玄遠，皆「策士」之言也。他是清末民初走在時代前列的人，自云：「壽潛時文出身，足不及東西洋，所見時事皮毛，不過得之轉譯，出於激刺。」這就是他的可貴之處，一個傳統的讀書人，有感於國事艱危，在有限的視界內，眼光向外，尋求救國救民的道理，向統治者進言，向國人發聲，其啟蒙之功，意義深遠。

　　民國肇始，湯壽潛任過三個月浙江軍政府都督，又被任為臨時政府交通總長（未到任），後來歸家就養，不問時事。民國六年（1917年）

1　袁世凱當總統後，鐵路被收歸國有。

病逝於家鄉老宅,享年六十一歲。臨歿前遺言子孫,死後用家常衣服入葬,不稱故官,不驚動當政者,不受賻贈,也不接受官方對他的「追飾之禮」。

湯壽潛終以一個自然人回歸土地。

第三章

章太炎二三事

由魯迅而及章太炎和嚴復

　　學者黃克武先生所編《中國近代思想家文庫・嚴復卷》卷首有黃作導言一篇，名為「開啟民智會通中西——嚴復與清末民初的歷史變局」，文中有言：

> 《天演論》出版之後，立刻轟動，成為人們喜愛閱讀甚至背誦的一個經典。例如魯迅（1881-1936）和好友許壽裳（1883-1948）就常一邊吃花生米一邊比賽背誦《天演論》，魯迅還給嚴復起了個綽號叫「不佞」。

魯迅給嚴復起綽號「不佞」，這令我很不解。我讀魯迅的文章，曾見魯迅以此自稱，似乎是自謙之意。何以將此送人做綽號？
　　又讀梁啟超《亡友夏穗卿先生》，對「不佞」有明確的解釋：

> 我們有一天閒談，談到這「佞」字，古人自謙便稱「不佞」，《論語》又說「仁而不佞」，又說：「非敢為佞也，疾固也。」不佞有什麼可惜又有什麼可謙呢？因記起某部書的訓詁「佞，才也」。知道不佞即不才，仁而不佞即仁而無才，非敢為佞即不敢自命有才。

既然「不佞」乃自謙之稱，送人作綽號，似乎於理不通。

於是，尋此說之源頭，讀許壽裳《亡友魯迅印象記》，有記如下：

> 嚴氏譯《天演論》，自稱達旨。……他又譯穆勒的《名學》，亞丹斯密的《原富》，斯賓塞的《群學肄言》，甄克思的《社會通詮》，較為進步。總之，他首開風氣，有篳路藍縷之功。魯迅時常稱道他的「一名之立，旬月踟躕，我罪我知，是存明哲」，給他一個輕鬆的綽號，叫做「不佞」。——魯迅對人，多喜歡給予綽號，總是很有趣的。

看來，魯迅確實給嚴復起過「不佞」的綽號。但這個綽號實在談不上有趣，以個人自謙之稱送人做綽號，大約含有幽默和諧謔之意，朋友間私下閒談，或可有之，但言人「不才」，似非敬語。

許文其後又云：

> 後來，我們讀到章太炎先生的《社會通詮商兌》有云：「就實論文，嚴氏固略知小學，而於周秦兩漢唐宋先儒之文史，能得其句讀矣。然相其文質，於聲音節奏之間，猶未離於帖括。申夭之態，回覆之詞，載飛載鳴，情狀可見，蓋俯仰於桐城之道左，而未趨其庭廡者也……」

從此魯迅對於嚴氏，不再稱「不佞」，而改稱「載飛載鳴」了。

「商兌」猶今之「商榷」，章太炎以上之言乃是對嚴復譯文文筆的批評。章太炎對當世之文人學士多以白眼視之，嚴復自然也不在話下。他直言嚴復中國古文化的功底太差，「略知小學」，對「周秦兩漢唐宋先儒之文史」不過能斷句，勉強閱讀而已。相其文章之質，其聲音節奏，

沒離應試八股的老套子。他的文章還在桐城古文的道邊徘徊，連庭院都沒進去，更談不上登堂入室了。所謂「載飛載鳴，情狀可見」，鳥一邊飛一邊不停地叫，猶言「譁眾取寵，窮相畢現」也。章太炎是魯迅和許壽裳的老師，大約對老師的話十分推許，魯迅從此不再稱嚴復為「不佞」，而改稱「載飛載鳴」了。

章太炎先生之語，對嚴復毋乃太苛乎？

嚴復長章太炎十五歲，因其早年受西方現代教育，又有留學英國的經歷，儘管上的是船政學堂，學的是艦艇駕駛，但在晚清末年，被稱為「西學第一人」，因翻譯赫胥黎的《天演論》而蜚聲海內。後來他又翻譯多部西方思想家的著作，把西方現代思想引進古老而封閉的中國。章太炎對嚴復的態度始終是矛盾的，除了前引對嚴復的文筆予以輕蔑地苛評和嘲諷外，其在一九一一年發表於南洋《光華日報》的一篇文章，對嚴復更是不指名地詬罵——

> 少遊學於歐洲，見其車馬宮室衣裳之好，甚於漢土，遂至鄙夷宗邦，等視戎夏。粗通小學，能譯歐西先哲之書……其理雖至淺薄，務為華妙之辭以欺人，近且倡言功利，嘩世取寵，徒說者信之，號為博通中外之大儒。

此語口氣，頗近當代「愛國憤青」。所謂「鄙夷宗邦，等視戎夏」，猶言「數典忘祖的賣國賊」，章太炎有極強烈的民族主義情結，其偏執等同種族主義，自小接受所謂的「夷夏之辨」，不過是「非我族類，其心必異」的觀念。在當年「驅除韃虜，恢復中華」的排滿革命中有過積極的意義，但如果因此而堅拒各民族間思想文化的溝通，反對中國融入現代世界，固閉自大，對名之為「夷」的西方國家連「等視」也不許，我等後生小子則不知其可也！

十多年前,即一九〇〇年,章太炎對嚴復充滿崇拜之情,他在當年三月十五日有一封寫給夏曾佑的信,有語云:

> 鄙人乞食海上,時作清談,苦無大匠為施繩削,又陵適至,乃出拙著二種[1]示之,必當有所糾正,亦庶幾嵇康之遇孫登也。近日樹一宗旨,以為交友之道,宜遠交近攻……又陵既至,宜信斯語不誣。

章太炎彼時尚視嚴復為「大匠」,是可以遠交的朋友,能夠對他的大著有所「繩削」和雅正,把自己比作晉時的嵇康,而嚴復則是亦師亦友的孫登。這對於睥睨天下、目無餘子的章太炎來說,實在少有。三日後,即三月十八日,嚴覆覆信,對章太炎大加讚賞,云:

> 前承賜讀《訄書》及《儒術真論》,尚未卒業,昨復得古詩五章,陳義奧美……此詣獨非一輩時賢所及,即求之古人,晉、宋以下,可多得耶?

以下則云:這次到上海來,見了很多學人文士,「則舍先生吾誰與歸乎?有是老僕之首俯至地也」。表達了對章太炎的推重,許之為可與古代先賢比肩,甚至有類於五體投地的重言。這裡或有文人間的應酬和客氣,但也不能說沒有一點真誠。

章太炎其後的一些思想言論,頗受嚴復引進的優勝劣汰的進化論的影響,這些思想資源在傳統的中國思想武庫裡很難覓到。後來罕見嚴、章二氏的交往和學問切磋的資料,我們所讀到的則是章太炎對嚴

---

1 指《訄書》及《儒術真論》。

復的攻擊和譏諷了。客觀地說，這些攻擊和譏諷並不能使我們信服。

而無論魯迅背後稱嚴復什麼，他對嚴復還是很推重和讚許的。一九一八年，魯迅發表於《新青年》上的《隨感錄》〈二十五〉引嚴復的議論後云：「一面又佩服嚴又陵究竟是『做』過赫胥黎《天演論》的，的確與眾不同；是一個十九世紀末年中國感覺銳敏的人。」

至於嚴復的譯筆如何？魯迅和許壽裳（當年或不止此二人）皆能成誦，許引二人背誦《天演論》首段云：

> 赫胥黎獨處一室之中，在英倫之南，背山而面野，檻外諸境，歷歷如在幾下。乃懸想二千年前，當羅馬大將愷撒未到時，此間有何景緻？計唯有天造草昧，人功未施，其籍徵人境者，不過幾處荒墳，散見坡陀起伏間；而灌木叢林，蒙茸山麓，未經刪治如今日者則無疑也。

嚴復或許不是直譯或硬譯，但如此文章，怕是今日在網絡上顧盼自雄的掘金寫手也少有人能作得出來吧！

我看章太炎

魯迅對於先師章太炎先生退居書齋做一個學者不以為然。以為是造了一座牆，把他和時代隔開了。魯迅在東京聽章太炎講課，因為他是一個有學問的革命家，「所以直到現在，先生的音容笑貌，還在目前，而所講的《說文解字》卻一句也不記得了」。

章太炎的一生，分為革命家和學問家兩部分，前半生革命，轟轟烈烈；後半生研讀講學，相對來說，是寂寞冷清多了。其實這何嘗是章太炎的本意，依他狂放張揚的性格，他當然希望在政壇上縱橫捭

闊，但是革命之後，他這種書生基本是沒用了。他的本錢，不過是文章，文章之於政治，不過是兩種用途：一是御用，二是批判。章太炎是具有反叛精神的文人，他批判清政府，可謂目標明確、文筆凌厲。但清朝既倒，他的敵人不存在了，他的民族主義的思想武器也用不上了。新朝既立，卿相已備，好位置都被有槍有錢和鑽營投機者搶去了，一個以「革命元老」自居的文人，自視極高，當年戰友非復往日面目，想干謁權門，躋身新貴，不亦難乎！章太炎舉目四顧，一派淒清冷漠，革命之結果，和他當初所想的也完全不一樣，所以他在給學生許壽裳的信中才有「羈滯幽都，我生靡樂」之嘆。「棋已終局」，他的戲已經落幕，沒有人再為他鼓掌歡呼，他也只好黯然退場了。所以，「退居為寧靜的學者」似乎是章太炎唯一的出路。

或曰：他為何不繼續戰鬥，如魯迅期待的那樣，做一個「戰鬥的作家」呢？他不是不想做，但他做不了。他當時給中國開的藥方大致有兩條，體現在他初到東京給留日學生的演講中，即「第一是用宗教發起信心，增進國民的道德，第二是用國粹激活種性，增進愛國的熱腸」。他所提倡的宗教是佛教，說：「孔教、基督教既然必不可用，究竟用何教呢？我們中國本稱為佛教國，佛教的理論，使上智人不能不信，佛教的戒律，使下愚人不能不信，通徹上下，這是最可用的。」他甚至到佛教中的華嚴、法相二宗裡去尋找平等的思想。至於談到國粹，不過是「愛惜我們漢種的歷史」。其中開列三項：「一是語言文字，二是典章制度，三是人物事蹟。」大家想一想，如果照他的想法改造中國，我們現在會成為什麼樣子呢？大街上人人口誦佛號，恢復漢唐的典章制度，三綱五常，祭天祭孔，吾皇萬歲，阿彌陀佛！中國豈不早已亡滅！說到中國的人物，他提出兩個學習的榜樣：「一是晉末受禪的劉裕，一是南宋伐金的岳飛。」理由是他們「都是用南方兵士打勝胡人，可使我們壯氣」。當時他正在從事「驅除韃虜，恢復中華」的革

命，用這兩個榜樣給欲推翻腐朽清王朝的革命者「壯氣」，似也無可厚非。可他提出這兩個榜樣，也實在令我們氣餒。劉裕是皇帝，讓小民去學習他，豈非標竿太高乎？至於岳飛，固是英雄，可他被昏庸的皇帝用十二道金牌從前線召回，被權奸勒死在風波亭上，這事讓我們怎麼想呢？

我常常很奇怪，我國革命的先行者和維新志士們得到日本人的幫助不少，一旦國內局勢險惡，待不下了，都跑到日本去避難，並在那裡開展革命活動。彼時之日本，早已完成了資本主義改革的明治維新，比我們更早地走上了富國強兵之路。一八八九年日本頒佈了《大日本帝國憲法》，一八九〇年日本的國會（帝國議會）也開始運作，日本近代著名的啟蒙運動思想家福澤諭吉的「脫亞入歐」的思想已深入人心。一八九四年的甲午海戰中，中國已經被日本打敗，日本人對中國人並不尊重，甚至嘲笑、奚落和挪揄，這從魯迅先生在文章中寫到的給留學生放映日俄戰爭中被殺頭的中國人的幻燈片可見一斑。那麼，托庇於日本的中國革命家如章太炎，為什麼沒有從日本的崛起中學到一點與時代共進的新思想呢？福澤諭吉曾寫道：「如果想使日本文明進步，就必須以歐洲文明為目標。」他主張日本「所奉行的主義，惟在脫亞二字，我日本之國土雖居於亞細亞之東部，然其國民精神卻已脫離亞細亞之固陋，而轉向西洋文明」。他還呼籲：「我國不可狐疑，與其坐等鄰邦之進，退而與之共同復興東亞，不如脫離其行伍，而與西洋各文明國家共進退。」這種要甩掉我們，向西方尋找富強之道的言論與主張，對我們的革命家就沒有一點刺激和激勵作用嗎？

章太炎的演說和文章，除了排滿革命之外，沒有任何新思想。他除了要宏揚佛法，保存國粹，眼光從來沒有投向西方。不，他眼裡的西方不是歐美等制度上的先進國家，而是印度這個處於英國殖民統治下的窮國。他暢論歷史，認為是印度的佛教救了中國。他說：「昔我

漢皇劉世之衰,儒術墮廢,民德日薄,賴佛教入而持世,民復摯淳,以啟有唐之盛。訖宋世,佛教轉微,人心亦日苟偷,為外族並兼,勿能脫。如印度所以顧復我諸夏者,其德豈有量邪?」他還說中國和印度是臭味相投的兄弟,並引述德國某學者的話,稱歐羅巴之倫理是屠者和野人的思想(想必是指「物競天擇,適者生存」的理論吧),並期待「他日吾二國扶將而起,在使百姓得職,無以蹂躪他國相殺毀傷為能事,使帝國主義群盜,厚自慚悔,亦寬假其屬地赤黑諸族,一切以等夷相視,是吾二國先覺之責也」。當時,中國正處於內憂外患之中,不向西方學習先進的思想和制度,卻妄想中印兩國聯合起來,用佛教感化帝國主義,並解決他們的種族歧視問題,這不是痴人說夢又是什麼呢?在這些言論中,我們竟連洋務派「中學為體,西學為用」的聲音都聽不到,遑論能聽到福澤諭吉那樣的振聾發聵之論。章太炎這樣的革命家在腐敗的清王朝垮臺之後,他的社會使命就已經完成。縱然新生的民國有多少先天不足,在實驗西方的制度革新和開發民智的思想啟蒙上,他已無所用其技。最可憫的是,在民國建立五年之後,在政治上已經失意的他還對靠印度佛教救國啟民的想法抱持不放,認為他研究的老、莊玄學,中國無人能懂,他的知音在印度,因此托學生許壽裳向當局說項,助他出訪印度。這樣一個怪人,已不被當道所理解,所以訪印願望終成泡影。

　　由於歷史的侷限,我們當然不能苛責先賢。但反思歷史,像章太炎這樣的革命家,他的歷史作用實在有限。我認為,無論是他的學問還是思想,都還耽留在舊的時代裡。魯迅的評價是深刻而中肯的,章太炎「既離民眾,漸入頹唐」,即便「身衣學術的華裳,粹然成為儒宗」,也終將是寂寞的。是啊,當今的青年,知道章太炎其名的已經很少了,至於他的大著《訄書》(魯迅先生說雖然不斷讀,卻是看不懂),試問今日認得這書名的又有幾人?

太炎先生的婚事

　　章太炎是近代著名的革命家和碩儒大師，在晚清至民國年間，其文章勳業、日常舉動皆為世所矚目。他的婚事更是一度喧騰眾口，成為報章和人們樂於議論的趣事。那時，京戲名角、當紅歌星之流雖也占盡風光，但比起章太炎這樣的文士來，畢竟還有文野之別，雅俗之分，所以章太炎的輿論風頭不在若輩之下。

　　據章太炎自述，他在廿五歲曾「納妾王氏」。時在光緒十八年，稱妾而不稱妻，是因為他並不認為王氏是他的正室，有對王氏輕賤之意。一般來說，既在多妻制的舊時代，男人也是先娶妻而後納妾，章太炎何以特立獨行，正室虛位以待？他的好友章士釗說：「章太炎因幼有羊癲之疾，家人不為娶妻，遂私婢而得子三人。」他在《與吳君遂書》中自云：「無妃匹之累，而猶有弱女三數。」由於他「幼有羊癲之疾」，不僅影響了他科舉考試，也影響了他正常的婚姻。王氏身分是婢女，又非「明媒正娶」，所以他始終認為王氏不是他的正式妻子。這對於和他一起生活並為其生育三個女兒的王氏女來說，真是情何以堪！

　　光緒二十九年（1903年），章太炎卅六歲，在自訂年譜中記：「妾王氏歿。」這四個字使我想到了美國歷史學家史景遷的《王氏之死》一書，此王氏雖非彼王氏，但作為幾近同時代的女人，在男權的巨大陰影下，其日常往事及隱微心跡怕是無人所知了。

　　又過了十年（1913年），章太炎四十六歲，這時已進入民國，袁世凱當了大總統，他見了章太炎，說：革命已經成功，當年參加革命而識時務的人大多已居顯要，住洋房，子女玉帛，如願以償，就是你老兄還孑然一身。先生是辛亥革命的功臣和元老，雖然未必有革命就是為了陞官發財的想法，但依其功勞和聲望，怎麼也得在勝利的果實

中分一杯羹，豈能再光棍一個，遊蕩江湖？但好位置都被人搶光，袁世凱就因人設位，給章太炎封了個東北籌邊使。東三省當時基本還是一片荒蠻，消息閉塞，百姓散處草野，基層幾乎沒有政權，自是無邊可籌。章太炎學問大，名氣大，資格老，脾氣犟，說話無顧忌，袁世凱怕他搗蛋亂說話，眼不見心不煩，所以把他打發到關外去了。

清帝退位，革命成功，章太炎閒下來了。當年革命時轟轟烈烈，有「胡虜未滅，何以為家」的豪情壯志。一旦「歲月靜好」，獨身的日子就難以忍受了。不久，章太炎就在報上登了一則「徵婚啟事」，其文云──

> 鄙人近感鰥況岑寂，欲獲一白頭伴侶，助我家室，然必具有以下三者，方為合選。（一）須文理通順，能作短篇文字者。（二）系出名家閨秀，舉止大方者。（三）有服從性質，不染習氣者。

章太炎行事，向來我行我素，是不會顧忌別人怎麼看的。當時男女婚嫁之事，尚講父母之命，媒妁之言，這則徵婚啟事對於封閉的中國即便不是第一，也屬罕見。所以，立刻引動圍觀，成為輿論熱點之一。報上有一則「應婚啟事」回應章太炎。古人曰「奇文共欣賞」，此「應婚啟事」實屬奇文──

> 太炎先生偉席，閱先生求婚廣告，人多難之，妾獨不揣，敢效毛遂之自薦。先生其納我乎？妾本大家閨秀，先君為前清嘉慶朝文華殿大學士。妾幼處深閨，習知古訓，《內則》之篇，《列女》之傳，皆能背誦如流。間或提筆為文，輒洋洋千萬言，熔經鑄史，博奧淵衍，時下名士讀之，皆驚而卻走。妾私願，得當世大文豪而事之，雖死無憾，然以擇婿苛，至今猶未字也。

鄉人之忌妾者，從而造作蜚語，謂妾貌奇醜。妾嘗引鏡自照，覺色雖黃而有光，面雖麻而疏朗，皮雖皺而紋不長，唇雖闕而露口香，體雖矮而如美人之產東洋，足雖跛而猶能勉強以登床，齲齒一笑，百態千腔，雖古之無鹽[1]，不能比其美。即以先生之豐儀，並坐而比照之，恐亦未易分優劣也。先生文名滿天下，妾久作侍奉箕帚之想，今何幸得好機會，從容自薦于先生。古人云：修到今生才子婦，不嫌消瘦似梅花。妾苟得侍君子，敢不服勞盡瘁，舉凡燒飯、縫衣、掃地、拂桌、鋪床、疊被、洗痰盂、倒夜壺諸事，皆為妾應盡之職務，其他勞役，亦無不奉命惟謹，先生於是，勿憂乾綱之不振也。至時下習氣，妾實未嘗沾染絲毫，邇來時髦女子，動輒為駭人聽聞之事，妾實非之。彼以為男女宜平權，妾以為夫猶天也，彼方要求參政，妾以為外言不入於閫。妾行年八十餘，誓不再染習氣，嫁先生後，當謹守深閨，除事夫服役外，以看經唸佛為功課。先生夙精佛學，且必有以教我也。紙短情長，欲言不盡，附呈小影一幀，惟愛我者珍而玩之。妾張別古裣衽上言。

這則以八十老嫗張別古之名發出的「應婚啟事」固然是惡搞章太炎，通篇讀來，令人忍俊不禁，幾欲噴飯。但實在也含對章太炎譏諷之意。章太炎徵婚條件，第一是要求今之所謂文藝女青年或曰文學愛好者，第二還要名門閨秀，第三要謹守夫為妻綱，服從夫命，不能是沾染時髦風氣，要求婦女解放的女權主義者。章太炎生於新舊交替的時代，以國學自命而又舊習未除，在後之青年看來，當然有頑固可笑甚至迂腐的一面。但章太炎畢竟學問滿腹，名滿天下，又是革命元勛、

---

[1] 古時所云醜女。

東北籌邊使，那是真正的封疆大吏，名副其實的「高幹」，正當盛年，何愁無紫燕來歸。

這一年，章太炎自訂年譜云：「湯夫人來歸。」湯夫人者，淑女兼才女湯國梨也。此女系浙江烏鎮人，曾在上海務本女校讀書。能上這樣學校接受系統教育，絕非尋常人家。湯女有同學張默君，其父是老同盟會員張伯純，和章太炎相熟。聞聽章太炎有意擇偶，就從中作伐，其女張默君牽線搭橋，於是章太炎的婚事水到渠成。湯女小章太炎十五歲，論嫁之日，年已三十，十足的大齡女。何以芳齡漸遲，方想嫁人？而且嫁的是曾有家室，膝下有三個女兒的老男人？皆因擇婿太苛，錯過姻緣。據湯女自述云，其母舅曾為其介紹過一留法歸國的唐姓青年，其家乃廣東富戶，因有親眷議論，說如無舅舅做媒，此生怎能找到這樣既有財產，又有文才的好對象。湯女一怒之下回說：我難道圖希人家財產不成？就是嫁人，也不嫁這姓唐的！後來，又有上海《神州日報》主編章鑑用梅紅箋端楷寫來求婚書一紙，高傲的湯氏女看了兩三行，即納入原封，囑即退還。韶華易逝，湯女兩次姻緣皆泡湯，年已三十。俗云：挑水回頭，過井（景）了。再不嫁人，豈非老於閨中？恰此時，奔逐於民國政壇的章太炎在武昌和黎元洪商議二次革命，風雲際會之時，不忘綺麗之思，親筆致信湯女求婚。閨密張默君問道，是否應見面談談，再做定奪？湯女果決回道：我自己沒有反對，就是同意，沒有見面的必要。終生大事，或拒或迎，斷然一語，斬釘截鐵，真巾幗丈夫氣也！

章太炎的婚禮在上海著名的私家園林哈同花園舉行，男女來賓近兩千人，多為社會名流，極一時之盛況。孫中山、黃興、陳其美等皆前往致賀，蔡元培先生為證婚人。其證婚詞乃章太炎自撰，引喻古人，陳舉舊典，四六駢儷，詞采豐茂，蔡元培先生在來賓前鏗鏘一讀，益增喜興莊嚴，但想來大多數人聽不懂。當晚，章太炎與湯國梨

伉儷在一品香酒店宴客。喜筵之上,湯女閨密張默君等女士提議,新郎新娘即席賦詩以助興。章太炎吟詩云:「吾生雖秭米,亦知天地寬。振衣涉高岡,招君云之端。」吟畢,席間眾人拍手喝采。秭者,稗草也,秭米,猶言草籽糙米,極言微賤,乃自謙之意。此語需註解,但誰也不會在意。喜筵不是課堂,誰會窮根究底,去咬文嚼字?但「振衣涉高岡,招君云之端」,「端」是雅俗共賞的好詞也!輪到新娘賦詩,湯小姐敬謝不敏,只好抄錄舊作一首,云:「生來淡泊習蓬門,書劍攜將隱小村。留有形骸隨遇適,更無懷抱向人喧。消磨壯志余肝膽,謝絕塵緣慰夢魂。回首舊遊煩惱地,可憐幾輩尚生存。」表達了隱微的心緒和隨遇而安的人生態度。新娘之詩同樣引得舉座一致稱讚。其餘喜筵節目不過是用一些諧而不謔的小把戲捉弄一對新人,賓客開心一笑也就過去了。最後,因為新郎乃當世才子,被要求再吟詩一首以謝媒人。章太炎即席口占云:「龍蛇興大陸,雲雨致江河。極目龜山峻,於今有斧柯。」詩雖文雅,斯近文人之淫也。

湯夫人自「歸」太炎先生,陪伴了先生的後半生。時人或謂二人琴瑟和鳴,伉儷情深,但魚在水中,冷暖自知。從年輕知識女性的擇偶標準看來,章太炎有幾點並不令人滿意:一是其貌不揚,俗云為丑;二是年齡太大,老;三是家無餘財,窮。

實在說,章太炎並非翩翩少年,算不得青春少女的意中人。但章太炎名滿天下,除了革命,腹中唯有學問,對於錢財從不在意,晚歲幾無貨幣概念。讓僕人買一包煙,拿五元,要造一座房,也拿五元,在他的意識中,一張鈔票就可以做一件事。袁世凱曾給他四萬元,讓他負責給滬上各民辦報紙以補貼,錢之多少,由他支付,略作點綴,餘錢可自用。此舉當然含有收買之意。但章太炎並不在意錢財,用錢收買,完全無效,他覺得錢在手中甚為累贅,於是,有人來求,即隨手奉送。婚禮時收七千元賀儀,某人建議應存入銀行,章太炎將七千

元一包錢交該人之手，由他代存。該人回來，只拿回三千五百元存單，聲稱錢只有此數。章太炎除了瞠目結舌外，也就不了了之。章太炎還有一痴，不認得路，出門即找不到家。在東京辦《民報》，出門竟入日人民宅。一次去孫中山先生家議事，由人陪送回家。他先出門，上得一輛人力車，飄然而去。陪送者出來，彼已不見蹤影。家人久候不歸，眾人著急，四處尋覓，終無消息。原來章太炎告訴車伕要送他回家，人問家在何處，他卻說不出所以然，只說在馬路弄堂裡。害得車伕拉著他到處兜圈子，終是到不了目的地。後眾人在大世界前遊藝場前馬路上守候，良久，才見章太炎坐在車上，顧盼自若，迎面而來。章太炎出門尋家問路，曰：「我的家在哪裡？」人皆視為瘋痴。章太炎家四壁皆書，有時夜半，忽想起某一文某一章，即起身登梯覓書，一次僕役早起打掃房間，見其赤身裸體，持書呆立，若迷若痴，不知昏曉。僕役大驚：「老爺怎麼不穿衣服啊？」這才驚覺更衣。章太炎於日常生活全不在意，吃飯時只吃放在眼前的菜，余則雖山珍海味而不顧，似舌不辨味，求飽而已。章太炎除嗜吸紙煙外，還有一癖，即不講個人衛生，幾乎從不洗澡。早年在上海因蘇報案坐租界監獄，三年刑滿出獄，竟然養得又白又胖，原因是除監中勞役輕鬆外，還強迫犯人定時沐浴。如此先生，雖海內聞名之大儒，你與他朝夕相處，做他的夫人試試？所以湯夫人的感受只有她自己知道。

　　湯夫人與章太炎育有二子，談及夫婦日常，她說了一件事。一次湯夫人作詩一首，教兒誦讀，其詩曰：「春水鴨頭綠，夕陽牛背紅。無風炊煙直，搖出小橋東。」章太炎聽後，問何人作，湯夫人答，是我作了教孩子的。章太炎竟說：這首詩不知從哪裡抄來的。語含對夫人的輕視和不屑。湯夫人很生氣，原指望婚後向夫君請教學習，自此後，再不向他問一個字。章太炎愛作詩，但夫人偏不作詩而去填詞，填了詞也不求他「雅正」了。

湯夫人後來追憶夫君，說，太炎先生除老、丑、窮外，婚後漸以夫權凌人，先生原來逝世之妾王氏，雖然與其生育了三個女兒，「稍不遂意，即遭其凌辱」。一句話，透露此中一點消息，王氏毫無亮色的卑微人生我們自可想見了。

　　章太炎固是時代之偉人，曾以紹續中華文化為己任，自云一旦不幸死去，華夏文化亦亡。但舉凡世上之男性偉人，雖仰之彌高，女性一旦嫁給他，鮮有能成為好丈夫者。因其彼心之所在，蒼穹寥廓，何限一人一家之小事哉！

章太炎被毆事件

　　一八九六年，時當甲午戰敗後不久，章太炎來到上海，任《時務報》撰述，也就是主要撰稿人。彼時章太炎因學問精深，文名遍海內，和康、梁等先知先覺的時代鉅子一起，尋找開啟民智、變法圖強的救國救民之路。第二年，即光緒二十三年三月十三日（1897 年 4 月 14 日），章太炎卻被康有為的弟子們群毆，遭到一頓痛打後，狼狽不堪，避走杭州。這次章太炎被毆事件，是康、章二人在學術觀念上的分歧，時人多有記載，章太炎亦有表述。現據歷史學家茅海建先生所輯史料，分列如下：

　　孫寶瑄光緒二十三年三月十四日日記：

　　　　章枚叔過談，枚叔以酒醉失言，詆康長素教匪，為康黨所聞，來與枚叔斗辯，至揮拳。

　　鄭孝胥光緒二十三年四月初二日日記：

傍晚，譚復生來，談《時務報》館中黃公度欲逐汪穰卿。汪所引章枚叔者與粵黨麥孟華等不合，章頗詆康有為，康門人共驅章，狠狠而遁。

以上兩條時人日記，一出自章太炎口述，二出自譚嗣同之口，大致情形已了然：章太炎與康有為在學術觀念上的分歧如冰炭難容，所以，章有詆康之言，至云康黨為教匪（以孔子設教而改制）。此時，因康在粵有萬木草堂之設，門人頗多，皆宗奉有為，聞章之言，遂上門理論，至揮拳相向，章太炎遂遭群毆。

對於此事原委，章太炎在光緒二十三年三月十九日，即被打後第六日，有一封給他的老師譚獻的信述及此事。時譚獻受張之洞之邀，正主講於武昌經心書院。其信云：

> 麟自與梁、麥諸子相遇，論及學派，輒如冰炭。……康黨諸大賢，以長素為教皇，又目為南海聖人，謂不及十年，當有符命；其人目光炯炯如岩下電。……嘗謂鄧析、少正卯、盧杞、呂惠卿輩，咄此康瓠，皆未能為之奴隸。若鐘伯敬、李卓吾，狂悖恣肆，造言不經，乃真似之。私議及此，屬垣漏言，康黨銜次骨矣。會譚復笙來自江南，以卓如文比賈生，以麟文比相如，未稱麥君，麥忮忌甚。三月十三日，康黨麕至，攘臂大哄。梁作霖復欲往毆仲華，昌言於眾曰：昔在粵中，有某孝廉詆誹康氏，於廣座毆之，今復毆彼二人者，足以自信其學矣。噫嘻！長素有是數子，其果如仲尼得由，惡言不入於耳耶？[1]

---

[1] 孫、鄭日記及及太炎與譚獻書皆見茅海建《戊戌變法的另面：「張之洞檔案」閱讀筆記》。

章太炎自述緣起，有更多的內容。首先，他認為和康有為弟子們所宗奉的學術有不可調和的矛盾。梁，即梁啟超，麥，即麥孟華，梁、麥二人是康有為有名的弟子。章太炎對康氏弟子對康有為的尊崇不以為然，語多譏諷。接著，他自述「詆康」之論，列舉歷史上一些高標自詡的人，認為如鄧析、少正卯、盧杞、呂惠卿之輩，終為廟堂人物。鄧析，春秋時鄭國大夫，少正卯，春秋時魯國大夫，二人皆因言論出格而被殺。鄧析自訂刑律，刻於竹，稱「竹刑」，與鄭國相子產治國理念不合，且助人訴訟，大逞辯才，「以非為是，以是為非」為亂國之桀雄也，後終被誅戮。少正卯則傳說被孔子為魯司寇代理相位時所殺，孔子列舉其罪狀為「心達而險，行辟而堅，言偽而辯，記丑而博，順非而澤」。盧杞，唐代宰相，是黨同伐異的奸邪小人。呂惠卿，在北宋也曾攝相位，原是王安石變法時的重要助手，後二人關係破裂，被司馬光等人指斥為用心不正的諂媚小人。以上諸人，章太炎認為康有為一夥還遠不及。「咄此康瓠」，出語甚厲也！「康瓠」，康有為蔓上的菜瓜也；「咄」，呵斥也。此四字足見章太炎目空海內，居高揮斥，視康黨如無物焉。既不如彼，康有為所如者何？章太炎列出明代兩個邊緣化的讀書人，一個是鐘伯敬即鐘惺，被稱為竟陵派詩壇的代表人物，另一位即李贄李卓吾，二人皆「狂悖恣肆，造言不經」之人，康有為「乃真似之」。這些私下里的議論說明章太炎在學術上與康有為的分歧如冰炭之不可調和，同時也足見章太炎狂傲不羈的個性。但康有為並非三家村裡的區區陋儒，他弟子眾多，信服者眾，此時雖未在政治上大施拳腳，但已名聞海內。所以，他的信徒和弟子們聽到這種「詆毀之言」，自然「銜之次骨」。

　　據章太炎自述，事情的白熱化是因譚嗣同從江南來上海後說的一番話，譚將梁啟超的文章比作賈誼，而將章太炎的文章比作司馬相如，兩人皆為漢代的文章大家，梁、章並列，堪為雙星。這種比擬是

否恰切且不論,但首先令別人心生嫉恨,「未稱麥君,麥忮忌甚」,麥的不滿轉移到章的身上。所以,這年舊曆的三月十三日,「康黨麕至,攘臂大鬨」。顯然,章太炎遭了康有為弟子的拳腳,大約麥孟華因嫉恨之甚,他的拳腳肯定落在了章太炎的身上,可惜章太炎敘述太簡,不知梁啟超是不是也曾對他拳腳相加。章太炎單單指出一人,即梁作霖,此梁乃梁啟超弟子,康有為之於他,乃是師爺輩了。他年輕氣盛,肯定為衛康、梁之道衝鋒在前。梁啟超作為他的老師,有弟子服其勞,當然不必對章動手,況且梁啟超乃文名甚盛的海內聞人,未必贊成對讀書人上演全武行這一套。但他的弟子梁作霖乃是魯莽的青年,不但揍了章太炎,還要打在座的一名叫孫仲華的人,他對在場氣勢洶洶的康氏弟子說:當年我們在粵中,有一個孝廉公然詆毀康師,我們在大庭廣眾中把他揍了一頓,如今我們再揍他們二人,足以堅定我們對康師學問的信念啊!最後,章、孫二人或許都挨了一頓拳腳。

　　章太炎與康氏弟子積不相能,無法在上海容身,於是離滬避走杭州。章太炎最後感嘆道:「噫嘻,長素有是數子,其果如仲尼得由,惡言不入於耳耶?」康有為號長素,如此稱謂,又把他比作仲尼,把對他出手的康之弟子比作孔子的弟子子路,雖略帶譏誚,心中被辱的怒氣大約也稍見平復了吧。

　　章太炎生於晚清,終生以光復中華、振興學術為己任。他和孫中山等前驅者一起,成就了「驅除韃虜,恢復中華」的偉業,推翻了清王朝,建立了中華民國。在學術上,章太炎對於中國的傳統學問有極其精到的研究,可稱為真正的國學大師。他與同時代的康有為如雙峰聳立,各自氣象萬千,溝壑縱深,然又巍然挺秀,自成境界。在政治上,康主保皇維新,變法圖強,在體制內求改革之道;章主種族革命,先推倒腐朽的異族政權,再光大華夏民族的固有文化,以求富強之術。在學術上,康主今文學說,宗公羊學而斥古文經為偽經,托孔

子而改制；章主古文經，持《春秋左氏傳》。政治和學術上的分野使彼此各持一端，不能相容。康、章雖同為當年的海內聞人，各自在不同的方向掘進，如不以歷史的成敗而論，應該說都是時代鉅子。但康、章二人終生沒有會面。章被康氏弟子群毆兩年後，戊戌政變發生，頑固派反攻倒算，康、梁逃亡海外，章太炎也避禍臺灣。此時，章太炎對亟亟於尋求救國之道而險遭大厄的康、梁師徒充滿同情和敬佩，特於戊戌年十一月馳書於康，略表慰問之情。這應該算作康、章二人唯一一次充滿著溫暖的人文情懷的心意交流。康有為接到章太炎充滿情真意切的慰問信後，非常感動，於是作書回覆：

> 枚叔先生仁兄執事：曩在強學會，辱承賜書，良深感仰，即以大雅之才，經術之懿告卓如。頃者政變，僕為戮人，而足下乃拳拳持正義，又辱書教之，何其識之絕出尋常，而親愛之深耶？臺灣瘴鄉，豈大君子久居之所？切望捧手，得盡懷抱。馳騁歐美，乃僕夙願，特有待耳。兼容并包，教誨切至，此事至昌明，僕豈不知，而抱此區區，蓋別有措置也。神州陸沉，堯臺幽囚，惟冀多得志士，相與扶之，橫睨豪傑，非足下誰與？惟望激昂同志，救此淪胥！為道自愛，書不盡言。十一月十五日，有為再拜。

甲午戰敗後，國事阽危，內外艱困，有亡國滅種之虞，清王朝苟延殘喘，已無力回天，體制內外的有識之士都在探求自救圖強之策。清王朝的閉關鎖國，造成了國人的矇昧愚鈍，上至朝廷大員，下至尋常百姓，對於世界大勢懵然無知。無論康有為還是章太炎，都認為開啟民智為第一要事。康有為在上海組織強學會，得到了體制內外知識人的響應，章太炎列名其中，並為之捐款。章太炎此時馳書康有為與之探

討學術分歧，康接書後曾與梁啟超論及此事，讚許章為「大雅之才，經術之懿」。在這裡有可能是客套話，但康對於此時能接到章的慰問，自然十分感動，他甚至隱意邀請章離開臺灣，與其共同「馳騁歐美」。關於學術分歧，康有一段很重要的話：「兼容并包，教誨切至，此事至昌明，僕豈不知，而抱此區區，蓋別有措置也。」其意似云，他在心裡邊是服膺章太炎的學術主張的，「此事甚昌明，僕豈不知」，之所以還堅持今文學說和孔子改制的主張，「蓋別有措置也」。如果不是出於俯就和客氣，可見康有為是主張學術為政治服務的。他要在學術中找到變法的理由和根據，以推動他的政治主張，實現他的政治抱負。最後，康有為再次重申他的君主立憲的保皇理念，「神州陸沉，堯臺幽囚」，是說西太后發動政變後，囚光緒於瀛臺，因此希望章太炎能參與到保皇的政治行動中來。

當然，對於很早就仇恨清政府，埋下革命種子的章太炎來說，他是絕不能參與到康的保皇政治中去的。儘管如此，章太炎在臺灣「忽得工部報書，眉宇盱揚，陽氣頓發，蓋不啻百金良藥也」。康有為在京參與會試後，因其變法主張，得到光緒帝召見，授工部主事，「工部」即康有為也。可見章太炎接到康書後的興奮激昂之情。有人問何以如此，章太炎有如下答覆：

> 子不見夫水心、晦庵之事乎？彼其陳說經義，判若冰炭，及人以偽學朋黨攻晦庵時，水心在朝，乃痛言小人誣罔，以斥其謬。何者？論學雖殊，而行誼政術自合也。余與工部，亦若是已矣。[1]

---

[1] 康函與太炎識語見於汪榮祖《康章合論》引述自《復旦學報》（社科版）1982 年 5 月等處。

章太炎此處以宋代朱熹（號晦庵）和葉適（號水心居士）的關係來比擬自己和康的關係，朱、葉二人儘管在學術經義上「判若冰炭」，彼此不相容，但當朱熹遭到小人的誣罔時，葉仍然挺身而出，在朝堂上義正辭嚴地為朱辯護。章與康也如此，儘管章、康在學術上同樣如冰炭難容，但當康在政治上遭到西太后等頑固派的迫害後，他仍然要聲援康。此時的章還沒有成為徹底的革命派，他仍然仇恨「後黨」，同情「帝黨」，和康的政治主張有相同之處。直到庚子事變後，章太炎覺得清政府不可救藥，才轉向了徹底的革命派。

　　康有為有言：「一王之起，必有熊羆之士，不二心之臣，為之先後疏附禦侮，而後大業成；一教主之起，亦何獨不然？必有魁壘雄邁，龍象蹴踏之元夫鉅子，為之發明布護，而後大教盛。」儘管此後他舉了基督教、佛教和孔儒的例子，但康之志，絕非僅是廟堂之卿或一帝之師，他是有做教主的志向的。他的身邊也的確聚集了一些「魁壘雄邁，龍象蹴踏之元夫鉅子」，如梁啟超之輩，在遇到「訕康」的挑戰時，為衛師衛道，甚至不惜攘臂揮拳。但「可憐無補費精神」，無論他的政治主張和學術抱負最終皆歸於失敗。

失去自由的章太炎

　　章太炎一生兩次失去自由，第一次坐牢，第二次被袁世凱軟禁，兩次都轟轟烈烈，成為重大的新聞事件。多年之後，我們回顧歷史，覺得失去自由的章太炎尚有言說的必要。

　　章太炎第一次「觸犯刑律」是因一九〇三年的上海「蘇報案」。章太炎時年三十六歲，距離在上海張園登臺演說，疾呼革命已過去幾年了。據馬敘倫先生記，彼時的章太炎演說，不從臺後循階拾級而上，而是由臺前爬上去，打赤膊，著淺綠半截衫，褲帶是由兩條綁腿帶子

接在一起的，因為扎得不緊，褲子時時往下掉，時常要用一隻手往上提褲子。他的演說十分簡短，只有半句話，後邊還是重複的——「必須革命，不可不革命，不可不革命。」言畢下臺。此時的章太炎僅有推翻清朝的民族革命思想，籍籍無名。數年間，著書立說，拜師結友，與康、梁等時代鉅子聲氣相通，又有出入張之洞幕府之經歷，待戊戌政變，康、梁竄逃，章太炎也避地臺灣，轉渡日本，與孫中山暢言革命，義氣相投，其記前一年日本之經歷云：「逸仙導余入中和堂，奏軍樂，延義從百餘人會飲，酬酢極歡。自是始定交。」這分明是來投的好漢聚義梁山泊的氣象。此時的章太炎已非往日提褲子登臺的無名小子，乃是國學名士、革命先鋒了。

　　這一年，回國後的章太炎在《蘇報》發表轟動國內的《駁康有為論革命書》，駁立憲，倡革命，洋洋萬言，意氣縱橫，其中公然斥光緒皇帝為「載湉小丑，未辨菽麥」。此文一出，朝野為之震動。中國適逢三千年未有之大變局，宜有三千年未有之反叛乎？三千年來，皇帝至高無上，其威如神，其言如律，受命於天，統治萬民，莫說公然辱罵，即便影射腹誹，也是殺頭滅門之罪。皇帝之名諱，臣民不僅不能說，民間有和皇帝名字同字同音者，必須避諱改為他名。因為皇帝用了，就是他的專屬，你就沒資格用了，否則就是大不敬。如漢代有名的辯士蒯徹，因漢武帝名為劉徹，他只好更名蒯通。章太炎於報端對當朝天子直呼其名，罵為小丑，依大清律，乃殺頭滅門之罪也！更何況其著文煽動革命，推翻朝廷，清政府立刻下旨江蘇巡撫拘拿以明正典刑。同案通緝者，尚有著《革命軍》的鄒容、《蘇報》老闆陳夢坡等人。可朝廷已非往日之朝廷，大廈將傾，人心渙散，官員怠惰瀆職，承旨辦案的官吏有意拖延，故意走漏風聲，以便案犯逃逸。所以，陳夢坡等一干嫌犯皆從容逃去，唯有章太炎堅執不去，行動如常，且對驚慌欲逃者報以輕蔑的冷笑，捕快無奈，只好拘了他去交差。本在外

面的鄒容，視太炎以兄長，他的《革命軍》風行一時，是請章太炎作的序，聞太炎被逮，他也主動投案，誓與太炎共生死。至此，案情重大的蘇報案兩名嫌犯到案。

若是大清朝如日中天的時候，章、鄒兩名案犯就逮，白紙黑字，鐵證如山，辱罵今上，煽惑反叛，關進刑部大牢，大刑侍侯，讓你筋斷骨裂，生不如死；然後，綁縛法場，萬人空巷，爭看殺頭，劊子手手起刀落，咔嚓一下，事就了了！可如今不行了，洋鬼子進來了，要了一塊地盤，稱為租界，在這塊地盤上，關涉法律事務，要按洋鬼子規矩辦，稱為治外法權。《蘇報》辦在上海租界，章、鄒二人又是在租界就逮，所以，章、鄒二人的生死大清王朝反倒決定不了了。從前，殺兩個草民，對於王朝來說，等於捻死兩個螞蟻，如今卻得請求洋鬼子了！當年涉及租界的殖民地事務由一個叫工部局的機關統一處理，英國是老大，所以，工部局的事兒基本由英國人說了算。大清朝先是要求將兩名案犯引渡給朝廷，按朝廷法律治罪。遭到英國人的拒絕。根據治外法權，英國有保護租界內居民生命安全和庇護政治犯的法條，斷然拒絕引渡的要求。大清朝惱火極了，明明「普天之下，莫非王土」，皇帝威權，無遠弗屆。當年乾隆爺的時候，英吉利派個叫馬戛爾尼的使臣帶著禮物來朝貢，不行三跪九叩禮，乾隆爺都不待見他。如今還是這個英吉利，竟然跑到自己家裡稱王稱霸，連殺兩個草民都得巴巴地抬臉跟他們說軟話了！朝廷當然嚥不下這口氣，越惱火，越恨兩名囚犯，恨不得立時剝了他們的皮，方解心頭之恨！於是，不惜一切代價，務必要將二人引渡。大清朝提出願以滬寧路權作交換，只求將章、鄒二犯交於朝廷處置。可惜，洋鬼子太死心眼，賄賂和收買完全不起作用，他們不肯拿自己的價值觀和法律做交易，硬是不肯交出章、鄒二人！

大清朝又惱火又無奈，只好派一個名叫孫建臣的人為公訴人，連

同上海縣知縣等地方官到租界法庭對章、鄒二人提起訴訟。法庭為兩位嫌疑人聘請了律師，律師於法庭上，公然譏諷孫建臣：以堂堂中國政府，乃訟私人於屬下之低級法庭而受其裁判耶？孫不能答。這件案子真是大大地丟了朝廷的臉！朝廷心有不甘，又反覆交涉各國公使，要求將章、鄒引渡。英國公使仍以英國法律保護政治犯為辭，堅決駁回。英國這法律真使清王朝又恨又惱。當年，欽犯孫文在倫敦已被清廷駐英使館派密探緝拿，將祕密運回國內處決，這孫文卻將求救紙條包硬幣拋出牆外，走漏消息，英國政府出面干涉，以保護政治犯和在英國土地逮人違法為由，迫使清王朝放人。孫文不僅逍遙法外，又使其「革命家」之名響震海內，給朝廷留下心腹之患。

英國的法律何其可惡！

可是，有什麼辦法！

此刻，該死的律師又出來搗亂，說什麼案件遲遲不決，章、鄒罪名既不成立，豈可延遲羈押？將無罪之人久羈囹圄，法律何在？人道何在？請將二人立即釋放。

清王朝慌了：從前殺他千萬臣民，誅滅九族，豈非皇帝一句話？何以公然罵皇帝的重犯竟然要無罪開釋？案件不僅國人圍觀，且驚動了國際社會，如果章、鄒二人無罪而出，豈不更加猖狂？朝廷顏面掃地，惹天下笑，大清國豈非國將不國乎？可是可惡的洋鬼子硬是不交罪犯於朝廷，還要按他們的規矩辦。嗚呼，恨殺我也！罷！罷！罷！……即便從輕發落，也不能無罪開釋啊！先判了他的罪，關在牢裡再說！於是，反覆交涉，「卒允採納英使意見，從寬辦結。至甲辰年（1904年）四月，遂由會審公廨判決炳麟監禁三年，鄒容監禁二年，均罰作苦工，在獄期滿，逐出租界」（馮自由《革命逸史》）。我至今沒有看見西方租界法院的判決書，大約於文章中罵人「小丑」，無論被罵者是皇帝還是乞丐，皆有損人名譽之嫌，依律應該判罪吧！

鄒容於出獄前一月，病死獄中。章太炎於獄中攻讀佛經，還向香港報紙投稿，文章發表，讀者爭閱，名氣益振。他在獄中做點輕微的縫紉活兒和給犯人的囚衣寫號碼，日工作八小時。臨出獄時，他還沒待夠，說：「現在就要出去了嗎？在這裡也可以讀書呀！」章太炎不太講個人衛生，尤其不願洗澡，出獄時，在日本認識的同志和舊友來接他，見他養得又白又胖。監獄規定犯人必須按時沐浴，因此，他反倒容光煥發了。

出獄後的章太炎到了日本，受到了英雄凱旋般的歡迎。他在東京留學生歡迎會上演講，繼續鼓吹革命，並以別人稱他為神經病為榮，說：「大凡非常可怪的議論，不是神經病人，斷不能想，就能想也不敢說。說了以後，遇著艱難困苦的時候，不是神經病人，斷不能百折不回，孤行己意。所以古來有大學問成大事業的，必得有神經病才能做到。」表達了為推翻清王朝，不恤人言，「雖千萬人，吾往矣」的決心。自此，章太炎進入革命的核心圈子，主筆《民報》，成為革命元勛。

章太炎第二次失去自由，在民國二年（1912年）秋。此時，清朝皇帝退位，革命成功，南北交爭也已平定，袁世凱已任民國大總統。但政局動盪，舊朝遺老蠢蠢欲動，各路強人爭權於要津。三月，主張限制總統權力的宋教仁被殺於上海。袁世凱難孚眾望，各政黨紛爭無已，有串聯國會欲罷免總統者，有謀起兵以討袁者。章太炎與孫中山、黃興諸人在日本時就膠在一起，每日裡朝夕過從，乃貧賤首事的一夥。武昌起義時，同盟會諸君雖在海外，但聲名昭著，雖然沒衝鋒陷陣，放槍打炮，但卻有資格回來「割韭菜」。章太炎以一文人之身，不善且不屑在政界鑽營，自然不能身居要津。別人都子女玉帛，如願已足，唯他只有革命元勛的空頭名號而已。不久，為籠絡他，袁世凱因人設位，派他個東北籌邊使。章太炎開頭很高興，煞有介事跑到長春設署開府，準備做東北的封疆大吏，以屏蔽北藩。很快他就發現，

這只是個玩笑。他的僚屬只有十人，每月經費三千元，況無邊可籌，無事可做，他這才明白，這只是袁世凱把惹不起，殺不得，又不待見的人弄到遠方「吊」起來而已。於是，他藉口結婚跑回了上海。

　　章太炎蜜月裡，日接袁世凱之政敵，無論舊友新知，凡不安分、不得志者均與之聲息相通。他以明初謀臣劉基（字伯溫）自許，要扶起一個君臨天下的「主公」來。這個「主公」就是他認定的黎元洪。這年五月，他跑到武昌，遊說黎取而代袁。黎本就猶疑膽怯，不堪大任，宋教仁死，黎疑懼，唯支吾而已。此時，袁世凱再次發出示好的信號，要給章太炎授勳，欲以勳位羈縻之。章跑到北京，與袁見面，兩人有一次意味深長的對話：

　　　　袁公問曰：「克強（黃興）意何如？」
　　　　余曰：「遁初（宋教仁）之死，憂懼者不止克強一人。」
　　　　袁公曰：「報紙傳克強欲舉兵，稱為遁初復仇，何誣謬如是。」
　　　　余曰：「南方報紙亦傳公將稱帝，道聽途說，南北一也。」
　　　　袁公曰：「吾以清運既去，不得已處此坐，常懼不稱，亦安敢行帝制。人之誣我，乃至於是。」
　　　　余曰：「以愚意度之，言公將稱帝者，非毀公，乃重公耳。夫非能安內攘外者，妄而稱帝，適以覆其宗族，前史所載則然矣。法之拿破崙，雄略冠世，克戡大敵，是以國人樂推。今中國積弱，俄日橫於東北，誠能戰勝一國，則大號自歸，民間焉有異議，特患公無稱帝之能耳。誠有其能，豈獨吾輩所樂從，孫黃亦安能立異也。故曰言公將稱帝者，非毀公，乃重公也。」
　　　　袁公默然，兩目視余面，色悻悻。時辰鐘過三分，乃曰：「明日來受勳耳。」遂出。
　　　　（《章太炎自訂年譜》）

如果章太炎所記屬實，這番對話，可謂意味深長。章太炎並不是一個完全的共和派，他反對滿族人做皇帝，並不反對漢族人做皇帝，只因清朝倒後，國內沒有一個政治強人能安內攘外，收服眾心，被各個山頭所一致推戴，為了避免中國陷於割據和動亂，所以不得已採用共和政體。其自訂年譜中云：「余嘗謂中國共和，造端與法美有異。始志專欲驅除滿洲，又念時無雄略之士，則未有能削平宇內者。如果猶不亟廢帝制，則爭攘不已，禍流生民，國土破碎，必為二三十處；故逆定共和政體以調劑之，使有功者更迭處位，非謂共和為政治極軌也。」在《革命道德說》中云：「吾所謂革命者，非革命也，曰光復也。光復中國之種族也；光復中國之州郡也，光復中國之政權也。」又於《民國光復》一文中云：「當時之改革政治，亦只欲綱紀不亂，人民樂生耳，若夫以共和改帝制，卻非始有之主義，乃事勢之宜然也。」此後共和政治艱難多舛，亦與先驅者只有民族革命沒有政治革命的理念相關。依章太炎的政治主張，若袁世凱真有安內攘外之能，做皇帝亦無不可。可是這話似真實假，此時宇內紛爭，山頭林立，袁正為此頭痛，章實為警告他，汝非拿破崙，若貿然稱帝，將有宗族傾覆之禍。況且章並非袁的人，正和袁的政敵打得火熱，袁世凱心裡有數，聽出他語含譏諷，並有試探之意。所以，悻悻然視章約三分鐘，默無一言，章太炎起身告辭。三分鐘內，袁世凱內心的怨恨自是翻江倒海！

接受袁世凱授勳的章太炎在北京滯留七天後回了上海，袁世凱知道，這種表面文章是不能使這位大名士就範並為己所用的。不久，南方發生了孫黃倒袁的「二次革命」，袁世凱調兵遣將，以武力平定之。自是，袁世凱斷定，槍桿子才是權力的保障，對於政敵，只能靠實力說話。雖然他名義上還是共和國的大總統，但對於那些不斷拆臺的對手們已不願再委曲求全了。

這時候，章太炎又跑到北京來了。

章太炎此次入京，與民初的政黨政治有關。辛亥革命後，章太炎提出「革命軍興，革命黨消」的口號，所謂「革命黨」者，實指以「驅除韃虜，恢復中華」為目標的同盟會而言。「韃虜」既已除，同盟會完成了歷史使命，自無存在之必要。中國既為共和，再立的黨派，應屬議會中的政治黨派，而非「革命黨」了。章太炎初組統一黨，後與民社黨合組成進步黨，與國民黨在國會中成對峙之勢，後該黨受袁世凱操縱，章太炎自處邊緣，不再過問。進步黨中的民社派，以湖北人居多，對袁多所不滿，因用共和黨原名，自樹一幟，遙戴黎元洪為黨魁，明顯與袁分庭抗禮。因其黨員不多，黨勢過弱，遂邀章太炎入京共謀發展大計。章太炎本就疏袁親黎，即應召而至。

　　袁世凱知道章是「南方派」，政治異己，聞其參與了二次革命的籌劃，雖一文人，無一兵一卒，但自恃資格老、名氣大，串通於朝野，策劃於密室，放言無忌，肆行攻擊。此次入京，為的是給黎元洪組班底，拉人馬，來者不善。袁世凱決定將章太炎幽禁於京。

　　章氏入京，剛剛入住前門內大化石橋共和黨本部，袁世凱立命軍警布列，出入嚴查，限制了章氏的人身自由。章大驚，致書袁世凱詰問，袁不應，章憤鬱異常，無可奈何，終日默坐室中，百計不得脫。有人獻策，不如直接面見袁世凱辭行，若袁不見，則抱被縟宿其門下。章依計而行，遂有轟動一時的「章瘋子大鬧總統府」事件，經南北小報多方渲染，成為民國初年的一出鬧劇。袁世凱遭此羞辱，命將章移止憲兵教練處，再移郊外龍泉寺。去龍泉寺的路上，京城戒嚴副司令陸建章騎馬前導，章氏於其後坐馬車過市，車仗森嚴，備極恭敬。雖謂幽禁，實同大員出行。

　　在龍泉寺期間，章頗有激烈瘋狂之舉動，如日書「袁賊」二字，日以杖擊，咒罵不休；或堆在一起焚燒，大呼：「袁賊燒死矣！」掘坑埋於樹下，頗類巫蠱之行，藉以洩憤。又如陸建章派秘書長秦某送銀

幣五百元，太炎持幣擲秦面，張目叱曰：「袁奴速去！」秦倉皇逃去。再如袁克文親送錦緞被褥來，被章用煙頭燒出纍纍小洞，擲出窗外，並叱罵道：「歸告汝父，勿發皇帝夢，吾生平不受人憐也！」袁克文狼狽而去。種種怪誕之行，多被小報大肆渲染。據章氏自記：袁克定曾派他的顧問德國人曼達前來致問，言如在京煩擾不便，可移處袁克定河南彰德府中去，章默不應，顯然是拒絕了。袁子親送被褥之說，顯系子虛烏有。至於其他反常舉動，雖或有之，不乏以訛傳訛，誇大其詞之處。

幽囚龍泉寺期間，一些人勸章氏將家屬遷京同住，章亦同意。但此議遭到其妻湯國梨的拒絕，認為是袁氏加以迫害的陰謀。湯的拒絕不僅不為章氏家族所諒，就是太炎本人也對湯頗有怨懟，後來才慢慢地理解了。其實此乃湯之多慮或不願來京的藉口。袁雖囚章，本無害章之心，即欲害之，又何必將新婚不久的老婆也誘來害掉？其於政事何干又何益也？章在龍泉寺幽囚期間，曾為抗議而絕食，其間當局也曾派醫生來照料，七八日後，在朋友勸說下復食，並到來此照料他的徐醫生家小住，後由龍泉寺遷往東城錢糧胡同。錢糧胡同是一大院落，上房七間，廂房七間，皆由章氏一人及監管的軍警和僕從使用。章在錢糧胡同期間，猶自狂躁憤懣，據云曾篆書「速死」大字，遍張其壁，酒醉則狂罵。適其兩個女兒及大女婿龔寶詮來京省視，其大女兒對這裡壓抑可怕的環境憂懼不已，於一天深夜自縊而死。此女為妾王氏所生，十歲喪母，章太炎奔走革命，坐三年西牢，後又亡命日本，女兒被寄養在伯父家，章太炎對她少有父愛。來京後，見其父狂躁，不得邐處，每日擔驚受怕。據太炎自記，前一日，他曾囑僕從買某藥，女兒怕父求死服毒，輒止僕人勿往。後一日，則自縊而亡。又有吳藹林《太炎先生言行軼錄》，女因家庭瑣事與其夫口角，訴于先生，先生曰：「胡不死？」女果自經，先生大慟，或謂先生：「君女之

死,乃遵父命;既命之矣,何慟之深?」先生嗚咽曰:「詎料其真死耶?」則章女自殺,與章的語言暴力難脫干係。其女死時方十八歲,甚可悼惜也!

　　章太炎在幽囚期間,不僅可以讀書,與弟子論學,且可寫作。在這裡,他把自己的著作《訄書》增刪後,更名為《檢論》,又深入研究了《易經》。並且和弟子錢玄同商議,通過其在總統府當顧問的大哥錢恂,轉託農商總長張謇說動袁世凱,為章太炎專設一文化研究機關,章原有設「考文苑」之主張,因其一時難成,遂更名為「弘文館」,擬訂入館者皆為章氏弟子,有師生講學的性質。袁世凱表示:「只要章太炎不出京,弘文館之設,自可照辦。」並撥數千元做開辦費,且每月撥經費若干。章太炎於其時給袁世凱一信,其中對袁極盡笑罵挖苦:「炳麟以深山大澤之夫,天性不能為人門客。游於孫公者舊交也,游於公者初定也。既而食客千人,珠履相耀。炳麟之愚,寧能與雞鳴狗盜從事也。方今上無奸雄,下無大佞,都邑之內,攘攘者穿窬摸金皆是也。」把袁及其幕僚罵為雞鳴狗盜、盜墓摸金之徒,表示不屑與之為伍。既而為他的「考文苑」要錢要編制。依法國之例,需四十人,每年需經費二十四萬云云。莫說一邊罵人一邊向人要錢實為罕見,即便袁世凱有心成全這位大名士,政府內政外交,財政支絀,袁亦無能為力也。

　　章太炎被幽囚期間,除不能出京外,其餘活動並不受限。據時人劉禺生記,他去陸建章處辦事,陸建章曾言袁世凱有保護章太炎的八條手令:「項城曾手示八條保護太炎先生:(一)飲食起居用款多少不計;(二)說經講學文字,不禁傳抄,關於時局文字,不得外傳,設法銷毀;(三)毀物罵人,聽其自便,毀後再購,罵則聽之;(四)出入人等,嚴禁挑撥之徒;(五)何人與彼最善,而不妨礙政府者,任其來往;(六)早晚必派人巡視,恐出意外;(七)求見者必持許可證;(八)

保護全權完全交汝。」這八條，對於被囚者可謂優待之極。後章太炎本人曾有論及袁世凱的話：「袁世凱亦自可人，當余戟手痛罵時。乃熟視若無睹。近人聞有垢言，輒惡之慾其死，孰敢面短之，況痛罵耶？」可見，袁世凱作為近代中國轉型期叱吒風雲的政治強人，雖來自舊陣營，其受辱不怒的人文修養非常人所可及，即使對待政敵，做事也是有底線的。

　　中華民國五年，即一九一六年，袁世凱帝制自為失敗，羞憤而死，章太炎得以離京返滬。其後，章氏往西南，依違和遊說於地方大小軍閥間，因距京城遙遠，對中樞政局並無影響。民國多舛，政局反覆，章太炎在政界漸失影響，只好回江南去講國學了。

第四章
轉型期的文人素描

隱世於學

在中國歷史上，以學隱於世者，代不乏人。這是一些不和統治者合作，不想或不能躋身廟堂，一心向學的人。他們或隱於鄉野，或隱於都市，或為蒙童塾師，或為書院山長，甚至寄身廟宇道觀，研讀經典，切磋學問，經營著自己的精神園地。他們不求「學成文武藝，貨與帝王家」，讀書作學問，或為度人，教一幫弟子；或為自樂，求得精神的飽滿和圓通；或著述，留下精神遺產；或述而不作，與清風明月對話。在俗人的眼中，他們也許被認為是一些背時背運的人，沒有榮華富貴，沒有赫赫官威，活得孤寂、落魄，甚至古怪，然而他們的內心是純淨而充實的。「朝聞道，夕死可矣！」這樣的話不是誰都能理解的。人別於其他動物者，不就是精神嗎？少數人留下了著作和名字，更多的人默默無聞地死去了。歷代隱世於學者，無名墓冢何其多！

中國兩千多年文字記載的歷史，主要是王政的歷史，說到底，也就是君主專制的歷史。在這樣的社會制度下，很難產生批判型的知識分子，大家都要活著，因為說話而掉了腦袋，連累親人，這麼傻的人不多。當然也有例外，著名的如太史公司馬遷，因為為降將李陵說話，得罪了漢武帝，被施以宮刑。但他不是對皇帝和皇帝所代表的制度不滿，他實際上是為皇帝著想，怕皇帝為邊事失利心情不好影響身體，結果反惹得皇帝不高興，皇帝一發火，他的生殖器沒了！所以他

後來去寫歷史了，也算「隱世於學」。另外一個比較慘烈的是明代的方孝孺，他被朱棣的謀臣姚廣孝稱為「讀書種子」，姚懇求明成祖朱棣留他一命。但他誓死忠於建文帝朱允炆，堅決不為朱棣寫即位詔書，梗著脖子和朱棣叫板，結果不但被殘忍殺死，還被誅十族，連帶眾多親人被誅滅。他的悲劇在於對舊主子死忠到底，寧肯為失敗者殉葬，也不服從新主子。這是一種忠誠和氣節，歷來被認為是知識人的大節，但實在來說，這只能算作狗的忠誠。朱棣說得好：這是我們朱家的家事，你就不要太死心眼兒了。的確，大明朝是朱家的，誰當皇帝，江山都姓朱，方孝孺犯不上跟朱棣較勁，搭上了自己和親人的性命。方孝孺一案，史上記載方家宗族坐死者八百四十七人（一說八七三人），這八百多人中，想必有很多婦孺老幼，那少年稚子、襁褓中的嬰兒，何辜而受此屠戮？胡適認為方孝孺是為主張、為信仰、為他的思想而殺身成仁的，他甚至認為中國自十四世紀以後政治思想落後於西方是因為方孝孺被殺的緣故。方的政治思想是什麼呢？他被殺之後，著作被毀，有留其片紙隻字者皆為重罪，「爾曹身與名俱滅」，即便他有思想也都湮滅無聞了。從他的死因或所處時代來看，方孝孺的政治思想（如果有的話），也不過是為帝王謀劃治理天下、管束百姓那一套。中國自秦漢以來，所謂政治思想者，無論王道或霸道，帝王所用，無非商鞅申韓之術，而王道之說、儒家之教，因不切實用，只被官家用來裝點門面，欺矇百姓。這不能怪中國知識人無能，三千年來，政教如此，讀書人身心俱錮繭中，他們跳不出如來佛的掌心。

這就有了一種假設，倘若方孝孺服從朱棣，為將即位的新皇帝撰寫了詔書而留得性命，隱世於學，又將如何？胡適言：自方孝孺被殺，「以後明朝二百年，再沒有政治思想家。我國政治思想在十四世紀以前，決不遜於歐洲，但近五百年來何以不振，這是由於方孝孺被殺的慘劇所造成的」。我不認為方孝孺如果活下來，中國的政治思想

會在他手裡有全新的面貌。儒、法兩道，表裡相維，一直是歷代君主鞏固權位治理百姓的手段，兩千多年前孔、荀、商、韓已經把底子打好了，沒人在君主制下有超越的可能。直到近代，國門被西方列強衝決，現代的國家觀念和政治思想才漸漸改變了中國人的認知。所以，即使方孝孺活下來，也絕不會超越他的時代。中國或許會多一個讀過聖賢書的官僚和為傳統文化添磚加瓦的泥水匠，我們絕不能有更高的期許。

由胡適先生的話我想到了另外一個人，那就是晚於方孝孺一個世紀的馬基雅維利。他被稱為近代政治思想的主要奠基人之一，當然是由於他那本蜚聲中外、震鑠古今的小冊子《君主論》。這本書是專門寫給君主的，其中最經典的名言是：「為了達到一個最高尚的目的，可以使用最卑鄙的手段。」他認為統治者必須具有獅子的凶殘和狐狸的狡猾，用不著講什麼信義。他是義大利佛羅倫薩人，在共和國擔任過官職，後來美第奇家族復辟，他失勢賦閒，為了討好新君主，他寫了這本書。以下是他寫作狀態的自述：

> 傍晚時分，我回到家中的書桌旁，在門口我脫掉沾滿灰土的農民的衣服，換上我貴族的宮廷服，我又回到古老的宮廷，遇見過去見過的人們，他們熱情地歡迎我，為我提供單人的食物，我和他們交談，詢問他們每次行動的理由，他們寬厚地回答我。在這四個鐘頭內，我沒有感到疲倦，忘掉所有的煩惱，貧窮沒有使我沮喪，死亡也沒能使我恐懼，我和所有這些大人物在一起。因為但丁曾經說過：從學習產生的知識將永存，而其他的事不會有結果。
>
> 我記下與他們的談話，編寫一本關於君主的小冊子，我傾注了我的全部想法，同時也考慮到他們的臣民，討論君主究竟是什

麼？都有什麼類型的君主？怎樣去理解？怎樣保持君主的位置？為什麼會丟掉王位？對於君主，尤其是新任的君主，如果我有任何新的思路能讓你永遠高興，肯定不會讓你不高興，一定會受到歡迎。

他對宮廷生活的嚮往和急於討好君主的心情躍然紙上，甚至想到君主的滿意而沾沾自喜。馬基維利沒受過儒家思想的薰陶，不會裝假和虛偽，他的真誠甚至帶有可愛的天真。他的目的是毫不掩飾的，他的坦誠甚至使他進言的對象也會感到臉紅。但他說出了一個真理，專制統治者用不著講什麼道德，他是用罪惡來維護自己的權位和統治的。同時他從反面告訴人們一個真理：政治和道德、倫理是兩回事，不能把它們混為一談。一個君主為了統治的需要，任何惡行和陰謀都是合理的。

早於馬基雅維利一個世紀的方孝孺在中國傳統的皇權政治中死於非命，倘若他不死，難道會有超越《君主論》的政治思想嗎？

我不相信。

我這裡要說的是另外一層意思，就是說，在君主專制時代，隱世於學的學者們究竟搞點兒什麼才好呢？司馬遷因為受了宮刑，在仕途上沒什麼前程了，所以去搞歷史。司馬遷並沒感到光彩，認為不過是「近乎卜祝之間，固主上所戲弄，倡優畜之」的下賤營生。因為遭到宮刑的屈辱，發憤著述，繼承老父的歷史專業，「欲以究天人之際，通古今之變，成一家之言」，才有了以後的《史記》。其實司馬遷搞歷史是很危險的，尤其是搞「當代史」，寫《今上本紀》。《今上本紀》主要寫漢武帝耗費國帑求仙拜鬼的一些爛事，幸虧劉徹沒工夫審查他的大作。一個皇帝，每天開心和鬧心的事太多，哪有時間讀他那勞什子！讓皇帝去翻弄那一堆破竹簡，怎麼可能？否則，依漢武之暴虐，司馬

遷不僅會被割去生殖器，連腦袋也保不住。中國因秉筆直書掉了腦袋的史官並不少，多一個司馬遷也沒什麼。司馬遷和他的《史記》能逃脫君主的魔掌而流傳於世，實在是中國文化的幸運。搞歷史危險，研究點兒政治又如何？如上所述，除非你討好君主，如馬基雅維利那樣，給君主進呈統治術，用它做敲門磚，指望躋身宮廷，做一個御用學者。否則，那是刀頭舐血的營生，更加危險。蓋因政治，尤其是君主的獨裁政治，是很黑暗、很齷齪的，不是誰都有資格、有勇氣談的。

中國的文化人在逼仄的生存空間裡為自己找到一線生路，想隱世於學，那就不碰敏感而危險的學問，找一個安全的文化空間來安身立命。做得最好的當然是清代的乾嘉學派。我們知道，清代是少數民族政權，對漢人防範甚嚴，文字獄也最為嚴酷。但學者和文人總是要生存，要靠精神活著，搞什麼能不觸碰統治者敏感的神經而避免給自己帶來不測之禍呢？他們選擇了對歷史文獻的考據和訓詁，選擇了為學術而學術的漢學。章太炎曾經說過：「清代學術，方面甚廣，然大概由天才而得者少，由學力而成者多。」這裡主要指的是乾嘉學派。漢代經學中注重訓詁考據之學。清代乾隆、嘉慶年間的學者崇尚其風，形成與「宋學」相對的「乾嘉學派」，也稱「漢學」。清代漢學治學嚴謹，對文字訓詁、古籍整理、輯佚辨偽、考據註釋等，有較大的貢獻。但存在泥古、煩瑣及脫離實際等流弊。胡蘊玉說：「乾嘉之世，文網日密，而奇才異士，無以自見，爭言漢學，析辯異同，以註疏為文章，以考據為實學，瑣碎割裂，莫知大體。」這段話已指出，在「文網日密」的時代，清代學者為避禍而隱世於學的情形。章太炎也注意到了這個問題，他曾有《學隱》一文，其言曰：

  處無望之世，炫其術略，出則足以佐寇。反是，欲與寇競，即網羅周密，虞候枑互，執羽籥除暴，終不可得。進退跋躓，能

事無所寫，非施之訓詁，且安施邪？

「網羅周密，虞候枷互」指的是文化人動輒獲罪的處境吧。籥者，古代一種像笛子的樂器，羽、籥二字，指的是文化和學問，學者手中只有這個，以之與強暴的權力對抗，豈可得乎！所以，文化人不去搞訓詁、整理古籍、註疏考據這類營生，又能去幹什麼呢？

　　章太炎此言是針對魏源批評乾隆中葉的學者如惠棟、戴震、程瑤田、江聲、段玉裁、王念孫、錢大昕、孫星衍等諸位乾嘉學派的學者們「爭治漢學，錮天下智慧為無用」的話而言，對隱世於學的文化人充滿了同情和理解。其實，對於乾嘉學派的批評和指斥一直沒有停止過，認為他們的煩瑣考證於世事無補，清代的歷史學家章學誠就說過：「學者但誦先聖遺言，而不達時王之制度，是以文為鞶帨繡之玩，而學為鬥奇射覆之資，不復計其實用也。」但在文網日密，以言治罪的時代，以文佐治，批評時政，「達時王之制度」豈可能哉！章太炎以時勢論述學者隱世於學之艱難選擇，同時給乾嘉學派以肯定和讚賞，認為他們遠於欺詐、遠於僥倖、遠於偷惰、孜孜矻矻、考證研索、不臆斷、不詐偽的學風是值得發揚的，隱世於學的乾嘉學人都是至誠向學的君子。「其所以然者，因為他們本欲自處於無用，蓋自清初諸人均不願入仕，故其說經，不但無通經致用之說，即議論也不願發。」（章太炎《清代學術之系統》）

　　近代以來，學術分途愈益細密，對於有用與否，不能做機械的理解，自然科學的某些基礎學科、社會科學某些分支和論題，表面看來似乎無用，然而它是人類智慧和記憶的結晶，是值得學者認真研究的。況且學問之道，在於求智慧，而不完全在於致用，所謂「急用先學，立竿見影」，那不是學問，只能是某種技藝和方術。

　　秦有苛法，藏讀非官書者，處重罪。清人王夫之《讀通鑑論》有

語云:「孔鮒藏書,陳余危之,鮒曰:『吾為無用之學,知吾者為友。秦非吾友,吾何危哉?』嗚呼,能為無用之學,以廣其心而游於亂世,非聖人之徒而能若是乎?」無用之學絕非事功之學,能為「無用之學」者,「以廣其心而游於亂世」,乃是真正學者的本分,庶幾可為聖人之徒也。

《學隱》一文批駁了「魏源深詆漢學無用」的言論,對不與統治者合作的清代學人的人生選擇予以充分的肯定。章太炎痛斥那些曲學阿世之徒「妖以誣民,誇以媚虜,大者為漢奸、劇盜,小者以食客容於私門」的無恥嘴臉,指出學者身上的「三善」即「遠於欺詐、遠於僥倖、遠於偷惰」的品德一旦失去,則「學隱之風絕矣」!

如今,板凳要坐十年冷的學者還有嗎?有。但以偽學欺世,以官學誣民,指望求名、求官、求富,偷惰不學,抄襲鑽營的所謂學者也有不少。學隱之風的確是絕了。

文人的操守

中國是一個敬畏權力的民族,無論什麼事,權力一說話,咱們小百姓立刻俯首帖耳,連個屁也不敢放的。所以找工作、辦執照、打官司……諸如此類的事情非找「門子」不可,「門子」者,權力之謂也。一件事情,對於尋常百姓如同塌天大禍,但是,權力一句話,如同一個炸雷,漫天雲霧一下子散去。不由人不五內俱熱,感激涕零。一九四九年前的中國官場,有所謂「請託」之說,其實就是找有權的人從中說話。

這件事情發生在一九二七年,距今已有九十多年。錢基博(錢鍾書的父親)任南京東南大學國文系主任,梅光迪任文學院長。國文系要重新改組,但各方面推薦教授、副教授的信已成堆。梅先生讓錢先

生起草國文系教師的聘任條件。這天，梅光迪領來一人見錢先生，介紹說：「這是支偉成先生，蔣總司令介紹給張校長！」一句話我們就可知這支先生的來頭了。由當時中國最高統帥介紹給校長，又由文學院長親自帶來，那麼，此人即使是白痴，安敢不任用為教授也？這支先生果然取出蔣中正的親筆信給錢先生看。不料錢先生說：「總司令給校長的信，我不敢看！不過我覺得總司令可以委任一軍長、師長，而沒有資格聘用一小學教員，因為不在他職權以內；並且小學教員需要哪一種人和哪一種知識，做總司令的人，他不會瞭解。」支先生大窘，又取出段祺瑞、孫傳芳的兩封信。原來這支先生也非等閒之輩，他撰寫的清代樸學大師傳，寄給那兩位「大人物」，段、孫二人來信稱讚他。他想拿這兩封信使錢先生憚服。不料錢先生卻說：「大著讀過，極佩宏通；不過因著段祺瑞、孫傳芳的話，價值卻減低了！從前孔子作春秋，沒有聽到送給季孫、陳恆（魯國的權貴）看，得到恭維。」支先生怫然而怒，追問道：「國文系能否聘我為教授？」錢先生說：「正在擬訂聘用條例，如果先生符合條件，即使沒有總司令的信也會聘用，如果不符合條件，有總司令的信也難以從命。」支先生遂大怒而去。後來，錢基博終因人事上的權力掣肘，留下一信，不當這國文系主任，提著皮箱走人了。

這件往事，讓人慨嘆久之。不巴結權貴，看重讀書人的操守，像錢先生這樣的人如今還有嗎？文人寫了一本書，屁顛屁顛地送給權貴，如果得到賞識，立刻拿來炫耀，這不是常見的嗎？堂堂總司令，既可任命軍長、師長，推薦人做個教授，算得了什麼！從孔夫子那裡開始，中國古時的文人歷來看重操守，明末的阮大鋮、錢謙益因為品行有虧，被人罵了幾百年。可是如今，講操守的文化人有幾個？像錢基博這樣的先輩大約被視為傻子了吧！

一匹特立獨行的馬

　　一九四〇年，馬寅初年近六旬，任中國經濟學社社長、國民黨立法院委員及該院財務委員會委員長、中國銀行顧問，他所任實職則為重慶大學商學院院長。據說，國民政府尚在南京時，蔣介石還請他教過經濟學。這樣一個德高望重的知識分子，在政學兩界皆有影響的人物，卻也因言獲禍，蓋因所言為當政者所深忌。

　　當時正是抗日戰爭最艱苦的年代，廣大國土淪陷，人民流離失所，國民政府被迫遷都重慶。前方戰士浴血奮戰，而後方的一些國民黨大員卻利用手中的權力，政商勾結，大發國難財。一方面是金甌殘破，生靈塗炭，另一方面則是貪腐無饜，紙醉金迷。馬寅初先生痛恨不顧國家民族利益瘋狂聚斂財富的權貴巨宦，提出開徵臨時財產稅的戰時經濟主張。他在香港《工商日報》著文，痛切陳言：「現在前方抗戰，百十萬之將士犧牲頭顱熱血，幾千萬之人民流離顛沛，無家可歸，而後方之達官資本家，不但對政府無所貢獻，且趁火打劫，大發橫財，忍心害理，孰甚於此！徵收半數之資產稅，豈尚有所顧惜耶？中國今日發國難財者，除商人外，尚有利用政治力量而發財者，此種行為本非官吏所應有，故欲實行資本稅，必須先自發國難財之大官始。……此事固屬財政部所應為者，唯恐力量不足，難以勝任，不能不期望於全國一致擁護之蔣委員長毅然施行，其裨益於抗戰前途者正不下於前方戰士之忠勇也！」不久，他又在香港《大公報》撰文，重申他的徵收財產稅的主張，其言曰：「中國的『大貪污』，其誤國之罪，遠在奸商漢奸之上。吾人以千數百萬同胞之死傷，數百萬財產之損失，希冀獲得勝利，以求民族之快快復興，決不願以如是巨大之犧牲來交換幾個大財神，將吾人經濟命脈，操在手中，此豈抗戰之用意

乎？……全國知識階級應從速一致團結，要求政府對發國難財者從速開辦臨時財產稅，將其所獲得的不義之財全部提出，貢獻於國家，以為其餘發國難財者倡。」

外敵入侵，倒楣的是普通百姓，很多被姦殺擄掠，死於非命，更多的則是廬舍不保，財產蕩盡。而有權有勢的達官顯宦不僅可以避開敵人的凶焰，跑到大西南的陪都依然作威作福，還乘戰時經濟秩序混亂之機，弄權貪賄，上下其手，大發橫財。馬寅初先生痛感政治之黑暗、民族之危亡、人民之苦難，提出對發國難財的權貴徵收財產稅的主張，以補戰時經濟之困窘。馬先生的主張更多的在於道義方面，它實際上的窒礙難行大約自己也是清楚的。在第一篇文章中，他提出對權貴們的不義之財徵收一半的財產稅。在第二篇文章中，他又要求政府把發國難財權貴們的不義之財全部收繳，貢獻於國家。「一半」還是「全部」，這都不是重要的，重要的是權貴們是一群喪盡天良的無恥之徒，他們對民族的危亡和人民的苦難並不放在心上，關心的只是如何掠奪得更多、積蓄得更多，以滿足自己和家族驕奢淫逸的生活。所以，對權貴徵稅，無疑是與虎謀皮，馬先生自己也並不抱有信心。按說徵稅之事應屬國民政府的財政部的職權範圍，但是征這種稅，國民黨政府的一個職能部門是斷然難以實行的。於是他將了國民黨最高黨魁一軍，提出由受到「全國一致擁護之蔣委員長毅然施行」。

蔣介石是否能夠「毅然施行」呢？回答當然是否定的。這並不是說蔣介石和那些發國難財的貪官污吏是一丘之貉。客觀地說，蔣介石是個政治人物，他要領導國家，抗擊外敵，將國家帶出危亡之境。他當然希望大小官吏都能廉潔奉公、忠於職守，使國家機器能夠有效運轉。但是，這在實際上難以做到也是顯而易見的。首先，他的政府是個一黨專制的獨裁政府，不僅人民沒有監督政府的民主權利，在政府內部也沒有權力制衡的機制。官吏們似乎都在為黨負責，為領袖負

責，大小官吏在所執掌的部門中，都有說一不二的權力。絕對的權力造成絕對的腐敗，一旦官吏們陽奉陰違，貪腐成勢，劣幣驅逐良幣，清廉的官吏難以自存，腐敗大面積蔓延，即使最高執政者想治理，傳統的手段也難以奏效。專制政權是腐敗的沃土，貪官如其上滋生的野草，有頑強的再生能力，所謂「前腐後繼」，是殺不盡的。其次，蔣介石也不想從根本上改變專制制度，實行民主政治。雖然在外敵猖獗、民族危亡的關頭，民主政治成為知識界及朝野進步人士的共識，但蔣介石對此是應付和消極的。一九三九年九月九日，國民黨的國民參政會第四次大會各界代表提出結束一黨專制，實行民主法治的憲政議案，表面上得到了蔣介石的肯定，但作為最高的專制統治者，他是不願意被「關進籠子裡去」的，他的大小臣僚們自然更不願意。當年所謂的憲政運動，命運多舛，到底無疾而終。實行憲政，要有兩個條件：一是統治者開明通達，認清大勢，為歷史負責，自願走進籠子裡去；二是人民起來革命，鞭子懸在頭頂，統治者被鞭子驅趕進籠子裡去。第一種可能性很小，美國有華盛頓，但中國只見袁世凱。第二種極其危險，因為「黑手高懸霸主鞭」的執鞭者，極有可能成為「霸主」之後，把人民關進籠子，自己無法無天，實行更嚴酷的獨裁。所以，馴服專制統治者是最難的。再次，中國兩千多年的專制制度，從皇帝到地方大員，有一條心照不宣的潛規則：「為政不得罪巨室。」這不僅因為豪門巨室是專制制度的基礎，根本一旦動搖，自己也危乎殆哉。更重要的是，豪門權貴是得罪不起的。權貴的形成，多靠父祖政治的蔭庇，代際相襲，靠特權積累起龐大的政治、經濟實力，其掌門人或仍在高位，或雖退而餘威仍在，有廣泛的人脈和政治影響力。這樣的門閥世家一旦坐大，盤根錯節，凶焰彌天。在沒有法治的社會，他們既是維繫制度的狼犬，也是啃噬制度的毒蟲，若有人觸動它的領地，危及它的生存，它就會凶狂反噬，拚死抵抗。所以，除非下決心實行

制度變革，否則，當政者是很難和豪門權貴切割的。讓蔣介石抄起刀子去割權貴們的肉，「毅然施行」臨時財產稅，他是決然不肯的。

馬寅初特立獨行，視權貴如糞土，即使聲威煊赫的當權大員他也並不放在眼裡。一九三八年，中國經濟學社在重慶召開年會，時任國民政府財政部長的孔祥熙以一般社員的身分參會，社長馬寅初主持會議，致開幕辭後，即向孔祥熙發難道：「今天我們很幸運，我們的社員，現任財政部長孔祥熙於百忙之中，來此參加。孔先生是財政經濟學家，又是掌握全國財政命脈的最高主管長官，現在先請孔部長對國家當前的財政經濟情況和政策，給我們做一指導。」事出突然，孔祥熙毫無準備，又窘又惱，但又不好發作，只好站起來，用官話和套話敷衍一番。但馬寅初並不想放過他，孔剛說完，馬寅初直指要害，質問道：「請問部長先生，在法幣已經貶值，物價不斷上漲的時候，財政當局不設法穩定幣值，制止物價上漲，反而突然宣佈大幅度降低法幣對美元的比價，推波助瀾，造成財政大混亂，使物價更猛烈地上漲，我們學識淺薄，不知是何用意，要請部長指教。」孔祥熙張口結舌，馬寅初窮追不捨：「聽說這次調整美元比價公佈之前，那些洞悉內情的人，都拚命向市場上搶購美鈔、黃金，還通過種種辦法套購外匯，搶購物資，不顧人民死活，一夕之間大發國難財，請問部長先生，這又作何解說？……」孔祥熙羞惱尷尬，進退失據，被趕入了死胡同。孔祥熙居政府要職，他本人就是一個千夫所指貪瀆聚斂的國之大蠹。馬寅初的做法有如西方民主國家國會議員對行政官員的公然質詢，專制的中國哪裡見得了這個？此時有人建議休會十分鐘，孔祥熙方悻悻而去。

按照中國數千年專制政治的倫理，馬寅初的做法幾乎等同「犯上作亂」。蔣介石十分惱火，他想用官位把這個口無遮攔的「刺頭兒」安撫下來。中國專制官場的潛規則是官官相護。因為利益一致，大小官吏除非因派系相爭，偶發殘酷的權鬥，一般情況下，官吏為固權位，

結網絡，尋靠山，都彼此相安。即便發現黑髒，也會三緘其口，少數清者選擇潔身自好，惡濁之輩一個比一個更黑，如不危及自己，輕易不會抓破臉皮，大打出手。所以蔣介石想把馬寅初拉進這個圈子，授以實職，使其同化，不再「撒野發飆」。他通過陳佈雷找到馬寅初在哥倫比亞大學的同學王正廷，由王捎話給馬，說委員長欲派馬赴美考察經濟，如果成行，將委任駐美全權大使，或出任財政部次長。可惜馬寅初偏不吃這一套，竟拍案而起，怒道：「不就是說了幾句真心話，寫了幾篇文章嗎？請問，這觸犯了哪條國法？要趕我走，沒門！要以高官厚祿收買我，休想！」然後奮筆疾書一嚴正聲明，說：「（我馬某人）不搞投機買賣，不買一兩黃金，一元美鈔，有人想封住我的嘴，不讓我說話，這辦不到！」斥權奸于禁闥，發直聲於士林，非馬寅初，誰能為也？

一九四〇年的一天，馬寅初在重慶對陸軍大學將官做《抗戰財政問題》的講演，慨言道：全國人民同心同德，共赴國難，有錢的出錢，有力的出力。但是，現在是「下等人」出力，「中等人」出錢，「上等人」既不出錢，也不出力；還有一種「上上等人」，依靠他們的權勢，利用他們掌握的國家機密，從事外匯投機，大發國難財。呼籲撤孔、宋（宋子文）的職，將他們搜刮的不義之財，充作抗日經費。其言直指國民黨上層的貪腐集團。人同此心，心同此理，禍國殘民之賊，人人痛恨！這正義憤怒的獅子之吼，博得臺下愛國軍人的陣陣掌聲。馬寅初在立法院援引英美兩國之例，提請國家徵收「臨時財產稅」，其目的是在貪腐的權貴頭上開刀。這種權貴，雖是少數，卻都是勢焰熏天的龐然大物，馬寅初藐之如蛆蠅，恨之如狼犲，所以出言凌厲，撻伐不留情面。經濟，乃國家之命脈，人民財貨衣食之所寄，視人民若草芥，攬國權為禁臠的獨裁者或者無法無天，專橫獨行，造成戶皆赤貧，人盡賤隸，野無青草，餓殍遍地的慘劇；或者權多大財多大，以

權斂財，貪瀆擄掠，代際相襲，不知饜足，造成中華之物力盡成富可敵國富可賣國的幾家幾族之私產的權貴經濟。馬寅初言人所欲言，人所不敢言，奮身搏擊權貴，真有以身飼虎之大勇也！

馬寅初抗聲直言，聲討權貴，最後，戟指國民黨獨裁政權的最高統治者蔣介石。一九四〇年十一月十日，在黃炎培主持的中華職業教育社的「職業青年星期講座」上，馬寅初登臺劈頭就說：「兄弟今天把兒子女兒都帶來了，我今天的講話，就算給他們的一份遺囑！為了抗戰多少武人在前方流血犧牲，我們文人也不惜死於後方！」此言一出，舉座皆驚，文人言死，難道有必死之厄嗎？果然，他聲討的是蔣介石：「蔣委員長要我去見他，他為什麼不來見我呢？在南京我教過他的書，難道學生就見不得老師嗎？他不敢來見我，就是因為他害怕我的主張。有人說他是『民族英雄』，我看充其量是個家族英雄，因為他庇護他的親戚家族，危害國家民族。……在場的警察憲兵先生，你們要逮捕我嗎？那就請耐心一點，等我講完，再下手不遲！」蔣介石儘管沒設所謂「惡攻」罪，但一個獨裁者是不會容忍這種犯上言論的。獨裁者的尊嚴就是那個政權的尊嚴，因為他本人就等同於那個政權。一個獨裁者稍感不快，惹他不快那個人就要倒楣，輕者有牢獄之災，重者有性命之虞。馬寅初知道這一點，才有開場的決絕之言，他是不怕做烈士的。果然，這次演講後的不久，一九四〇年十二月六日，一個連的憲兵進入重慶大學，捕走了馬先生。儘管實行了「強制措施」，但馬先生既沒有被戴手銬，也沒有坐班房，因為蔣介石深知，對馬先生這樣的人物，還是要「投鼠忌器」的。曹操當年也沒有殺禰衡嘛，要殺也送給別人去殺，蔣介石不比曹操傻。第二天，由憲兵押回學校，迫令其辭去商學院院長之職。重慶大學的學生們揮淚相送，憲兵押解出校，從此杳無音信。

馬先生究竟去了哪裡，官方給出的回答是：「立法委員馬寅初，奉

命派赴前方研究戰區經濟情況，業已首途。」這是刊於官方報紙的假新聞，以掩人耳目。到哪個「前方」？調查什麼「經濟」，世人茫然不知，馬先生玩起了失蹤，家人也無法和他取得聯繫。記者採訪他的女兒，女兒回答說：「我們給爸爸去信由侍從室第二科轉，收到沒有就不知道了。」馬寅初先是被投進貴州息烽集中營，與張學良、楊虎城同押在「特監部」。「特監」者，應屬軟禁重犯之地，大約既不刑訊，也不戴刑具。對付一個勸誡無效而又暫時殺不得的人，又無法堂而皇之地給他定罪，隔絕他與外界的聯繫，限制他的自由，是蔣介石喜歡用的法子。軟禁雖然不是坐牢，但形同坐牢，且漫漫無期，又不必經過司法程序，所以專制統治者都喜歡用它整治對手。馬寅初後被轉至江西上饒集中營。蔣介石大約覺得馬寅初畢竟是個文人，又是國民黨立法院財政委員會委員長，既非敵黨，亦非「惡攻」，只能算「犯顏直諫」吧，所以，一九四二年八月，讓他回到了重慶家中。但仍給他定了「三不准」，算是對他的懲戒：不准任公職，不准演講，不准發表文章。總之是再不准他對公眾發聲了。

馬寅初早年留學美國，獲哥倫比亞大學經濟學博士學位，一九一五年回國後，先在北洋政府財政部做職員，不久辭職到北大執教，並宣示「一不做官，二不發財，竭盡全力於教育救國事業」。這種人生定位，決定他在專制的中國必定是一個異數。他敢於公然指斥權貴，甚至向專制政權的最高統治者叫板發難，一方面出於他耿介直率的性格，嶢嶢卓立，皎皎自潔，對外力的摧折和玷污全然不懼。這正是傳統的中國士人最可寶貴的品質，如孟子所言「富貴不能淫，貧賤不能移，威武不能屈」。這種傳統士人精神由於文化的浸染和薰陶，已經深入他的骨髓，所以，在他遭遇來自高層的強大政治壓力時，仍能持守立場，聲言三軍可奪帥，匹夫不可奪志，自知寡不敵眾，也要應戰到底，直至戰死為止！在雞蛋和石頭之間，多數人都不會選擇站在雞蛋

一邊,因此,馬寅初的精神尤其顯得高潔可貴。再者,馬寅初在美國留學九年,對民主政治耳濡目染。在那種制度下,陳述政見,彈劾官吏,言辭再激烈出格,也不會入人以罪。可是在專制的中國,踐行這套理念自然要吃苦頭。馬寅初生於光緒八年(1882年)農曆五月初九,按中國干支為馬年馬月馬時;歿於一九八二年,活了整整一百歲。這一點,亦當屬難遇之異數。他是一匹特立獨行之馬,在萬馬齊喑的時代仰天嘶鳴,鐵骨錚錚,聲徹九天,催人警醒,令人感奮!如果中國多一些這樣本性剛烈揚鬃奮蹄之騏驥,一馬當先,萬馬奔騰,踏平坎坷成大道,在專制政治的荊榛瓦礫間,一定會開出民主政治的坦途。

拘捕馬寅初,蔣介石這一招棋下得很臭。本來他在國內就面臨很多反對黨派,要求實行憲政的人對他的一黨專制很不滿。馬先生說他得到「全國一致擁護」,那是給他戴高帽,忽悠他。抓了馬寅初,使他在道義上輸了理,鬧得輿論一派嘩然。雖然懾於威權,人們還不敢公開指責他,但私下的議論和動作也不少。當時新聞界有影響的民主派知識分子鄒韜奮就寫了一篇文章,題目是「萬方感念的馬寅初先生」。「萬方感念」者也,它的內涵似乎不僅是擔心馬先生的安危吧!這件事情還引起了暗湧的學潮。翌年,逢馬先生生日,可馬先生還不見蹤影。重慶大學商學院的同學為他們所敬愛的馬院長遙祝六十壽辰,籌備開一個紀念會,聊表尊師敬道之意。學校當局接到上面指示,貼出了「奉教(育)部令緩開」的佈告,學生們只好發出「奉令停止舉行」的通知。這一來一往,兩個「奉令」,把政府壓制民主自由,干涉公民權利的嘴臉暴露無遺,弄得人雖噤聲卻道路側目,國民黨大失人心。住在重慶周公館裡的周恩來也不忘為此添彩,他為馬寅初先生六十大壽送來一幅賀聯:「桃李增華坐帳無鶴,琴書作伴支床有龜。」雖然「鶴」與「龜」都是長壽的象徵,但這裡卻別有所指。馬先生身遭軟禁,當然「坐帳無鶴(賀)」,是哪個烏「龜」王八蛋在何處給他支了

一張床，害得馬先生只能寂寞淒惶，唯有琴書為伴呢？既然此時「無鶴（賀）」，且問何時「有龜（歸）」？這幅賀聯，言雖正而意頗深，實在是高！

壽誕之日，重慶商學院的同學為馬寅初設了一個壽堂，高懸「明師永壽」四個大金字，當然，周恩來的賀聯也高懸在壁。壽堂除了陳列馬先生的著作外，還謄寫「馬師語錄」若干，其中有語云：「我是忠實的國民黨員，所以我關心著國民黨的進步⋯⋯」看來，馬先生是國民黨的「救黨派」。但國民黨雖患惡疾，卻無意自救，所以抗戰後不消幾年，這個「龐然大物」就分崩離析，被趕到海島上去了。

馬寅初先生徒喚奈何，轉而投奔（反獨裁、爭民主）的共產黨了⋯⋯

失蹤的戰地記者方大曾

盧溝橋事變已經過去八十年了。

一九三七年七月七日，日本華北駐屯軍向駐守盧溝橋和宛平的中國軍隊發起進攻，國民政府第二九軍奮起抵抗，中華民族的全面抗戰正式開始。盧溝橋事變的第三天，戰爭的硝煙還沒有散去，敵我雙方劍拔弩張，更大更殘酷的衝突正在醞釀中。一個年輕人出現在戰云密佈的盧溝橋畔，他用手中的相機和筆記錄了中國現代史上這一重大時刻，並且預言：「偉大的盧溝橋也許將成為偉大的民族解放戰爭的發祥地！」這個年輕人當時二十五歲，他就是第一個報導盧溝橋事變的中外新聞社記者方大曾。此後數十年，他拍攝的盧溝橋戰況照片一直被述說這一事變的歷史著作和教科書所選用。然而，第一個報導這一事件、拍攝這些照片的方大曾卻沉入了歷史的忘川，他的青春和生命永遠定格於那個血與火的年代。

方大曾的記者生涯雖然短暫，然而他留下的很多照片和文字彰顯了我們民族的艱難與抗爭、光榮與夢想，成為歷史的一部分。那些紀實文字和照片，在中國的新聞與攝影史上占有輝煌的一頁。如果打撈我們民族的記憶，方大曾是不應該被忘卻的。

底層中國

　　一九一二年七月十三日方大曾出生於北京東城區協和胡同，祖籍是江蘇無錫。清末，祖父入京做官，自此留居北京。他的父親方振東畢業於京師譯學館法文專業，在民國外交部工作，曾任科員和主事。父祖兩代算不上官場要人，但在京有老宅，家境相對殷實。當時，攝影技術傳入中國不久，照相館裡的全家福和仕女照都是惹人豔羨的西洋景，當然談不上現代的攝影理念。少年的方大曾受過良好的教育，喜愛攝影，他的母親用七塊大洋給他買了一架照相機。這架摺疊式相機很簡陋，方大曾十分喜愛它，自此開始了他的攝影生涯。開始，他或許只覺得新奇和好玩，但在不斷的實踐中，他的攝影技術和照片的洗印技術日漸成熟，並且樹立起關注社會現實的攝影理念。

　　一九二九年，方大曾十七歲，為了吸引更多同齡的少年參與攝影活動，他曾發起組織「少年影社」，並在北平的《世界畫報》發表徵求社員的宣言：「現在攝影藝術一天天地發達，進步。攝影人才也能在藝術上占重要地位……所以我們有組織少年攝影團體的必要。……少年影社以研究攝影藝術為宗旨，凡有攝影器材對於攝影發生興趣者，不論有無經驗，年在十六歲以內者，均得自由加入本社為社員。」他把少年影社聯繫地址定為協和胡同的家。顯然，十七歲的方大曾已把攝影作為藝術活動而非簡單的照相和留影，他發起結社的活動也足見他自由的天性和心智的成熟。這或許是當時北方首個青少年的攝影團體，

廿世紀三〇年代的社會和文化氛圍召喚並啟迪著一個少年對藝術的自覺追求，他手中的武器是一架簡陋的相機。

同年九月，北平第一次攝影展覽會在中山公園和青年會相繼展出，青年攝影家方大曾有幾幅作品被選中參展，受到社會的廣泛好評。晚清重臣蔭昌之子、攝影家蔭鐵閣撰文評介說：「方大曾之《寒夜》亦具西風，所取色調，尤能增其冷靜。」這說明，廿世紀三〇年代北平的攝影團體，在西方藝術思想的影響下，更注重畫面的光影色調及視覺藝術的審美感受。顯然，能置辦得起攝影器材者寥寥，所以這個圈子並不大，流風之所及乃唯美主義的藝術風尚。方大曾留下來的早期作品多為北平周邊的寺廟、佛塔、摩崖佛龕、風景、歷史建築、人物特寫等。這時的方大曾是勤奮、敏銳而充滿熱情的。據他的妹妹方澄敏女士回憶，他常常帶一架相機、一條毛毯和一把雨傘就出發，近在北平四郊，遠至天津、綏遠等地去拍攝。從攝影藝術的角度來看，方大曾留下的攝影作品中，諸如歷盡滄桑的古老長城、積雪覆蓋下的燕京大學、秦皇島海濱天真嬉笑的少年，尤其是內蒙四子王旗蒙古王爺為其子舉辦的具有民族風情的婚禮慶典等作品，都具有珍貴的文化價值。

在田野調查式的辛勤勞作中，對藝術孜孜以求的青年攝影家方大曾用鏡頭撫摸苦難深重的中國大地時，他的情感和焦點發生了變化，他更多地把鏡頭對準了苦難百姓和底層中國。乞丐、流浪者、船工、縴夫、鍛造鎬頭的鐵匠、肩扛麻包的苦力、人力車伕、煤礦工人、請願的學生……這一切，都進入了他的鏡頭，在這一幅幅畫面中，他傾注了悲憫和同情，傾注了滿腔的憤懣和無聲的吶喊……於是，我們從他留下的照片中，看到了八十年前的中國——她的土地和人民。

我們不能單單從攝影藝術的角度來評價方大曾，因為他後來成為民族解放戰爭中一個英勇的戰士。藝術的形式和內容固然不可分割，但從對光影效果的追求到表現更多的社會關懷，方大曾顯然有一

個逐漸成熟的過程。自覺地親近土地和人民，題材上的平民化和底層視角，是當時文學、美術、音樂等進步藝術的自覺追求。我們只要提到魯迅的小說和他對珂勒惠支版畫的推重，就可以窺見當時的思想潮流。方大曾拿起相機時就自覺地融入這個潮流並在攝影實踐中貫徹始終，我們感受到他內心的溫暖、對光明的渴求和悲憫的人文情懷。一九三〇年，十八歲的方大曾考入中法大學經濟系學習，大學中留下的照片，我們看到了一個開朗、樂觀、時尚的陽光青年，他有目標，有追求，和所有的年輕人一樣對未來充滿憧憬和希望。此時，攝影是他的業餘愛好，手中使用的還是那架摺疊式的舊相機。他已在攝影界嶄露頭角，除了參加攝影展，還用「小方」的筆名在畫報、雜誌上發表攝影品，有了一定的影響。大學畢業後，他用發表作品的稿費買了一架祿萊福克斯牌新相機，這個舉動表明他的攝影活動將由業餘轉向專業。此時的方大曾在藝術觀念上更加自覺，他的妹妹方澄敏後來回憶說，他很少給家人或朋友照相，反倒是更多不相干的底層人進入他的鏡頭。在他的眼裡，攝影不僅是一門照相技術，更是反映社會和人生的一門藝術。和同時代的許多青年一樣，方大曾關注民族和國家的前途命運，關注人的生存狀態和社會環境的變遷。他是一個冷靜的觀察者和紀錄者，也是一個以相機為武器對社會不公不義的批判者。

　　大學畢業之後，方大曾先是在北平基督教青年會做幹事，有條件接觸許多國外的報紙雜誌，瞭解更多的文化信息，西方的思想觀念拓展了他的眼界。一九三五年，方大曾離開北平到天津基督教青年會工作，和朋友們組織了「中外新聞學社」，並在其中擔任攝影記者，從此開始了他的記者生涯。記者的職責就是比常人更多地關注社會和人生，他的眼界因此更加開闊，對時局和社會有了更廣泛深入的瞭解，他的鏡頭也轉向了祖國的命運和人民的抗爭。

　　九一八事變後，日寇占領了東三省，民族危機日益嚴重。方大

曾預感抗日戰爭不可避免，他對祖國充滿了深摯的愛，深為祖國的前途命運擔憂。他的鏡頭下出現了長城上成群結隊的東北流亡學生、坐在長城垛口下的少年流浪者、青年學生呼籲政府抗日的南下請願團、人民集會的宏大場面……這一切，都是中華民族危機的真實寫照。同時，更多超越時代反映人生的底層生活畫面也日漸自覺和鮮明。我們看到，河堤上縴夫們艱難行進的身影；看到趕著毛驢，馱著棉花跋涉在長路上的農民；看到停靠在天津碼頭上走私的日本貨輪；看到紗廠車間裡的女工、礦井裡用肩頭推著運煤車艱難前行的礦工、赤身裸體站在船頭仰望升帆的船工……這些珍貴的影像讓我們看到了一個遠去的時代。

身為攝影記者，方大曾有著高度的職業敏感和強烈的工作熱情，為了理想和事業不怕冒險，勇於探求真相。日本為了加緊對中國的侵略步伐，策動漢奸打著自治的旗號成立冀東偽政權，方大曾以記者身分，深入這個日寇猖獗之地，揭露在日本卵翼下的冀東偽政權經濟上猖獗走私，社會上黃、賭、毒氾濫的真實場景。他鏡頭下有日本妓女，有戒毒所裡的癮君子空洞、茫然的眼神，有公然銷售賭具的商店，有火車站的站牌上標示著的日本文字，有碼頭上裝卸走私物品的苦力……這滿目瘡痍的中國土地帶給人深深的屈辱。

從少年時代的攝影愛好者，到正直、熱情、敏感與苦難的祖國共命運的青年記者，方大曾甫一入行，就是一個傑出的新聞戰士。他只用自己的眼睛看世界，沒有任何黨派觀念和意識形態的牽絆，澄澈的眼睛，纖塵不染的鏡頭，雲翳散去，真實呈現，留下的是一個裸露的毫無矯飾的中國。

綏遠前線

方大曾真正的記者生涯是從綏遠前線開始的。就其攝影的成績來說，也以綏遠四十三天的採訪所留照片最為豐富，題材覆蓋政治、軍事、經濟、宗教、民族風尚等各個領域。留下的戰地影像，在中國抗戰史上彌足珍貴。

九一八事變後，東北、熱河與冀東地區相繼淪入敵手，一九三六年二月，日本在察哈爾得手後，即把侵略的矛頭指向綏遠。地處內蒙西部的綏遠省，是西北邊疆進入中國腹地的必經通道，具有極為重要的軍事意義。五月，日本人操縱蒙古王爺德穆楚克棟魯普（簡稱德王）和李守信等地方勢力成立傀儡政權——「蒙古軍政府」，同時拼湊了以土匪頭子王英為首的一支武裝，名為「大漢義軍」。這些漢奸部隊是日本侵略中國的別動隊，由日本派出軍事顧問並提供軍費和武器。日本關東軍制定了進攻綏遠的詳細計劃，準備對百靈廟、紅格爾圖、歸綏、集寧及包頭等戰略要地分別攻擊，進而占領綏遠全境。

日寇的囂張、綏遠的危機立刻引起了全國人民的憤怒，國民政府及地方軍政官員在日寇的步步緊逼下，對日立場也發生了根本變化，為了國土和尊嚴，隨時準備奮起抵抗。蔣介石緊急下令中央直屬部隊五個師進入山西，抵抗入侵的日偽軍。綏遠省主席兼第三十五軍軍長傅作義以「不惹事，不怕事，不說硬話，不做軟事」的原則同日偽進行堅決鬥爭，在軍事上也做了相應的部署。十月卅日，閻錫山、傅作義面見蔣介石，研究了綏遠前線的兵力部署及作戰問題。十一月十一日，閻錫山以軍事委員會副委員長，太原綏靖公署主任的身分發佈命令，傅作義的第三十五軍及趙承綬統領的騎兵軍為綏遠前線主力作戰部隊。十一月十五日，在日本軍事顧問指使下，王英的「大漢義軍」

進抵興和縣紅格爾圖附近，與駐綏軍前哨部隊接觸，綏遠戰役正式打響。當天午夜，傅作義、趙承綬抵達前線指揮。十八日凌晨，晉綏軍全線出擊，一舉擊潰王英所部偽軍，擊斃敵人千餘，紅格爾圖初戰告捷。為了不給敵人以喘息之機，傅作義決定一鼓作氣，發起百靈廟戰役。百靈廟位於綏遠北部，是烏蘭察布草原上著名的藏傳佛教的寺廟，距省城歸綏（今呼和浩特）約一百六十公里，戰略地位非常重要。當時駐紮日偽匪軍三千多人，還有日本提供的大量的軍事器械和作戰裝備。十一月廿四日凌晨，戰役打響，經過迂迴包抄、速戰速決、圍點打援等一系列戰術的運用，當天上午九點三十分，百靈廟被一舉收復。自十二月三日起，日偽匪軍組織多次反攻，均以失敗告終。十二月九日，傅作義等部進占錫拉木倫廟，十九日，王英率少數殘部逃歸張北，「大漢義軍」徹底覆滅，引起全國人民熱切關注的綏遠抗戰以中國軍隊的全面勝利而告終。

百靈廟收復後，日偽匪軍瘋狂反撲，在兩軍激烈廝殺的時刻，中外新聞社記者方大曾立刻起程前往綏遠。他在戰地通訊《綏東前線視察記》中寫道：「為了把綏遠抗敵的情形，給讀者一個實際的真確的認識，所以記者乃有前線之行。」此時的北方大地，數九隆冬，冰封雪裏，「十二月四日晚，自北平起程，平綏道上的火車在冽風中掙紮了一個整夜。經過張家口、大同等處，記者均從睡夢中驚醒，聽到車窗外面咆哮的大風，就覺得冷慄，而體會到戰壕中守衛國土的將士之身境。啊，冷，凍得死人的冷！五日晨，到集寧縣，這是綏東的軍事重鎮，記者即在此下車」。方大曾下車後的即日午後，搭乘軍用運輸車經黃家村到達大六號，翌日上午，再次搭乘軍用運輸車由大六號到達賫紅，然後徒步北行前往高家地，「塞北荒原上的路程，比起內地來總要較長一些，這四十里的路程，直走了五個多鐘頭才到，又因為逆著強烈的北風，所以更感覺特別的吃力，當黃昏時候到達高家地已是疲倦

極了」。方大曾在此停留一個晚上和一個上午，我們在他的戰地通訊中看到了戰爭的酷烈和艱難——

天明後，敵人又作更猛烈的攻擊，但我軍此時自然是更有把握了，兩位英勇的正副團長，坐鎮火線。這時，他下令把所有的馬匹都交給少數幾個馬伕看管。騎兵的馬本來與手中的槍是同樣重要的，但現在只得放棄了寶貴的馬，以示死守不逃的決心，於是軍心乃更穩固了。

張團長住在一個狹小的土房子裡，在占滿了全屋四分之三的土炕上，正中擺著一個炕桌，他獨自睡在一邊，另一邊則讓給記者。他的頭旁，放著一架軍用電話機，他隨時隨刻的都留心著每一次鈴聲，好像這東西是他唯一的伴侶一樣。他為款待記者晚餐起見，特叫侍從買來一塊豆腐，加入他平時的美食——鹽水煮土豆中。在我們盤腿對坐在炕桌旁吃飯的時候，他拿起這足有四兩重的大饅頭對記者說：「這兩天才有白麵吃，從前都吃的是莜麵和黑麵。」記者詢以兵士們是否也吃這個，他說是的，不過兵士們實際並不願意吃白麵，這並非是白麵不好吃，而是因為它的價錢較貴，因為他們都是吃自己的伙食。本來晉綏軍的規矩，在作戰時應該有官家供給伙食，但現在並不是這樣。

入夜，張團長拿了手電筒出去查勤，經一小時方回。歸來後對記者說：「我們這團人自八月四日開到高紅兩鎮以來，日間做工事，夜間睡在火線上，四個月來如一日，其間還經過兩次主力戰。從前天氣溫暖時，在火線上睡還不覺得如何難耐，但現在實在有些辛苦了。因為商都距離這兩處很近，敵人如在黃昏時自商都起程，即使是最慢的步隊，至遲午夜亦可到達，這正是奪營的最好的時候，所以我們的弟兄，不得不每夜都睡在火線

上,以便應付緊急的事變。弟兄們的這種苦況,也只有團長以下的軍官才能知道。」

我們談了許多關於抗敵的問題,他深信晉綏的高級將領們是有決心守土衛國的。他說日本想要得到晉綏可真不容易,他勸記者將來有機會能到山西去做一次旅行,去瞻仰一下那裡的偉大工事。

睡到三更時分,記者從夢中凍醒時,看見這位英勇果斷的團長,正把著耳機在和紅格爾圖方面談話,原來他夜間總是枕著耳機睡覺的。

(《綏東前線視察記》)

方大曾的戰地通訊寫自己的親歷親見,行文樸實,沒有矯飾和造作,這正是一個新聞記者的職業精神和可貴品格。從他的記述中,我們得以窺見國民政府時期軍隊的情況,士兵靠軍餉養家,儘管在戰場上捨生忘死,但為了家中的父母妻兒,寧可吃黑麵,能節省還是要節省。在面對敵人時,淳樸的心靈裡充滿著民族大義,表現出大無畏的英雄氣概。同在綏遠前線採訪的《大公報》記者范長江在一篇通訊中寫道:「我們的將士在這回綏遠戰爭中,決沒有一個人在考慮個人自身的利害問題,大家一致的信念是『為生存而戰爭』……士兵情緒之堅決,令人可歌可泣,僅僅三五元一個月的軍餉,他們已有一部兵士請求不發軍餉,以減輕政府應付戰爭的困難!」對比來讀,我們可知抗戰初期民族危亡之際民氣人心之可貴。

方大曾的記者身分和採訪活動,得到了綏遠前線軍政官員的極大尊重和支持,高家地採訪結束後,十二月七日上午,方大曾謝絕了張團長的勸阻,決定前往紅格爾圖前線再行採訪,當地駐軍派出卅人的騎兵馬隊護送他,方大曾談及這次縱馬馳騁蒙古荒原的經歷為平生首

次。在紅格爾圖他採訪了參加戰役的軍官、士兵和百姓，獲得了對戰役的全面瞭解後返回集寧，十二月十四日完成了戰地報導《綏東前線視察記》。十二月十七日上午，與范長江等前線記者一起，隨騎兵七師師長門炳岳同乘一輛汽車離開集寧。這是方大曾與范長江的首次會面，兩人惺惺相惜，都對這次會面印象深刻。方大曾等在隆盛莊、興和、紅茂營子等地採訪視察後於十二月十九日返回集寧。一九三七年一月五日，方大曾在此完成綏遠前線的第二篇戰地通訊《興和之行》。此時，綏遠戰地採訪工作已告結束，方大曾檢點行囊，還剩下一些膠卷，他決心翻越大青山，到綏北一帶考察民族、宗教、邊疆經濟，以及戰爭給當地人民造成的損失和精神創傷等情況，並留下真確的歷史影像。臨行之際，方大曾和范長江等記者同行告別，一九三八年，范長江在《憶小方》一文中回顧了這個瞬間——

「明天我要到百靈廟去，如果走得早，我就不來看你了！」兩年前在塞外著名的高寒地方——綏東平地泉的冬夜，黑黑一屋子的塞外冬裝青年人，屋內發黃的燭光，被屋外如萬頃波濤呼嘯而來的狂風震撼得發閃，這位壯碩身軀，面龐紅潤，頭髮帶黃的斯拉夫型青年方大曾先生走來和我握手。

「到百靈廟？」

「是的。」

「你怎樣去法？」因為從平地泉到百靈廟，在塞上冬天如果不走歸綏經武川的汽車路，那麼一定要斜穿陰山，出草原，那是雄壯而艱苦的旅程，這位平時沒有被人重視的朋友，今天卻來這樣一個壯舉，我有點不明白他如何去法，一則恐怕他太過於理想，一則恐怕他準備不夠，途中容易發生困難。

「騎馬去。」坦然的回答。

「幾個人一路？」

「還有個馬伕。」

「你帶什麼東西？」

「就是身上帶的這一點。」

塞外的生活，我們多少經歷一些，總少像他這樣冬季孤身翻陰山，而且正是百靈廟戰爭之後。

方大曾的採訪計劃受到軍政官員的支持，湯恩伯軍長要派汽車送他，但因山路僻遠，道路坎坷，汽車無法通行，因此由王萬齡師長借給他兩匹馬，並派一馬伕隨行護送。零下四十度的塞外嚴寒沒有阻退他前行的意志，方大曾終於完成了這次艱難的採訪。

方大曾與著名記者范長江在這次綏遠採訪中結下了深厚的友誼。范長江是一九三六年十一月一六日趕到綏遠前線的，比方大曾去得早。范長江時年廿七歲，方大曾廿五歲，都是青春勃發的好年華，他們把理想和事業融入了民族解放鬥爭中。

很多年過去了，從方大曾留下的數百張照片裡，我們依然感受到荒原凜冽的風聲和呼嘯的子彈聲。這些照片裡有快速集結的部隊、戰前動員中舉拳宣誓的士兵、蜿蜒在荒漠上的掩體、行進在戈壁沙漠上運送軍事給養的駝隊、守護在地堡邊的哨兵、頭戴防毒面具的防化兵和機槍射手、前線將領和各級指揮官堅毅的表情……還有蒙古包前的蒙族牧民、雪路上裝滿柴草的木輪牛車、莊嚴的喇嘛廟和喇嘛們、天主教堂內躲避戰禍的孩子、畜牧專家改良的羊群、四個衣衫襤褸的孩子天真的笑容……這是八十多年前的北方中國。我們在溫習這段歷史的時候，深深感受到我們民族的淳樸、勇敢和堅強，這樣的民族是不會被征服的！

目擊事變

　　一九三七年七月七日，震驚中外的盧溝橋事變爆發，七月十日，方大曾即前往盧溝橋採訪。當時的北平已處於一片恐慌之中，許多京郊百姓為了躲避戰火，源源不斷湧向城裡，在這紛亂恐怖的戰爭氣氛下，方大曾騎著一輛自行車，迎著戰火而去。「在豐臺岔道口，我被幾名日軍截住，我身邊的相機引起了他們的注意，他們懷疑我是中國軍隊的高等偵探，理由是新聞記者沒有勇氣到日軍方面來。我遞上一張名片，加之態度自若，這個猜疑也就消除了。一小時後，我被放行，穿過涵洞，再行了一里多路，就到了宛平城下，這裡正是戰場地帶，傷亡的兵士想必都由雙方運回了，只剩下一匹死去的騾子，肚腸流露在腹外。」方大曾隨一位姓于的中國警官各處拍照採訪，到了中午聽到了兩個消息：一是大井村又被日軍占領；二是日軍四五百人又從豐臺出動，向盧溝橋進發。

　　宛平採訪結束後，方大曾登盧溝橋西行，中國軍隊已在橋的西端，橋頭堆滿沙袋。中國守軍聽說他從北平來，問日本兵撤退沒有？方大曾告訴說，日軍非但未撤退，而且正在增援中。「聽了這消息後，兵士們都感覺極憤恨。」從盧溝橋到長辛店的五里路，是平漢鐵路的要道，南下北上的列車因戰事全止於此，這裡是個工人區。在一條街的盡頭上，排列著陣亡士兵的屍體，當地老百姓告訴方大曾：直奉戰爭時，在長辛店打了三天三夜，也沒死這麼多人。他看到當地小學生組織童子軍，向商戶們宣傳募捐；商戶們組織起來，擔著綠豆湯，帶著糖果，前往盧溝橋去勞軍。一個犧牲的連長的太太，看著丈夫下葬之後，就坐火車回娘家去了。在戰場受傷的一名叫金振中的營長，收到了很多慰問品，他下令把這些慰問品分送給其他傷兵。

抵達長辛店後，方大曾才意識到，自己是盧溝橋事變後第一個趕到現場的記者。午後四時，他採訪了這次戰役的指揮官吉星文團長，對方手裡正拿著一封電報，匆忙地對方大曾說：「前方很緊，日本兵恐怕又有新的動作。你從北平來嗎？要不要回去了？」戰事確實愈發緊張了，在一座高坡上，方大曾看到已經架設好的機關槍，路上的人都在往家跑，盧溝橋又發生激戰，已無法通行。方大曾一心急著回去發稿，不得不沿著永定河西岸繞道門頭溝返回北平。「離長辛店十二里，至盧井村，正是下午六時，隆隆的炮聲從盧溝橋方向傳來，激烈的戰爭又在進行著了。十日下午開始的第二次總攻，日軍仍未能得逞，反而遭到了比第一次戰役更大的損失。計兩次戰役死傷達二百三十名之多，而我軍傷亡則為一百五十餘人。二十九軍在這次抗敵戰爭中，其悲壯熱烈，實非筆墨所能形容。」方大曾的實地採訪和記載，八十年後讀來仍令人驚心動魄。就在方大曾採訪的當天（七月十日）日軍二次進犯盧溝橋。「記得日軍二次進攻的夜裡，我軍有一排人守鐵橋，結果全部犧牲，亦未能退卻一步，及後援軍趕到，始將鐵橋再行奪回。一個傷兵告訴我：他在那天參加奪橋的戰役，他衝到日軍戰壕裡，把一個敵人用刺刀扎死，沒有急把刺刀拔出來的時候，旁邊一個敵人把他左背刺傷，他就放棄了槍，右手從背上拔出大刀，立刻把刺他那個敵人斬去半個頭，並且接連還殺傷兩個敵人……」（《盧溝橋抗戰記》）

這年酷熱的七月，方大曾在緊張的工作中度過了自己廿五歲的生日。完成了戰地通訊《盧溝橋抗戰記》，八月一日，這篇通訊發表在上海《世界知識》雜誌第六卷第十號上。

一九三七年七月廿八日清晨，再次奔赴盧溝橋時，與方大曾同行的還有《實報》記者宋致泉和《新聞報》記者陸詒。在五十年後撰寫的回憶錄中，陸詒仍記得當年方大曾的樣子：「小方身上挎著架相機，頭戴白色帆布帽，穿著白襯衣和黃短褲，足蹬跑鞋，年少，英俊，顯

得朝氣蓬勃，精力充沛。」三人所坐的列車距長辛店還有廿五里時，前線的炮聲隱約傳來，方大曾噌地一下從座位上跳起來說：「聽，老陸，這是中華民族解放的炮聲！」為了目擊真實的戰爭，方大曾不惜離炮火近一些，再近一些。

盧溝橋事變之後，日本侵略者向中國腹地大舉進攻。這場戰爭，不僅改變了中國的命運，也改變了方大曾的命運。二次盧溝橋採訪中，由於戰局變化，方大曾已回不去北平的家。自此，他隨中國軍隊共進退，見證了戰爭和國土淪陷，也見證了中國人民的反抗和犧牲。他把這一切及時地告訴世界，留下了國人永遠抹不去的戰爭記憶。

戰地失蹤

一九三七年八、九月間，方大曾奔走於兩軍拚殺的戰場、外敵肆虐的土地，目睹侵略者的暴行和人民的死亡，國土淪陷，瞬間生死，內心焦灼而又憤懣。此時的他既亢奮又勤奮，一篇篇真實而又帶血的文字如子彈飛出槍膛一樣噴湧而出。他成為了一個深情的愛國者，一個對時局充滿憂慮和洞見的時事評論員，一個出沒於彈雨之中用手中的筆和相機作戰的傑出戰地記者。在極度動盪不安的環境中，他寫下了《前線憶北平》、《血戰居庸關》、《保定以北》、《保定以南》、《從娘子關到雁門關》等文字，並有《我們為自衛而抗戰》、《日軍炮火下之宛平》、《盧溝橋發生後之北平》、《被日軍占領前之天津》、《敵機轟炸我保定車站》等攝影報導。這些親眼目睹並被鏡頭記錄下的慘烈悲壯的場面向世界揭示了戰爭的真相。今天，我們懷念和尋找方大曾，更多的是從攝影家和攝影藝術的角度來談論他留下的影像作品，然而，我更願意把他看成一個有理想、有抱負的熱血青年，一個真誠的愛國者，一個人文知識分子，一個用文字和影像紀錄他的時代的人，

他目睹真相併如實地記錄了真相，使我們得以窺見那個年代——

> 日軍侵入平津後，二十九軍駐防南口的只有兩營步兵，第十三軍湯恩伯部奉命搶防南口，於八月一日自綏東防次開拔東下，先頭部隊為八十九師王仲廉部，他們於三十日到達八達嶺的青龍橋，次日抵南口。將士們離別綏東時，大家把自己所有的一切東西全部拋掉了，除了戰場上所需要的武器外，別的什麼也不帶，以示決心。沒有一個人的腦子裡，想到抗戰以外的事。……南口的重要，誰都知道，綏東的民眾送走了十三軍之後，大家就彼此議論著：「有老湯（湯恩伯）去，我們就對南口放心了。」
>
> 北平美國使館陸軍參贊處隨員 Frank Dorn（竇爾恩），陪著一位美合眾社記者白得恩氏，在八月四日這天由北平通過日軍陣地到南口來，他們和我們新到的生力軍談話，那位美籍記者說：「來到你們的陣地上，我是很大膽很放心的，但是我害怕到日軍陣地去，因為沒有把握他們是否會危害我。」……美國武官又誠懇地囑告我們：「日本的飛機不可怕，但是你們要小心一點大砲和坦克車。」他的見地確是很對，以後的戰役中果然如此。我們很感謝這兩個中國友人給我們真摯的鼓勵和忠告。
>
> （《血戰居庸關·搶防南口》）

驚心動魄的南口戰役在親臨前線的方大曾筆下展示了它的慘烈和悲壯。當日軍坦克向我軍陣地進攻時，戰士們沖上前去把手榴彈塞進坦克的射擊孔，以血肉之軀與這可怕的「鐵怪」搏鬥，一整排戰士在這場力量對比懸殊的搏鬥中死去。繳獲了六輛坦克，在我軍陣地放了兩天，無人會駕駛，又無法銷毀，最後被敵人拖了回去。我軍武器裝備

的落後於此可見。忠勇的中國軍人面對凶惡的侵略者，完全在以命相搏。「十三軍的將士們真了不得！他們奉到的命令就是死守陣地，但是這裡何來陣地？一些臨時工事也被炮火轟平，居庸關從今以後再也不會看到它的模樣了，有的是我們忠勇的抗日將士的血肉所築成一座新的關口！」（《血戰居庸關・新的長城》）方大曾寫到兩軍的肉搏，寫到軍隊前赴後繼死守不退，寫到指揮戰役的高級將領親臨前線的情景——

> 王仲廉師長，他有強壯的體魄，高大的身量，黑而堅實的臉。師部設在居庸關山洞裡，一輛火車作了指揮所。他本人和兩位旅長四位團長，都在前線指揮，砲彈把他的頭打傷了，若不是還有一個鋼盔戴在頭上，就不堪設想了。戰爭剝奪了他睡眠的權利，又瘦又黑表現他是一個為國宣勞的忠勇的將官。
>
> 湯恩伯，這個鐵漢子，他不要命了。十三軍從軍長到勤務兵，他們全不要命了！大家都把一條命決心拼在民族解放戰爭的火線了。他不是去年冬天在綏東見到他的那樣狀態[1]，他穿一件短襯衫和短褲，手指被香菸熏得黃透了，從戰爭發動以來就沒有睡眠的時間了，一切的精神，都用香菸維持著，瘦得像「鬼」一樣，烈日把臉曬出焦黑的油光，衣領肥大的可以伸進一隻手。只有兩個傳令兵跟著他，衛兵和勤務兵早已上了火線。
> （《血戰居庸關・「鐵漢」之淚》）

方大曾寫道，湯恩伯到前線去指揮，見了官兵，只能用嘶啞的嗓音說出一句「你們好好的打呀」，已經說不出第二句話；見到陣地上的士

---

[1] 方大曾綏東採訪曾拍有湯恩伯給部隊作戰前動員的照片。

兵，兩眼滿含淚水，又強嚥了回去。而官兵們幾乎已認不出眼前的人就是他們的軍長，待認出他時，都流下淚來。湯恩伯後來與日寇打過多次硬仗，除南口血戰外，還參加過臺兒莊戰役、徐州會戰、武漢會戰、隨棗會戰、棗宜會戰以及豫南會戰等大型戰役，重創日軍。華北日軍對湯恩伯所部十分忌憚，以為第一號勁敵。湯在抗戰中，一直被譽為「抗日鐵漢」，其源即出自方大曾的筆下。

　　從一九三七年七月十日到九月十八日，方大曾足跡遍佈長辛店、保定、石家莊、太原和大同，哪裡有戰役，哪裡有熱點新聞，他就趕到哪裡去。這次採訪中，他和范長江再次相遇。八月下旬，范長江電邀方大曾前往大同商議工作，聽說方大曾去了綏東。原來，他聽說八路軍挺進熱河，他趕去採訪，後來聽說消息不確，又返回大同與范長江會面。勤奮的方大曾並沒有放棄記者的職責，一路上寫了《保定以南》、《從娘子關到雁門關》等長篇報導，將強敵壓境的太原等地抗戰情況做了詳細的報導。他在《保定以南》中寫道：「我們現在的戰爭不是內戰，因而以往的那些應用於內戰的軍事作風應該從根本上改過。這是一個全民的抗戰，是一個生死關頭的民族解放鬥爭，每一個國民都應該並且必須組織在抗戰行動之下，只有這樣，我們才能夠把握著最後的勝利。」這警醒深刻的洞見今天讀來，仍令我們動容。大同戰事吃緊，范長江和方大曾先後趕到石家莊，作為協調正面戰場報導任務的著名記者范長江與方大曾商定，仍由他挺進平漢線，負責戰地新聞的採訪工作。范長江回憶道——

　　　　那時保定已萬分吃緊，衛立煌將軍所部三師增援南口落空，正與敵激戰於永定河上游青白口一帶。小方當時異常興奮，他不只要到保定，而且更要到保定以北南口山脈中去。他帶上充分的藍墨水、稿紙和照相器材，急急由石家莊登上北去的列車，

>   臨別時，我說：「希望你能寫一篇『永定河上游的戰爭』！」他很平和堅定地對我說：「我一定有很好的成績答覆你！」（范長江《憶小方》）

這是兩位記者最後的告別。方大曾九月十八日在山西蠡縣向上海《大公報》發出最後一篇戰地通訊《平漢線北段的變化》後，杳如黃鶴，再也沒了消息……

八三七張底片

據方澄敏回憶，他的哥哥方大曾一九三七年七月離家後，中間曾回家一次，席不暇暖，又匆匆離去。自長辛店被日軍轟炸受阻，接著就是平津陷落，他有家難歸，母親和家人音訊不通，正是「感時花濺淚，恨別鳥驚心」，他唯有將全部身心投入抗戰中去，才能稍稍紓解對親人的思念。方澄敏說，哥哥帶走了平時積存的四十個膠卷，他本來準備用它去拍攝四川大饑荒的，據說四川百姓斷糧，以觀音土充飢。外敵凶惡入侵，他只好把它用於抗敵前線。內憂外患的中國的紀錄者方大曾，用他全部熱忱和生命完成了他的使命。

我們注意到，方大曾自輾轉於平漢線戰地報導始，其影像報導就明顯減少了。居庸關隧道裡瘦得像個鬼的前線指揮官、含淚巡視他的士兵的將軍、敵機轟炸下逃難的百姓、美國駐華武官大戰前夕對中國軍隊的訪問……這一切，理應進入他的鏡頭，但是，我們沒有看到。作為戰地攝影師，當他的眼睛看到這一切時，他的相機不可能停止工作，可是，身處彈雨橫飛、硝煙瀰漫的戰場，哪裡有洗印它們的條件呢？那些珍貴的影像在他的相機裡，在他佈滿戰地煙塵的背包裡，它們等待著曝光，等待著顯影，等待著進入世人眼簾和內心的時刻。但

是，這永遠也不可能了，隨著方大曾謎一樣的失蹤，那些影像也永遠地消失了……

　　日寇進入北平後，為怕敵人加害，方大曾的父親把他存留的一些照片燒掉了。妹妹方澄敏堅信哥哥有一天會回來，出於對哥哥的思念，保存下一個小木箱，裡邊珍藏著哥哥拍攝的八百卅七張底片。這些底片保存得很好，每一張都分別裝在一個紙袋裡，整整齊齊擺放著。這裡有哥哥的手澤、哥哥的溫度。經歷漫長的歲月，經歷動亂的年代，多少牽腸掛肚，幾次失而復得，謝天謝地，它還在。方澄敏從一個活潑的少女變成了一個白髮蒼蒼的老人，這個小木箱成為她生命的一部分，她撫摸它，端詳它，有時對著光亮看底片裡模糊的影像……她一直住在協和胡同那座老宅裡，即使那座不規則的四合院搬進很多人家，變成大雜院，她也沒離開那裡。她幻想著廿五歲的哥哥像從前一樣推開院門，滿面春風地走進來。在她走向暮年的歲月裡，她知道這些底片曾經記錄過一個時代，它們是珍貴的，她整理它們，到處奔走，期待它們能重見天日。攝影師阮義忠先生知道後，登門拜訪，說服了方澄敏，帶走了五十八張底片。返回途中遭遇颱風，飛機劇烈顛簸，無法降落。生死之際，阮義忠先生仍然記掛著挎包裡的底片。飛機平安降落後，阮義忠先生洗印了這些照片，並把它們刊登在由他主辦的《攝影家》雜誌上。這些照片面世後引起轟動，方大曾的名字和經歷方為世人所知。這之後，中央電視臺的紀錄片導演馮雪松拍攝了《尋找方大曾》的紀錄片，失蹤在抗戰前線的戰地記者方大曾，那個以小方的筆名發表戰地通訊和圖片報導的廿五歲青年才進入我們的視野。最終，方大曾留下的八百卅七張攝影底片被國家博物館正式收藏，成為我們民族永久的記憶。

　　與方大曾同時代出生的法國人亨利・卡蒂埃・布列松被稱為「現代新聞攝影之父」，他比方大曾僅大四歲，當方大曾拿起相機攝影時，

布列松或許正在法國軍隊裡扛著來福槍服役。我們深感惋惜的是,方大曾如流星劃破夜空,消失於硝煙瀰漫的中國土地上,他消失得太早太早,他的記者生涯僅僅有兩年。而布列松卻活了九十六歲,見證並用相機記錄了廿世紀幾乎所有重大事件,成為了世界著名人文攝影大師。布列松提出了「決定性瞬間」的抓拍理論,方大曾沒有理論,但他有決定性瞬間的實踐。布列松說,經過加工和導演的照片我沒有興趣,相機是直覺和自發性反應的工具,他還說,必須永遠秉持對被拍攝者與對自己的最大尊重。這一切,方大曾在職業生涯中都本能而自覺地身體力行。方大曾是廿世紀的中國人,我們無法預測他的命運和事業,但是,在他活著並工作著的最後時光裡,他無愧於一個戰地記者和優秀攝影家的光榮使命。他留下的,是值得永遠記憶的東西。為此,我們感謝他。

帝國政治的窳敗之斑
——晚清變法及憲政改革的幾個節點

　　一八九五年的中日甲午之戰,龐大而衰朽的清帝國被一個剽悍而凶惡的小個子擊倒在地,遍體疼痛,羞辱不堪,本身的病灶也在發作,苟延殘喘中,已經看到了死亡的陰影。但也並非無起死回生之術,老帝國從地下掙紮著爬起來,打量一下面前凶神惡煞的對手,發現了眼前小個子筋骨強壯孔武有力的祕密,那就是君主立憲,革新政治,變祖宗之法,以應世界潮流,圖富強之路。適有國人猛醒,康、梁等士子「公車上書」,光緒親政,欲圖振作,遂有「百日維新」。後經慈禧太后等頑固派的反撲,發動戊戌政變,六君子血染菜市口,光緒被囚瀛臺,康、梁遠走海外,變法遂遭遏阻。之後有庚子之亂,東洋之禍未息,西洋之釁又起,八國聯軍突入京城,兩宮遁逃,國遭

荼毒，列強豆剖瓜分之勢已成，比之甲午更加危乎殆哉。四海之外，列強環伺，九州之內，革命迭起，頑固如慈禧者，迫於大勢，也不得不思改弦更張，以圖自救，於是有之後的憲政革新。從戊戌變法到憲政革新，這條政治變革之路一直貫穿晚清帝國的始終，前者由光緒領銜，後者由慈禧主導，好比給一個病入膏肓者施行一次繁難而歷時長久的手術，其中的血管神經、衰朽的臟器、不止一處的癌變病灶……其繁複錯雜，盤結勾連豈可一語道盡！執刀施救者稍一不慎，觸碰到某一根似乎並不要緊的神經，不僅使這老大帝國巨痛號叫，且可促其速死。對於這段並不久遠的歷史，方家多有論證，本文只就其間幾個節點，略加陳述。歷史是必然性和偶然性相互作用的結果，歷史的弔詭在於，恰恰是當時並不經意拋撒的種子結出了最後的果實（無論是善果和惡果），而經心培育的秧苗開的反倒是不結實的謊花。

罷堂官光緒失策——王照事件

　　光緒自打做了皇帝，一直活在慈禧太后的陰影裡，他沒有施政經驗和執政能力，這不能怪他，因為處理國事，執掌朝政的是垂簾聽政的慈禧，他沒有實踐機會。在宮中，他只是一個事事聽命於人且沒有行動自由的憂鬱的青年。他親政之後，首先要干的是非常複雜的變法工作。變法，對任何一個政治家來說都是危機四伏，充滿凶險變數的政治博弈。因為它涉及權力和利益的再分配，反對者的勢力無比強大，因關涉榮辱沉浮、身家性命，所以有頑抗至死的蠻勁，弄不好則有喋血蕭牆之虞。在原有軌道上蹣跚而行的舊制度有一種因循的慣性，新事物總是令人看不入眼，要得到廣大人民的支持和同情，就需要一個長期的過程。在這裡，易於被民眾接受的思想和大膽謹慎的行動缺一不可。所以，即便是那些經驗豐富的政治家也會在權衡利弊得

失後，方能下破釜沉舟的決心，並在決策和行動中縝密佈局，力求百無一疏。這樣的擔子放在沒有執政經驗的光緒肩頭其結果可想而知。不錯，光緒有變法的決心和熱情，但他實在是太嫩了。他久居深宮，太迷信帝王的權力，以為諭旨一下，國內就會風附影從。更不幸的是，他身邊以帝師翁同龢為首的幾個支持變法的大臣，如張蔭桓、徐致靖、文廷式等，折衝樽俎有餘，而審時度勢不足，比起那些阿附太后的頑固派，如徐桐、剛毅之輩，不僅勢力不抵，就是高層政治的手段和權術也稍遜一籌。至於進言謀劃的康有為之輩，更是一介書生，對於實際的政治操作，幼稚懵懂，一竅不通，只可倡言造勢，不足與言樞機。於是，變法伊始，光緒就忙於下旨。舉凡軍國重事、工農士商、造船修路、練兵開礦、辦學著述、發明專利、裁汰冗員、舊俗改易……無不囊括，一日下旨幾通乃至十幾通。莫說這些改革措施一時尚有許多窒礙難行之處，即便可行，因循守舊的官僚們也不肯馬上施行，因為他們知道，皇帝雖然親政，真正的權力還是握在慈禧太后的手裡，不看老佛爺的眼色，把寶押到皇帝身上是危險的。由於官員們的敷衍怠惰、徘徊觀望，維新百日，光緒皇帝所下的三百多道諭旨，大多都成了「空頭文件」。

細枝末節的改革尚且如此艱難，改制立憲又談何容易？光緒的焦躁是可想而知的。初掌國柄有急切事功之心的光緒覺得很多臣子都在和他作對，似乎敵人很多，又找不到具體的目標，懲戒之劍已經舉起，誰會成為他洩憤的目標？恰在此時，發生了王照事件。

王照（字小航）時為禮部主事，品級很低，連和首輔談話的資格都沒有，更別提見皇帝言事。皇帝為了廣開言路，實行開明政治，曾下旨准人民上書代奏，舉凡大小臣工、民間有識之士對國事有建議，皆可上書言事，有關部門不得阻窒擱置。於是王照上書，條陳請皇上東遊日本痛抑守舊一折，請部堂代奏。禮部堂官許應騤、懷塔布等根

本沒有把這個越級言事的小員司放在眼裡，或許認為此人心術不正，出風頭以圖騰達，或許認為此人所言之事錯謬不經，有違成憲，所以將摺子擲還。皇帝前有部院司員及士民皆準上書言事之諭，且維新之勢方張，王照自不肯罷休，於是再次具折彈劾堂官。時禮部侍郎堃岫、溥頲在堂，回護本部長官，令掌印者勿收。王照懷之而出，欲將彈劾的摺子呈遞都察院，兩堂官方許代遞。許應騤慌了手腳，馬上給皇帝上了一折，既求自保，也圖報復，其奏摺云：王照「妄請乘輿出遊異國，陷之險地。日本素多刺客，昔俄太子出遊及李鴻章奉使皆遭毒手，王照既用心不軌，故臣等不肯代遞，乃敢登堂咆哮」。原來王照勸皇帝出訪日本，考察變法，乃是欲置皇帝於險地，其用心在謀害皇帝。我許應騤看穿了他的險惡用心，才不與代奏。此人為此「登堂咆哮」，蔑視官憲，成何體統！光緒皇帝看了許的奏摺，認為禮部堂官「蔽塞言路」，且強詞奪理，下旨「交部嚴議」，並回應許折應否出訪日本的議論說：「親游外國之舉，朕躬自有權衡，無煩該大臣鰓鰓過慮。」此語無異對許當頭棒喝。光緒對許的惡感並非無因，這年五月，身為禮部尚書的許應騤就因阻撓廢除八股等反對變法的主張被人參劾過，光緒已經把此人劃到變法的對立面去了。部議的結果認為這幾個人應該受降職處分，但光緒怒氣難平，下旨將禮部許應騤、懷塔布等六個堂官全部罷免，並嘉勉王照「不畏強禦，勇猛可嘉」的品質，賞給三品頂戴，以四品京官候補。這道諭旨切責禮部六堂官阻撓言路的瀆職行為，「豈以朕之諭旨為不足遵也？」足見光緒對蔑視皇帝權威言行的憤怒。晚清帝國多年來實行垂簾聽政的老人政治，皇帝無權，官員心中只有太后，並不把皇帝放在眼裡。光緒最恨官員對他敷衍塞責，陽奉陰違，故出此憤激之言。

　　此舉彰顯了光緒變法的決心。皇帝為了推行變法，急於樹立權威，對官員違忤、怠惰、抗旨不遵的行為給以嚴厲責罰。可事情卻做

得稍嫌魯莽，這種隨意賞罰黜陟的做法，平時尚且不可，況於變法之中。皇帝躁急使氣，鑄成大錯，它的後果直接影響了變法的大局。被罷免的官員沒有被皇帝的威權所懾服，他們還有比皇帝更大的主子。他們結夥跑到太后移蹕的頤和園，跪在太后腳下哭訴。頑固守舊的官員們感到了威脅，他們團結起來，抵抗變法。大約兩個多月前，在皇帝頒佈「定國是」詔即宣佈變法的第四天，太后就對皇帝採取了反制措施，下旨令支持變法的帝師翁同龢開缺回籍。趕走翁同龢等於明確表達了慈禧的態度，頑固派心裡有底，當然有恃無恐，此時更加堅定了對抗皇帝和新法的決心，更多的觀望者站到了反對者一邊，變法者的處境更加艱難。皇帝當然也沒有退縮，此事堅定了他的獨斷之心，在一些維新大臣的保舉下，皇帝起用譚嗣同、楊銳、劉光第、林旭四人，參與新政，賞給四品京官。此時，太后與皇帝，變法派和守舊派已勢同水火。皇帝不知道，譚、楊、劉、林四人事實上已被推到了屠刀下，他們還在做著大清國變法圖強的美夢。這之後，皇帝又擬頒兩道諭旨，一是開懋勤殿以議政，二是請日本明治維新的元老伊藤博文為顧問幫助變法。這兩道諭旨到了太后那裡被扣下，未獲發表。變法派這時才明白已被逼到了牆角，唯有做困獸之鬥，結果病急亂投醫，乞靈於袁世凱，其失敗也就是必然的了。

　　王照事件並非戊戌變法中的小關目，它是歷史上的一個關鍵節點，是維新派和守舊派矛盾激化的分野，標誌著光緒皇帝政治生涯的終結。馬基雅維利認為，一個君主因為想法多變而導致變革不斷，將失去人們的敬重（百日維新，下諭旨三百多，不僅朝野上下無所適從，就是百姓也深感困惑），這對光緒只說對了一半。光緒有變法圖強的熱情，然而過於迷信帝王的權力，他在政治上的幼稚和躁急的性格也是他失敗的原因之一。

修官制袁世凱離心──責任內閣與軍機處之爭

提到晚清政治，就不能不提到袁世凱。這是清王朝最後的政治強人，也是這個帝國的最後終結者。袁世凱是什麼時候和清王朝離心離德的？他在何種情況下對王朝失望並心萌異志的？

袁世凱不為譚嗣同慷慨激昂的言辭所動，向榮祿告密，出賣變法，引發戊戌政變，光緒被囚，慈禧重新親政。這件事情雖然使晚請的政治革新遭致挫敗，但袁世凱絕非皇室貴族那般頑固的守舊派。他告密的舉動，是出於對帝、后兩黨力量清醒的分析和自身政治前途的考量。對於君主立憲的變法主張他是同情和支持的，認為唯此才能使傾頹的大廈免於坍塌。於是，在庚子亂後，慈禧回到北京，驚魂甫定之時，時為直隸總督的袁世凱就和張之洞交章入奏，請定憲法、開國會、改定官制，推行新政。這些主張從觸及專制體制的基礎、動搖其根本來說，比之戊戌年光緒的變法更徹底也更為先進（光緒還沒來得及做）。頑固而顢頇的慈禧因支持義和團的所謂「扶清滅洋」，妄圖靠作法唸咒、長矛砍刀把「紅毛鬼子」逐出國門，關起門來再過天朝至上的太平日子，結果引來八國聯軍，闖下大禍，簽訂《辛丑條約》後，風雨飄搖的王朝暫時苟延殘喘地存活下來。經此巨創，慈禧也感到非變行新政不可，於是下九年立憲之詔。雖然力圖延宕，但畢竟有了一些革新的舉措。此時則為預備立憲期。袁世凱認為，朝廷既已頒佈立憲詔書，預備立憲，推行憲政，可是朝廷的現行官制下行政權操於軍機處，內閣幾同虛設，司法不能獨立，財政也無預算，一個靠人治而行專制的政府和三權獨立的立憲國之體制大相逕庭。自應改定，才好推行新政。袁世凱要求改定官制的奏摺上呈後，得到批准，並由他親自主持此事。應該說，此時的袁世凱是新政的積極推行者。

據參與其事的曹汝霖說,修改官制館設在北京西郊的朗潤園,抽調三十餘名知名的新、舊學者為編修,並由寶熙(字瑞臣)為提調,負責串聯並綜合各方各派之意見。學者們都住在園內,以求剋期完成。官制的修改分行政和司法兩部分,「各擬說帖,附以條例」,再由「提調」彙總,呈袁世凱閱定。袁世凱滿腔熱情,鄭重其事,但結果卻適得其反。

專制的官僚體制是一個盤根錯節、勾連支絀、相互排擠掣肘、效率極低的國家機器。它的運行靠的是君主一人的恩寵和意志,眾多官僚的野心和慾望是它的潤滑劑,妒忌和傾軋使各種鏽蝕的齒輪和部件絕對不可能做到協調一致。袁世凱這顆迅速升起的政治新星已經遭到了眾多滿漢大員們的疑忌和妒恨。他們認為,這個人風頭太盛,有著不可告人的野心和目的。他要裁撤軍機處設責任內閣,無非是想當內閣總理。所以,六部以及其餘官制的存廢改制尚稱順利,可是一到裁撤軍機處設立內閣就橫生阻力,遇到了激烈的反對。幾經易稿,均不能得到同意。反對最力者,除朝中的滿漢大員和皇親貴戚外,還有時為軍機大臣的瞿鴻。瞿在朝中資歷很深,是一個工於心計的老官僚,除擔任軍機大臣外還兼署外務部。日俄戰爭後,清王朝派慶親王奕劻、瞿鴻、袁世凱三人為全權代表與日談判在東北的權益問題,當時袁世凱為直隸總督兼北洋大臣,名位在瞿之後。所以,儘管袁世凱在談判中發言最多,對清朝權益多所維護,每次發言後都要徵詢瞿的意見,小心翼翼問是否這意思。袁世凱當時已清楚當朝重臣對他的疑忌,所以謙遜退抑,格外小心。此次軍機處存廢之爭逸出憲政改革的本意,直接關涉權位之爭,所以格外激烈。袁世凱本為革新政治而來,平心而論,也不能說不存將來為內閣總理大臣、一新王朝政治之想。所以說他野心也罷、雄心也罷,他還是想在推行憲政中大展鴻圖的。如今卻處在矛盾的漩渦裡,眾矢交集,其心境可想而知。

軍機處本來成立於雍正西征之時，其時因內閣辦事迂緩，故另設軍機處，大臣可隨時奏對，以期速應戎機。後因方便，政事也漸歸軍機處，內閣等於虛設，大權獨攬的軍機處故沿襲至今。這種體制，不可能實行立憲政治。所以，此次官制修訂的草案，是要以責任內閣為行政中心，下設各部，以操行政之權。按照各君主立憲國的通例，總理大臣由君主欽派，但須交國會通過。朝中親王大臣對責任內閣多持反對意見，說什麼君權下移流弊更甚，政權操之總理豈非獨裁⋯⋯種種奇談怪論，既說明頑固派對新政的無知，更反映出權力爭奪的激烈。其實既為立憲，君主和總理都應在憲法下行事，不存在什麼君權下移和總理獨裁的問題。皇族和樞廷重臣們之所以拚命反對，其實是唯恐袁世凱當上內閣總理。爭來爭去，把袁世凱改革政治的熱情和雄心弄得煙消火滅。最後弄出個四不像的「皇族內閣」，設總理大臣一人、副總理大臣二人，均為欽派，仍每日向君主奏對，內閣竟不設公署，下設章京數人。另設執行吏部事的銓敘局、公報局、印鑄局等，其實換湯不換藥，只改個名堂而已。這是朝廷昏庸，對立憲政治毫無誠意，守舊派頑固不化，死抱權力不放的結果。等到上諭一公佈，袁世凱更是鬧個透心涼。內閣總理大臣為慶親王奕劻，副總理大臣為徐世昌和那桐。袁世凱和張之洞內調為軍機大臣，張之洞兼體仁閣大學士，袁世凱兼外務部尚書。兩人雖被賦予榮銜，實質上都被褫奪了兵權。軍隊歸朝廷統一調動，陸軍大臣為反對變法的頑固派鐵良，袁世凱的北洋新軍和張之洞的兩湖新軍皆歸陸軍部節制。大概袁世凱唯一差可告慰的是，他的政敵瞿鴻不久倒了臺，被開缺回籍，瞿原來的所有權位皆由袁世凱接手了。

袁世凱抱著改革政治的熱心而來，所得卻適得其反，乘興而來，敗興而返。離京前夕，在北洋所設宴通請王公大臣，並演了一齣話劇，劇名為「朝鮮烈士蹈海記」。劇情大意為：朝鮮頑固黨爭名奪利，

與一烈士爭論。烈士力陳如不變法,即將亡國,頑固大臣只顧權力,不肯改革。有一大臣調停其間,一面勸烈士不宜魯莽,一面勸大臣強敵當前應以社稷為重,如不變法難以圖存。大臣不聽,後日本進兵,迫王退位,國家遂亡。烈士痛哭流涕,慷慨陳詞後蹈海而死。這或許是根據朝鮮真實的歷史人物所編寫的劇本,其中所蘊含的警示意義不言而喻。袁世凱精心組織上演這齣戲,寓有表達自己心志,喚醒朝中頑固大臣之意。這是藝術為現實政治服務的一次好的範例。據在場觀看演劇的曹汝霖回憶,演員表演很精彩,演到烈士蹈海而死一節,場上竟有流涕者。可見國勢危殆,人有同感焉!然而王公大臣們不會因為一齣戲就改變自己的態度,專制特權是個好東西,死到臨頭也不會放手,他們是下決心抱著它為垂死的帝國殉葬的。

　　歷史上的大事件都是由人搬演的,研究歷史豈可忽視人心的變化?袁世凱在這次立憲變法修訂官制的過程中對清王朝徹底失望,對帝國的起死回生也不再抱有期待。用曹汝霖的話說就是「從此灰心變志」。但是他蟄伏起來了,雖然他也算身居高位,但他對他所服務的帝國已失去了熱情和忠誠。曹汝霖說:假使實行內閣制,予袁世凱以實權,或可能挽救危局,維持清室,亦未可知。然而歷史不能假設。這件事的直接結果是清王朝為自己準備了最後的終結者。等到兩宮賓天,三歲的宣統即位,攝政王載灃為了替乃兄光緒報仇,竟要逮殺袁世凱。使王公世臣錯愕不已。後經張之洞竭力諫阻,袁世凱撿了一條命,被趕回了河南老家。這時候,袁世凱和帝國最後的情感維繫被徹底斬斷。等到武昌起事,革命蜂起,袁世凱終於被起用做了總理大臣,但這時他已非復往日心態,沒有半點拯救帝國的想法了。他眼看著這個垂死的帝國徒勞地掙扎,並親手扼緊了它的咽喉⋯⋯

請願遭拒激成革命——諮議局的聯合請願運動

　　清末立憲意義最重大的舉措就是各省諮議局的創立。它是由各省選民直接選舉的代議制機構，地方知名士紳和知識菁英成為諮議局的骨幹成員，其中很多人在日本學習過法政，他們有很強的參政意識。在中國專制王朝政治架構內，第一次有民選人士參與政權的管理和監督，使各省擁有軍事和行政大權的督撫一人專斷的權力大大受限，這是具有劃時代意義的政治變革。曾為晚清官僚的曹汝霖晚年評價其意義時寫道：「諮議員由人民按照選舉法選舉，議長由議員公選，此為中國人民開始有了選舉權。此次雖屬初次選舉，且是地方選舉，卻沒有弊病，可見中國知識分子，已有了行憲的資格。」

　　因是民選的參政機構，雖尚無完全的立法權，但對地方應興應革之事乃至對督撫的監督仍有很大的權威，所以，欽派的地方大員對諮議局也有所忌憚。至一九〇九年，運行數年的諮議局在政治上愈加成熟，他們開始干預國事，對數千年專制君主毋庸置疑的權力發起挑戰。先是政府當局承諾以九年為期召開國會、頒佈憲法，諮議局的議員們認為清政府有意延宕立憲進程，遂有各省諮議局關於縮短預備立憲期，提前召開國會，實行憲政民主的請願行動。

　　這次請願行動動員了社會各界的力量，由江蘇省諮議局首倡發起。一九〇九年十月十四日是各省諮議局會議開幕的日子，諮議局開會的前一天（10月13日），江蘇諮議局局長張謇即與江蘇巡撫瑞澂以及雷奮、楊廷棟、孟森、許鼎霖等議定，決定聯合各省督撫及諮議局一致要求速開國會、組織責任內閣。由瑞澂負責聯絡各省督撫，張謇負責聯絡各省諮議局，具體工作由楊廷棟等人助之。同時，浙江的湯壽潛及巡撫增韞完全贊成張謇、瑞澂的意見，這樣江浙兩省的巡撫與

諮議局首先在速開國會、組建責任內閣的問題上達成共識，成為國會請願運動的帶頭人。在他們的努力下，十六省代表共五一十人齊聚上海，經多次磋商決定組成由卅三人組成的請願代表團，定名為「各省諮議局請願聯合會」，以直隸諮議局代表孫洪伊為領銜代表，方還、羅傑、劉興甲、劉崇佑等四人為幹事。請願代表抵京後受到首都各界的歡迎，同時孫寶琦等多名督撫及駐外使臣也電請政府俯從輿論，速開國會。

這次請願的結果並沒有達到目的。清政府先派憲政編查館提調寶瑞臣出面應付請願代表，孫洪伊等代表要求面見總理大臣奕劻，遭到奕劻拒絕。朝廷內的一些官員也有同情諮議局請願代表之主張者，向總理大臣進言。然而，奕劻等人根本就沒有傾聽並尊重民意的習慣，認為請願代表的做法是要挾君上，即便不是犯上作亂，也屬大逆不道。如果聽了他們的，民意囂張，君主和政府權威何在？他們腦子裡滿是君臣義理，哪裡有什麼現代民主政治的意識，所以，堅決不肯讓步。清政府的頑固和對民意的蔑視激起了請願代表的憤怒，社會各階層對政府的不滿也在發酵。迨至翌年（1910年）五月，各省諮議局代表進行二次請願，清廷發佈諭令，堅持九年預備立憲期不變。代表們堅持不懈，又有三次、四次請願。這些請願活動，彰顯了人民推進憲政的決心和熱情，暴露了清廷頑固與人民對立的立場，客觀上起到了革命輿論的動員作用。後兩次有青年學生參加的請願活動中，甚至有寫血書、自殘乃至自戕的激烈行為。這真是數千年未有之大變局，帝王專制的愚民治民傳統走到了盡頭，古老的華夏大地上現代政治的序幕正在拉開。然而，出於專制統治的慣性，即將崩潰的國家機器仍在舊有的軌道上滑行，清政府竟然利用警察把各省來京的請願代表遞解回籍。它的結果是，人民對政府完全失望，立憲派轉向了革命。雖然後來改為五年立憲期，但民心已失，一切都晚了。

在此次諮議局請願活動中，著名立憲派代表人物梁啟超的言行格外具有代表性，在二次請願失敗之後，梁啟超撰寫兩篇文章——《論政府阻撓國會之非》和《為國會期限問題敬告國人》，對速開國會之理由、延宕之不利以及政府漠視民意面臨的危險給以詳盡的討論。但他還是對參與者強調了和平請願的溫和立場。迫於民眾的壓力，一九一〇年清廷發佈宣統五年召集國會的諭令，梁啟超憤慨寫道：「時局危急，極於今日。舉國稍有識，稍有血氣之士，僉謂舍國會和責任內閣無以救亡，爾乃奔走呼號，哀哀請願，至於再，至於三⋯⋯」清政府的腐敗和頑固，使這個溫和的立憲派終於對朝廷失去信心，思想乃至言論都漸趨激烈，在一篇演說辭裡，梁啟超憤然大呼曰：「猶記當舉國請願國會最烈之時，而政府猶日思延宕，以宣統八年、宣統五年等相搪塞。鄙人感憤之極，則在報中大聲疾呼，謂政府現象若仍此不變，則將來世界字典上，決無復以宣統五年四字連屬成一名詞者。」清廷的頑固使之迅速覆亡，梁氏之言終成讖語。

關於清廷罔顧民意，一意孤行，終於釀成革命的情形，徐佛蘇在《梁任公先生逸事》中言之頗詳，錄之如下：

> 雖然，梁先生仍不滿意清廷縮短立憲期限之舉，曾函勉余與孫洪伊諸君，謂吾輩同志為預防全國革命流血慘禍起見，勸告各省法團向政府和平請願，此原系至緩進之法。不料吾輩要求聲嘶氣絕，而政府毫無容納之誠意。然吾輩何顏以對國民及各省請願代表，並何顏以對激烈黨人乎？故今後仍當作第二次、第三次之激進請願，不達到即開國會之目的不止。余等聞先生之主張，至愧至悚，孫洪伊先生更有血忱義憤，百折不撓，乃復領袖法團繼續請願。及第二次請願書留中，孫君更憤。其第三次請願書中，措辭則甚激昂，略謂「政府如再不恤國民痛苦，

不防革命禍亂,立開國會,則代表等唯有各歸故鄉,述訴父老以政府失望之事,且代表等今後不便要求國會矣」等語。竊按末次請願書措辭如此憤激者,其言外之意,系謂政府如再不允所請,則吾輩將倡革命矣。更不料清廷因此震怒,立下明諭,勒令代表等出京還裡。各代表聞此亂命,亦極憤怒,即夕約集報館中,秘議「同人各返本省,向諮議局報告清廷政治絕望,吾輩公決密謀革命,並即以諮議中之同志為革命之幹部人員,若日後遇有可以發難之問題,則各省同志應即竭力響應援助起義獨立」云云。此種秘議決定之後,翌日各省代表即分途出京,返省報告此事。然清廷毫無所聞,方幸各省請願代表已經出京,則中央政府仍可苟安無事矣。

武昌新軍一次準備倉促的軍變不足以使帝國傾覆,而以此為契機,各省諮議局紛紛宣佈獨立,清王朝眾叛親離,才最後瓦解崩潰。許多學者對這次晚清的請願運動給以了很多制度層面的分析,並對中國有望邁入現代化國家而失此良機深感痛惜。還有人認為,清政府九年預備立憲期並不算長,中國知識菁英有著理想主義情結,想畢其功於一役,張揚激進,結果在這場政治博弈中雙方皆輸。還有人假設當年奕劻等朝廷權貴們若能夠俯察民情,接見代表,雙方通過談判協商各讓一步,既使清廷保全,又使憲政得以實現,中國如今豈不如英國、日本一樣成為虛君共和之國?這個假設事實的不可能乃在於文化層面。憲政民主制度的核心是平等協商,它的前提是人生而平等,每個人皆有他的自然權利,所謂乞丐之居,風進得,雨進得,帝王不經主人允許卻進不得。可是中國數千年的專制統治,使居於上位者向來視民眾如草芥,漠視甚至仇視輿情民意,高高在上,顢頇霸道,怎肯輕易和「臣民」對話?他們自以為權力在手即萬世不易,豈知覆亡就在轉側之間。

以此禍國而招致萬世唾罵者不知幾多，這是人人都看得到的事實。

光緒遭毒殺猝然而亡——帝國的家事與國事

在皇權專制的國度裡，君主的死亡常會使帝國陷於嚴重危機，尤其是那些雄強專斷之主，他的死亡可能給國家帶來動亂或使國家滅亡（西方的亞歷山大大帝和中國的秦始皇死後，他們開創的帝國很快就在連年動亂中消亡了）。晚清帝國的光緒不是一個有作為的皇帝，他徒有皇帝之名，手中並不握有國家的權柄。然而，由於他親政後短暫的變法舉動，他贏得了國人普遍的同情，一度是君主立憲派的希望所在。他的猝死，使中國維新改良的路子徹底斷了，通過和平改良使中國成為君主立憲國再無可能。不久，便是帝國的覆亡和動亂的開始，走的是所有王朝終結後重新洗牌的老路。

光緒，名載湉，慈禧太后妹妹的兒子，其父為醇親王奕譞。慈禧親生兒子同治皇帝十九歲死去，慈禧即選中年僅四歲的載湉為皇位繼承人，在後來三十四年的時光裡，他一直生活在慈禧的淫威之下。先是慈禧垂簾聽政，軍國大事皆決於這個乖戾殘暴的女人，待光緒到了親政的年齡，慈禧不得已將政權交與他，移蹕頤和園，名為頤養天年，實際仍掌控著光緒的命運和國家權力。光緒親政後實行變法維新，帝、後形成維新和守舊兩黨。維新百日，發生戊戌政變，慈禧把權力重新奪回手中，光緒被幽囚瀛臺。慈禧對光緒充滿仇恨，對之百般虐待。此時，皇帝個人處境極其悲慘，中國的政治現實也更加黑暗。光緒和慈禧的恩怨，帝、後兩黨的爭端關乎著中國的政治命運。

光緒親政變法的日子裡，他目睹國運衰敗，本想力圖振作，有一番大作為的，因此才雄心勃勃，擢用新人，廢黜舊黨，屢頒新法諭旨。在遇到來自慈禧的遏阻後，他甚至有帝心自用的獨斷之心。帝師

翁同龢被慈禧開缺回籍後,「皇上至是時,亦知守舊大臣與己不兩立,有不顧利害誓死以殉社稷之意」(梁啟超《戊戌政變記》)。譚嗣同等人對變法開始寄予深望,對皇帝的權力也很迷信,光緒讓他起草開懋勤殿的詔旨,並親自往頤和園請命太后,京城朝野皆知此事,可是詔旨遲遲不下,譚嗣同才知皇權不可倚恃,變法前景凶險莫測,「君退朝乃告同人曰:『今而知皇上之真無權矣。』」(梁啟超《譚嗣同傳》)此時變局已顯,從皇帝到滿腔熱情的變法新黨都感到了大禍立至的森森寒氣。至慈禧政變成功,再掌國柄,對皇帝已生虐殺之心。先是造光緒病重的輿論,以備光緒死後可平息輿論。王小航所著《方家園雜詠紀事》記其事云:「戊戌八月變後,太后即擬廢立,宣言上病將不起,令太醫捏造脈案,遍示內外各官署,並送東交民巷各國使館,各使偵知其意,會議薦西醫入診,拒之不可。」國人的輿論和外國使節的干預使慈禧不敢悍然行事。慈禧及朝中頑固派大臣有廢光緒帝以端王載漪之子溥儁取而代之的陰謀,全國輿論沸騰,遭到朝野開明人士一致反對。朝中反對最力者是兩江總督劉坤一,上海電報局長經蓮珊先生聯合紳民千餘人電爭,海外華僑也紛紛來電諫阻,慈禧最信重的榮祿也反對廢立,廢立之謀暫時擱置。《方家園雜詠紀事》對此記之頗詳,因篇幅所限,茲不具錄。榮祿雖為慈禧一黨,但對帝、後二人有清醒的認識。「榮祿是年曾與高陽李符曾言:皇上性暴,內實忠厚;太后心狠,令人不測。」這個狠戾暴虐的老女人最終還是毒殺了光緒。

光緒猝死於光緒三十四年(1908年)十月二十一日酉時,慈禧死於十月二十二日未時,前後相隔不到二十小時。光緒之死因,一直眾說紛紜。自二〇〇三年始,國家清史編纂委員會、中國原子能科學研究院等有關部門對光緒兩小綹頭髮元素含量進行科學檢測,證明光緒死於砒霜中毒。眾多歷史資料證明,光緒雖遭多年虐待,但正當盛年,並無必死之症,他是遭了慈禧的毒手了。曾在清宮為官的曹汝霖

晚年回憶說，他曾問過為皇帝傳診的西醫屈桂庭博士，屈說：「他傳診三次，已在駕崩不久之前，首兩次診不出什麼重症，第三次臨時傳診，見皇帝神色大變，連呼腹痛，在床上亂滾，伺候在旁者，只有太監兩人。聽說那時太后亦病得厲害，顧不到皇帝這邊云，是夜皇上即升遐。」屈桂庭後來也用文字記載過此事，醫生目睹皇帝中毒情形的話應該是可信的。曹汝霖說：「太后近患傷寒出血腹瀉，中醫名為漏底傷寒，西醫對傷寒腸破出血，亦認為嚴重，為不治之症。傳聞太后臨危之前，恐皇帝又再起秉政，出於嫉妒，密令進毒，故皇帝先一日而崩，太后越日也賓天了。」此說揆之當時政情，可信之成分較多，可見慈禧對光緒帝的狠毒，至死不變。儘管宮廷大內，斧聲燭影，令人莫測，但是，慈禧毒殺光緒的事實經過史料的發掘和專家的論證，應無疑義。

那麼，慈禧為什麼要毒殺光緒呢？難道他們之間真有不同的政見嗎？太后真有不同於皇帝的治國方略嗎？非也。慈禧對光緒的仇恨完全來於權力的慾望和歹毒的嫉妒。《曹汝霖一生之回憶》記述了自己被太后和皇帝召對的情形，慈禧詳細詢問了日本的明治維新，看來對變法也並無惡感，思想並不頑固。慈禧是個喜歡大權獨攬的人，王小航對變法失敗曾有如下論述：

> 戊戌之變，外人或誤會為慈禧反對變法，其實慈禧但知權力，絕無政見，純為家務之爭。故以余個人之見，若奉之以主張變法之名，使得公然出頭，則皇上之志可由屈而得伸，久而頑固大臣皆無能為也。……此策曾於余之第一奏摺顯揭之，亦屢向南海（康有為）勸以此旨，而南海為張蔭桓所蔽，堅執扶此抑彼之策，以那拉氏為萬不可造就之物。

戊戌變法的失敗，維新派固然有許多策略上的錯誤，但在專制獨裁的制度下，一切為國為民的大政方針，弄來弄去，最後都演變為幾個人的權力鬥爭，事情原來的對錯是非反倒不重要了。

慈禧謀害光緒緣於家務之爭，並非因為變法，《方家園雜詠紀事》中記載有奕謨一段話，亦可為證明：

> 庚子團匪瀰漫之日，守西陵貝子奕謨告逃難至西陵之齊令辰，曰：「我有兩語概括十年之事：因夫妻反目而母子不和，因母子不和而載漪謀篡。」謨貝子成皇之胞侄也。

關於光緒和皇后夫妻反目，慈禧囚禁珍妃，庚子事變慈禧逃難離京前命太監崔玉桂將珍妃拋入井中的事，是人人耳熟能詳的，所以後世也有隆裕皇后毒殺光緒的猜測。

君主專制的王朝是家天下，所以帝王的家事也就是國事。最高統治者就是家長，在位者賢與不肖，直接關乎國家的命運和億萬蒼生的禍福。慈禧其人是否有治國的才能？義和團鬧起不久，端王剛毅為之庇護，稱為義民，帶入宮中當著慈禧的面表演唸咒避彈之法，說確實能避彈。於是慈禧令宮中設壇，並令懿親王公連同太監衛兵每天在宮中換了短衣窄袖，蹦蹦跳跳，如痴如狂，也練起唸咒作法的把戲來，妄圖以此排外，把洋人趕出中國。後來殺害德國公使克林德，使董福祥軍連同北京團民攻打各國使館區達一個月之久，終於引來八國聯軍攻毀大沽砲臺，長驅直入北京，國遭大難，民受荼毒，她自己換了村姑衣服逃到了西安。最高統治者作惡之後，總有下面的倒楣蛋做替罪羊。開頭大臣許景澄上書拳民之法術不可信，觸怒慈禧被殺。如今外敵入都，國家殘破，又使李鴻章與洋人議和，簽訂屈辱的條約，出賣國家的主權。老邁的李鴻章幹了這樣的窩囊事後，吐血而死。慈禧反

過來賜死或貶黜幾個支持拳民的大臣，照例還在高位之上，聽到的還是我主英明，山呼萬歲之聲，國家的損失和人民的苦難算得了什麼呢！這樣一個愚蠢歹毒的女人竟統治東方的龐大帝國達幾十年之久，直到她在七十四歲那年罹惡疾身亡。

專制統治是人治，沒有成憲可以限制最高統治者。持久的權力可以生成權力依賴，加上長期培植的臣僚和爪牙，紮根於迷信權力的荒昧土地上的獨裁之樹輕易不會被撼動。即使他惡貫滿盈，也總會文過飾非，加上箝制輿論，遮瞞真相，暴君會打扮成明主，只有死亡才會終止他的惡行。專制統治是最講究君臣名分的，然而強者為王的叢林法則使名分道統之類常常變亂從權，為我所用。如垂簾聽政，簾子後的人如果對前邊的人不滿意，是會怒沖沖從簾子後跑出來的，或者換馬，或者乾脆把簾子撤掉，無須任何程序。

晚清帝國覆亡已經一百多年了，回顧歷史，曆數它表面上的窳敗之斑，如膿瘡毒瘤，何止一處，內瓤已經完全潰爛，欲其不亡，豈可得乎！

跋

一

　　樹山先生蟄居塞外小城薩爾圖，日讀書史，偶作小文，茗邊少清談之客，牖外乏悅目之景，光陰倥偬，不覺老之將至。忽一日，聽窗外零落的鞭炮聲，方覺已亥豬年已盡。除夕日，枯坐書案前，在微信朋友圈發四句短語云：「書冊亂疊如堆石，心意怫鬱似層雲。神州疫癘驚江海，千門萬戶禱平安。」配發一書案電腦照片，給遠方的朋友拜年。第一句是眼前景，第二句是心中情，時疫猖獗，舉國驚懼，我所在的邊遠省也已啟動突發公共衛生事件一級響應機制。庚子年春節，行人皆掩面，惶惶欲斷魂。空寂此城中，又逢庚子春。掩面者，為防病毒入侵，皆以口罩掩口遮面也，此情此景，能不令人心頭沉重，如層云堆疊嗎？

　　中國古人例以天干地支紀年，天干中的庚字配以地支中的子字，即為庚子年，每個紀年皆六十年一輪迴。十二屬相例以一二種動物為每一年的標誌，這也是中國傳統文化中獨有的。凡中國人，都會記得所生那年的屬相，那裡似乎隱隱包含著你的性格及命運的密碼。庚子年，屬相為鼠。鼠，並不是怎麼令人喜歡的動物，獐頭鼠目、鼠竊狗偷、無名鼠輩⋯⋯這些成語都非褒義，但它和鼠年出生的人並無任何關聯。

　　傳染病中極為可怕的鼠疫就是由老鼠傳播的。鼠疫又名黑死病，十四世紀爆發時，僅在歐洲就造成了數千萬人死亡。法國作家加繆在第二次世界大戰中創作了一部不朽的小說《鼠疫》，小說講述一座叫

奧蘭的城市發生鼠疫，突如其來的瘟疫讓人不知所措。政客狂妄無知，掩飾諉過，甚至想利用災難來獲取利益；小百姓恐慌無助、自私貪婪，每天都過著頹廢的生活。瘟疫城市被重重封鎖，無人能夠自由進出。被困在城中的人民，朝思暮想住在城外的親朋好友。主人公里厄醫師挺身而出救助病人，他的妻子卻遠在療養院，生死未卜。災難過去後，陽光重新照耀這座城市，從肆虐的瘟疫中活過來的人們驚魂甫定，就忘記了曾經歷的災難。加繆借鼠疫隱喻法西斯的戰爭和一切加諸人們身上的災難，它是人類過去曾經經歷，現在正在面對，甚至將來仍舊無法倖免的各種災難的象徵和縮影。加繆在一九五七年獲得諾貝爾文學獎，這個偉大的作家用他的作品提醒說：人們啊，要警惕啊！「鼠疫」還會重新出現的！

這是二〇二〇年第一個月份將盡的日子，中國又逢庚子年，鼠疫沒出現，新型冠狀病毒肺炎開始肆虐。

陽光總在風雨後，有人會死去，多數人還將活在這個世界。個體生離死別的悲劇或許會使我們涕淚滂沱，但一個民族的歷史呢？六十年天干地支的紀年輪迴，對於歷史來說，的確是微不足道的一小步，個體的短暫生命，可能會經歷一次紀年輪迴，但個體的記憶總是那麼微弱、細碎而無意義，並且易於被雨打風吹去，民族的記憶則會銘刻在歷史上。黑格爾有一句話，它通常被翻譯為：「人類從歷史中得到的唯一教訓就是人類不會從歷史中汲取任何教訓。」就是說，人類會不斷地重複歷史。這並非說人類是一個矇昧健忘的物種。我們還記得莎士比亞對人的深情讚美：宇宙的精華，萬物的靈長。但是人類也會在茫茫的荒野上重複地掉進一個坑裡去。頭頂沒有文明的太陽照耀，在黑暗中閉著眼睛遊蕩。閉著眼睛而又信心滿滿，這是一種瘋狂，而瘋狂是拒絕規勸的。這不是一個人的狀態，而是一個種群的狀態。

本書取材的歷史時段是上推兩個庚子年左右，即上溯至一九〇〇

年左右的零星記憶。本書所涉及的人物皆已亡故，唯有他們的事功供今人尋繹和嘆惋。可是，一九〇〇年，即廿世紀開初那個庚子年，則以中國最後一個王朝彌留之際的痙攣和抽搐的怪誕舉動而銘刻在歷史的記憶中。

二

一九〇〇年的事件，例稱「庚子之變」。

那一年，中國大地上活躍著一群名為「義和團」的「愛國者」，他們是一些旁門左道的信徒，多為農民和小生產者，不識字，世代生活於中國傳統的鄉村和小城鎮，從說書人那裡知道關公、武松、姜太公之類傳說人物，易於被某種懵懂的邪說所蠱惑並肯於為之赴湯蹈火。這支黑暗、隱蔽和邪祟的力量被清王朝所深忌，嘉慶十三年，皇帝就曾下詔地方官，嚴懲聚眾設會，其名目中就有義和團的前身。到了一九〇〇年，這股邪祟的力量打出了「扶清滅洋」的口號，被清王朝顢頇愚鈍的統治者所收編，開始了以原始巫術對抗西方列強，以封閉落後的小農經濟對抗全球貿易和商業文明的戰爭。

在這之前，以西太后為首的清王朝的頑固派鎮壓了「戊戌變法」，誅殺了變法的「六君子」，提倡君主立憲以行變法的康、梁逃亡海外，西方列強對中國和平轉型和世界商業文明接軌的期待落空。西方一些國家力求以外交手段迫使西太后還政於光緒皇帝，以便和清王朝在商業文明的規則和話語下對話和交往，以維護自己的商業利益。這使西太后又怕又恨。可帝國衰落，軍備廢弛，沒落的八旗子弟和冷兵器無法和西方的洋槍洋炮對抗。此時，恰義和團提出「扶清滅洋」的口號，這些大清王朝的「愛國者」據說唸咒作法後有神力附體可刀槍不入，殺洋兵洋人如切瓜砍菜，西太后心為之動。

義和團初起和興盛於山東各地，山東巡撫毓賢極力獎掖和扶植，他們多有攻擊西方傳教士和信徒的暴行，皆受毓賢的暗中和公開鼓勵。在西方有關國家的抗議下，遷毓賢於山西，派袁世凱任山東巡撫。袁知其不可恃，且為國家動亂之源，故痛剿之。其信徒多向直隸一帶流竄。清宮內愚昧的官僚如協辦大學士、兵部尚書剛毅等引義和團數名徒眾進宮，為西太后表演刀槍不入之術，西太后信之，於是縱容鼓勵。光緒二十六年夏，得官方支持，義和團大盛，焚教堂，殺教士，毀鐵路，斷電線，京津交通為之中斷。西太后之居心，是利用義和團這股邪祟而毫無理性的力量對抗又恨又怕的西方「蠻夷」，以保護自己不容挑戰的專制權力，所謂義和團的愛國志士不過是被清王朝利用的炮灰而已。他們的咒語和抹在腦門上的婦女經血並不能抵禦洋人的子彈，刀槍不入，不過是被洗腦後的譫妄和精神錯亂。西方各國為保護自己的使館、僑民和商業利益皆徵兵自衛。是年五月二十五日，西太后的朝廷竟向西方各國下宣戰之詔：

> 朕今涕淚以告宗廟，慷慨以誓師徒，與其苟且圖存，貽羞萬古，孰若大張撻伐，一決雌雄。彼尚詐謀，我恃天理。彼憑悍力，我恃人心。無論我國忠信甲冑，禮儀干櫓，人人敢死，即土地廣有二十餘省，人民多至四百餘兆，何難翦彼凶焰，張國之威。[1]

專制統治者居權力峰巔，為所欲為，世代的專橫跋扈，無慾不行，已使其產生一種精神幻覺，就是「普天之下，莫非王土」，黎庶百姓，儘是他們的奴僕，所謂土地二十餘省，人民四百餘兆，都是他們的本

---

[1] 呂思勉：《中國近代史》，北京：中華書局，2015年，第148頁。

錢,「天理」和「人心」都在他們手裡,「涕淚」加「慷慨」就足以鼓蕩起古老中國對抗世界潮流的蠻力。於是,下令董福祥統帥的甘軍及義和團的烏合之眾向西方使館區發動進攻,又命各省速殺洋人。

法國著名的漢學家,當年尚年輕的伯希和在《北京日記》中寫道:「中國人準備同一時間與全世界為敵,這真是個絕妙的想法。……中國人一直以為是最強大的,然而這五十多年來在被視為聖地的首都到處可見一些長著長長的紅色或黑色毛髮的妖魔,這些年積累起來的對這些妖魔的忌恨令中國人使出渾身解數向外交團挑釁……」這段話足見古老封閉的中國融入世界的艱難。統治者的妄自尊大、閉關鎖國造成了國民的矇昧,他們對世界大勢一無所知,習慣於窩裡鬥,殘害同胞,自認為忠君排外就是愛國。

庚子之變的大致過程如下:

湖廣總督張之洞、兩江總督劉坤一聯合東南督撫,認為朝廷「亂命」而不奉詔,與各國領事訂《東南保護約款》,不與戰事之約,戰區乃得縮小,避免了以舉國之力對抗西方而使更多百姓生靈塗炭的結果。

英、俄、法、德、美、日、義、奧八國聯軍,以五月二十一日抵大沽,進攻天津,提督聶士成戰死,天津淪陷。

直隸總督裕祿兵潰自殺。

長江巡閱大臣李秉衡率軍馳援,兵潰,死之。

聯軍攻陷通州,七月底進攻北京,西太后及光緒皇帝逃走,先至太原,後逃至西安。

八月十四日,八國聯軍攻入北京。清王朝戰敗與西方各國議和。

義和團除了死於戰場的炮灰和作為替罪羊被殺的頭領外,皆作鳥獸散。

庚子之亂西太后為禍首,最後的結果是其向西方諸國求饒,殺朝廷首禍諸臣也就是曾支持她的替罪羊,賠付巨額戰爭賠款,開放更多

通商口岸，削平京師附近海防砲臺，兩年內禁止西方軍火及軍事物資進口以及停止考試，制止排外，為被殺洋人立碑昭雪等善後措施。統治者昏庸作惡的一切後果除了由倒楣的臣子承擔外，大多轉嫁到普通百姓身上。

一九〇〇年的庚子年，「中國人準備同一時間與全世界為敵」，其結果是，專制王朝最後抽了一次瘋，然後迅速走向了終結。

三

庚子之亂已過去了一百二十年，當年風頭無兩的義和團已成歷史陳跡，但是，它的幽魂還在古老的土地上徘徊，在某些「愛國者」滾燙的血管裡奔竄，這股矇昧而毫無理性的力量仍在伺機復活。我們可以曆數一下它當年的戰績：

> 據不完全統計，整個庚子劫難中，天主教傳教士遇難 44 人，信徒 18000 人；基督教傳教士（及家屬）遇難 186 人（或 188 人），信徒 1912 人（另說 5000 人）。（傅國湧《庚子年：一百八十年來故國》）

從以上的統計中，我們看到，「扶清滅洋」的義和團所「滅」的還是自己的同胞最多。一九二五年，魯迅先生在《雜憶》一文中寫道：

> 或者要說，我們現在所要使人憤恨的是外敵，和國人不相干，無從受害。可是這轉移是極容易的，雖曰國人，要藉以洩憤的時候，只要給與一種特異的名稱即可放心刃。先前則有異端、妖人、奸黨、逆徒等名目，現在就可用國賊、漢奸、二毛子、

洋狗或洋奴。庚子年的義和團捉住路人，可以任意指為教徒，據云這鐵證是他的神童眼已在那人的額上看出一個「十」字。

魯迅年輕時讀《庚子記事》，曾憤然曰：「其舉止思想直無異於斐、澳野人。」在「西方敵對勢力亡我之心不死」的輿論環境和動輒抵制外國貨的喧囂中，我覺得我們的民族離一九〇〇那個庚子年似乎並不遙遠，不是有人因開了一輛日本車被年輕的「愛國者」用U型鎖砸開了腦殼嗎？

因怯懦而凶殘，因愚昧而狂妄，極度自負而又極度自卑，得意時目空天下，唯我獨尊，被狠揍後立刻成縮頭烏龜，下跪求饒，事過後再重新張狂，故態復萌。這是王朝的性格，也是王朝治下許多臣民的性格。

但也不盡如此，除了本書所列遊走於體制內外的諸多讀書人外，即便王朝官員中，也有睜開眼睛看世界的清醒者，他們下場如何呢？庚子之變中，一些官員反對西太后依恃義和團和西方各國宣戰，認為這無異於置帝國於禍亂之中，失敗的後果不待預卜可知。但他們的忠誠和智慧不僅不被王朝所鑑，反因和決策者意見不同被砍掉了腦袋。「兵部尚書徐用儀，戶部尚書立山，吏部左侍郎許景澄，內閣學士兼禮部侍郎聯元，太常寺卿袁昶，均以直諫被殺。」[1] 儘管事後恢復了他們的名譽，再賜給他們原來的官職，但他們的頭顱只能被置於王朝失敗的祭壇之上了。

體制內的臣子如此，遊走於體制內外，歷來被王朝統治者所深忌的知識分子和讀書人，他們難道會有更好的命運嗎？

康有為、章太炎、嚴復、黃遵憲、梁啟超、湯壽潛……他們活動

---

[1] 呂思勉：《中國近代史》，北京：中華書局，2015年，第148頁。

於王朝末期，是中國傳統的舊式讀書人向新型的知識分子轉化的一代人，「生於末世運偏消」，他們的失敗是時代造成的。我們這裡稍稍向上追溯，舉出另外一個在正史上並不那麼出名的人物，看一看王朝體制下一個臣子的命運。

吳可讀，字柳堂，甘肅皋蘭人。道光庚戌進士。歷官至河南道監察御史，因敢言直諫，觸怒了皇帝，不僅被罷官，險些被砍頭。

事情是這樣的：滿族官員成祿為新疆烏魯木齊提督，誣民為逆，大開殺戒，濫殺當地百姓，並向朝廷虛報「勝狀」，此事被左宗棠上書舉劾。廷議核實後，已定成祿之罪，上報給皇帝的疏稿也已完成。可這時事情發生了逆轉，醇親王後至，袖中藏一稿，當眾宣讀，不僅不治成祿之罪，反要嚴懲「言者」，就是主張追查和懲辦成祿的人，他們的罪名是「牽合天時，刺聽朝政」。這究竟是怎樣的罪名呢？恐怕無法翻譯成現代語言。主管刑部尚書桑春榮在疏稿上憤然寫道：「王爺大，中堂小，我從王爺。」遂將疏稿上報。在王朝中，無所謂事實和法律，誰權大聽誰的。其實醇親王也是個傳話的，王朝中權力最大的是至高無上的皇帝。此時清帝年號叫同治，皇帝是個幾歲的孩子，他要袒護成祿，而撞在槍口上的恰恰就是要求懲辦成祿的吳可讀。他在疏奏中陳列成祿之罪，指出濫殺百姓的成祿有可斬之罪十，不可緩者五。小皇帝撒潑大哭，喊叫道：「吳可讀欺負我！」現在滿朝公卿大臣不是要根據法律和事實分清是非，懲辦罪犯，而是要安撫任性撒潑的小皇帝，於是，把上疏的臣子吳可讀逮捕論斬，是非顛倒以致如此！王朝圍繞一個任性撒潑的孩子在轉，所有自以為滿腹經綸的臣子其實皆是王朝體制的奴才，歸根結底，他們頭頂只有一個主子，那就是皇帝。吳可讀悲憤之極，再次上疏，語云：「請斬成祿以謝甘民，再斬臣以謝成祿。」小皇帝聽了這話，更加不依不饒，非要吳可讀的腦袋不可，下旨斬立決，立刻砍掉吳的腦袋，以平心中怒氣。刑部大理寺都察院所

有王朝的法律機關「十三堂官」即十三個主管官員都已簽字畫押，獨有一人不肯簽字，最後，吳可讀免官流放。

　　事情如果到此為止，我們也不必感嘆了，因為數千年所謂王朝政治本無是非可言，權力是最終的裁決者，最大的權力當然是皇權，中國人祈盼的無非是好官好皇帝而已。即使是壞皇帝，中國人也願意用世間最美好的言詞歌頌他，認為他的恩典高於生養自己的父母並願意為他獻出生命。吳可讀僥倖撿得一條性命，他雖然滿腔悲憤，但他對皇帝的忠心非但未有絲毫減弱，反而愈加堅定，好比一個被父母責罰的孩子，越打我越愛你，最後我死給你看！光緒五年，撒潑想要砍他腦袋的小皇帝已死去五年（同治帝五歲即位，死時十九歲，據說因偷偷出宮嫖娼染上梅毒而死），這年舉行盛大儀式，把他的屍體送到皇陵安葬，已被罷官流放的吳可讀要求隨儀仗而行。回程隊伍到了薊州，他宿在一座廢寺中，因早已做了準備，遂自縊，但未死，又仰藥自盡。他是因怨恨執意要他命的小皇帝而死嗎？非也，人們從他的懷裡發現一封要呈送朝廷的遺疏，內容是請求為死去無後的同治皇帝立嗣的事。嗚呼，其忠如此！忙著追到陰司地府的這名臣子倘若見了死去的皇帝，皇帝還會認得他嗎？會為當年任性哭著鬧著要殺他的往事愧悔嗎？會為這名臣子的忠心而感動嗎？吳可讀自殺事件被朝中士大夫名之為「屍諫」，就是自殺陳屍以示忠誠，遂引起朝野士人的一片唏噓！吳可讀「屍諫」的想法萌生已久，他留給兒子一封遺書交代後事，其言曰：

　　　　吾兒之桓知之，爾聞信切不可驚惶過感，致闔家大小受驚，爾母已老，爾婦又少，三孫更幼小可憐，爾須緩緩告知，言我已死得其所，不必以輕生為憂。
　　　　……

> 我自廿四歲鄉薦以後，即束身自愛，及入官後，更不敢妄為。每覽史書內忠孝節義，輒不禁感歎羨慕。對友朋言時事，合以古人情形，時或歌哭欲起舞，至不能已已。故於先皇賓天時，即擬就一折，欲由都察院呈進，彼時已以此身置之度外……今不及待矣，甘心以死，自踐前日心中所言，以全畢生忠愛之忱，並非因數年被人詆謗而然。

其遺書中交代家事及身後事畢悉，讀至「三小孫要緊，不及復見矣，書至此，淚下擱筆逾時矣！」不由酸鼻。作為爺爺，牽念小孫，疼愛有加，卻決心赴死，寫遺書時竟至淚下擱筆。問其何以棄親人而「甘心以死」，不過想表達對「先皇」的「忠愛之忱」。[1]嗚呼，數千年王朝「忠孝節義」的思想灌輸，成就了這樣喪心病狂的「忠臣」，談何自由思想，獨立意志乎！

四

吳可讀並非是一個冥頑迂執的庸人，他是有是非有見解的讀書人，作為一個體制內的讀書人、一個把自己的學識貨於帝王家的「仕」，他的「是非見解」只能訴諸朝廷，朝廷不接受，他的「是非見解」便等於烏有，甚至帶給他殺身之禍。吳可讀在晚清朝廷被人所銘記的除了「屍諫」外，尚有呈給朝廷的一封《請免外國使臣跪拜疏》。同治時，清王朝內憂外患，國家破敗不堪，可是，昏庸愚妄的統治者不想睜眼看世界，還在做著天朝上國的迷夢。西方各國派來使節，皇帝和大臣們還在糾結，天子是否紆尊降貴而接見使節？是否應逼迫使

---

[1] 有關吳可讀事蹟見黃濬《花隨人聖庵摭憶》。

節見了皇帝而屈膝跪拜，以彰顯「大國」的尊嚴？此時的大清國有何「尊嚴」且不說，這種對世界大勢和現代文明國家的交往方式和外交禮節一無所知，自絕於世界而帶來的愚昧落後真不可一語道盡！

這種愚昧和妄自尊大可追溯至十八世紀，就是乾隆時期的英國使臣馬戛爾尼「朝見天朝大國」的禮儀事件。

一七八九年，大清國兩廣總督福康安授意英國東印度公司，希望派代表來京祝賀乾隆皇帝的八旬萬壽，東印度公司的經理們有兩怕，一怕大清國扣留他們的代表作人質；二怕行三跪九叩禮，所以遲疑未行。後來英國政府覺得一些貿易上的事情必須派代表前來協商，於是決定借補行祝壽的名義派公使馬戛爾尼來華。英國外交部指示馬戛爾尼，大使所行禮儀應表示中英平等，不卑不亢，但不可拘泥形式，交涉的目的在擴充通商機會和聯絡邦交，使中國人知道英國也是禮儀之邦，且是「世界大帝國」之一。交涉的具體條件是：

第一，英國想在中國得一小區域如澳門一樣，使英商可以屯貨在家，主權可以仍歸中國，但警察權及對英僑的法權應歸英國；在租界區域內，英國可不設軍備。

第二，中國不願租地，就加開通商口岸及減少廣東的限制。

第三，英國可以遵守中國的鴉片禁令。

第四，希望英國可派公使駐北京，或間來北京；如中國願派公使到倫敦，英國政府十分歡迎。

以上是十八世紀末英國對華外交的目的。

為了能使這次外交活動正常進行，東印度公司董事長於乾隆五十七年（1792年）夏季，先發一信給兩廣總督，報告英國政府派使的意思。這封信被譯成中文後，隨官員奏摺送往北京。其中文譯文完全曲解了原意，如：「我國王兼管三處地方（即英倫三島）。向有夷商來廣貿易，素沐皇仁。今聞天朝大皇帝八旬萬壽，未能遣使進京叩祝，我

國王心中惶恐不安。」英國人費盡心力要表達平等相敬，結果翻譯把英國人弄成對大清國低三下四的藩屬口氣。當時的翻譯叫通事，他不敢如實翻譯，只好曲解原意，以使皇帝歡心。大清國禁止外國人學習中文及用中文移書往來，就是想通過翻譯占這個紙上的便宜，大清國的對外交往實在是幼稚和滑稽。

對於馬戛爾尼出使來華，乾隆昭示官員，預先做了安排。皇帝不想也不願意知道英國此次外交行動有何企圖，英人的條件對國計民生利弊如何。他最為關心的是英國使節能不能對他三跪九叩，這關乎天朝大國的皇帝君臨天下的面子和尊嚴，是頭等大事，不可不講。他指示官員「當於無意閒談時，婉詞告知，以各處藩封到天朝進貢觀光者，不特陪臣俱行三跪九叩之禮，即國王親自來朝者亦同此禮，今爾國王遣爾等前來祝嘏，自應遵天朝法度」。他認為英國是大清國的「藩封」，別說你一個使臣，就是你英國國王來了也應對我三跪九叩。

馬戛爾尼船隻進港，循例插旗，船頭插旗書曰「英咭唎國進貢船」，馬戛爾尼為了不影響外交使命，隱忍接受了。對於晉見皇帝的禮節，他表示，他可以行三跪九叩禮，但前提條件是中國應派與他同等級的大臣在英國國王像前作三跪九叩答禮，他說他所爭的不是自己的身分，而是中英平等和英國國王的尊嚴，以此表示英國並非中國的「藩封」。他把自己的條件提交給當時的首揆和珅，遭到了大清朝廷的拒絕。於是他決定以晉見英王最敬的禮節來晉見中國的皇帝。

馬戛爾尼於乾隆五十八年（1793年）八月十日及八月十三日在熱河行宮兩次見了高宗，兩次都未跪拜。高宗雖敷衍了，賞了他及他的隨員不少的東西，心中實在不滿意，要官吏暗中設法諷令

英國人早回國。他所提出的要求，乾隆以一道勅諭拒絕一切。[1]

由於馬戛爾尼未行三跪九叩，他的使團成了不受歡迎的人，他的外交使命徹底失敗。

但馬戛爾尼究竟跪拜沒有？中國官員另有記載：

> 覲見時，循例使叩頭。馬戛爾尼深慮以小節妨其所企，於八月十日覲清高宗於萬樹園幄次，行跪拜禮。陳康祺《郎潛紀聞》記茲事云：「乾隆癸丑，西洋英咭唎國使當引對，自陳不習跪拜，強之，止屈一膝，及至殿上，不覺雙跪俯伏。故管侍御《韞山堂詩》有『一到殿廷齊膝地，天威能使萬心降』之句。」[2]

中國朝廷官員的意淫和得意忘形的小人心態躍然紙上。「天威能使萬心降」了嗎？後來的一敗塗地和喪權辱國說明了一切。

> 由現代中國人看來，馬氏出使中國毫無直接的成績可言，這已經夠奇了，但連間接的影響也沒有，這更奇了。馬氏在中國境內逗留幾及半年。在這時期內，中國官吏與他往來的也不少。……馬氏所坐的兵船——比中國水師的船大五倍——及所送高宗的炮位和模型軍艦，當時也有許多中國人看過。何以他們對西洋軍備無絲毫驚醒呢？英國這次所送的渾天儀實屬十八世紀西洋科學及工藝的最精品，何以中國人（滿漢均在內）沒有發生一點覺悟呢？馬戛爾尼文化使命的失敗足證中國絕不會自

---

1 蔣廷黻：《中國近代史》，北京：中國華僑出版社，2016年，第248頁。
2 黃濬：《花隨人聖庵摭憶》，太原：山西古籍出版社，1999年，第222頁。

動接受西洋的科學和工藝。[1]

西洋的科學和工藝中國都不能自動地接受，文化和制度就更談不到了。

繼馬戛爾尼出使後，嘉慶二十一年（1816年），英國再派使節羅爾美都（阿美士德勛爵）來中國，因跪拜問題，嘉慶竟下逐客令。由北京返廣州途中，沿途官吏皆以白眼相待。西洋人由此知道，要變更中國的通商制度和與中國建立平等的邦交，和平之路根本就走不通。

五

大清國庚子年向西方各國宣戰，以兵匪合攻外國使館，並且殺了德國公使克林德和日本使館書記官杉山彬，更加證明與中國朝廷以和平文明的方式交往之不可能。戰後，應德、日兩國要求，朝廷派出戶部右侍郎那桐赴日、醇親王載灃赴德謝罪。載灃赴德後，被要求晉見德皇時行跪拜禮。時移世易，時勢顛倒以至如此！

載灃在德再三哀求，於回朝廷電文中云：「……婉商外部，以跪禮我國萬難應允，於德既無所取，更與兩國體面大有相關……懇請德皇寬免。」載灃在德，受盡屈辱，沒有半點天朝大國皇親貴冑的體面。德皇接見使團時，只允二人入見，「灃隨帶蔭昌進見內殿，遞書宣讀頌詞，張翼六人在外殿侍立」。載灃在電文中一再稱頌德皇的「優渥」、「鴻福」云云，皆為謝罪時創巨痛深至哀至辱之大恥也！德皇在載灃的一再哀告下，寬免了跪拜禮，但這並非對清廷的優容和寬大，英國人濮蘭德在《慈禧外紀》中述及此事時說，德皇所以允不必用跪禮者，乃「遲疑多日，卒迫於中國向來外交拖延忍耐之手段，而讓步焉」。德

---

[1] 蔣廷黻：《中國近代史》，北京：中國華僑出版社，2016年，第249頁。

國人忍受不了大清朝的拖延忍耐，不耐煩在這樣的小事上拖下去，所以就算了。使臣可以不跪拜，但事關國家尊嚴和對戰敗者索賠方面寸步不讓，讓你疼，讓你出血，讓你顏面盡失，備受屈辱。

　　當年大清朝廷從皇帝到百官爭的就是這個，認為是「禮儀廉恥，國之四維」，所在必爭，關乎國計民生和國家安全的大事反倒無人理會。上面所提的吳可讀《請免外國使臣跪拜疏》中指出：「臣聞各國往來文移，所進表章，有如許妖魔鬼怪，不知何物某皇某帝，竟與我皇上並列矣，諸臣不彼之恥，而恥此乎？前歲俄夷由伊犁而入新疆，自東而南而西，包中國一萬餘里，創千古外夷入中國未有之局，其措置甚大，其處心積慮甚深甚毒，諸臣不彼之慮，而慮此乎？」大清國的皇帝和官員並不在意沙俄對中國的領土野心，所斤斤者乃是對大清國的皇帝是否三跪九叩。西方各國君主和民選領袖在他們眼裡都是「妖魔鬼怪」，和他們的皇上並列使他們痛心疾首，深以為恥。直到清朝氣息奄奄，被世界所拋棄，他們還是這樣看待世界。嗚呼，愚之極矣，不亡何待乎！

　　他們對西方文明和各國的國情矇昧無知，不知而又不想知，閉上雙眼，堵上雙耳，不看、不聞、不問，認為西方的世界貿易體系是自己閉關鎖國稱王稱霸擄掠百姓的大敵，又怕、又恨、又無奈，誰不罵西方、不稱頌朝廷和皇上，誰就是國家公敵。出使西方多年，睜開眼睛看世界的郭嵩燾一句「西洋立國，本末兼資，其君民上下同心一力，以求所以自立」，竟招來大清國官員的一片咒罵，稱其「喪心病狂」。倨傲虛驕的清政府庚子敗後派出醇親王載灃卑躬屈膝赴德謝罪，說明一個文化和體制落後的民族是無法自立於世界民族之林的。

　　英人濮蘭德就近觀察中國的皇朝體制和末日亂象，在庚子年後寫道：

至於京中官僚，見和局已成，危險已過，遂以為復睹太平，立忘

前此畏懼之心，故態復萌，一切卑鄙嬉樂之象，又如往日矣。從各種方面，皆可察見此等現象。至後來修理商約之時，尤為顯見，足以證明吾人之定評。此定評乃數年前一在北京之英國代表所指出者，其言曰：此類人毫不講情理，若恐懼之則事事屈服矣。[1]

一九〇〇年距今過去了一個多世紀，大清國也早已亡滅。我們沒有生活在大清國統治時期，大清朝廷更與我們無干，但是想到我們的祖先就曾在這樣一個時而如昏眊老人，時而如撒潑的孩子，張狂時不可一世，挨揍後卑躬屈膝的王朝統治之下，一代又一代屈辱地活著，我們能不血脈賁張，廢書而嘆乎！

六

文將終，拊膺坐嘆，不能自已，抄書一則如下：

又記戊午任公居團城時，一日嚴寒，坐沁香亭中，望液池波欲成冰，大風作浪有聲，任公方辭職，嘆曰：「求去亦何所謂？世事興衰，大勢略定，何人為之，皆不甚相遠。」予因謷解，極言史蹟皆由人為，非武侯蜀必不能四十年，王猛死符堅覆且加速。往史不必論，且如前清，假使世宗不立，或竟為允禵輩所得者，允禟、允禵皆親信歐洲人，當時傳教之穆經遠等，實為羽翼，允禟等皆通西文，能作書札。而世宗則親信蒙古喇嘛，故雍正既勝，遂利用喇嘛之導輔，以次成乾隆拓邊設藩之弘

---

[1] 有關載灃赴德謝罪事皆見黃濬《花隨人聖庵摭憶》。

規,然因頑固迷信之累積,卒成故步自封,而極於庚子義和團諸役,遺毒至今不已。反之,假令允禩等得志,諸西洋傳教士等向用,天主教固得早盛,而以智識新銳,或易於西洋文化接近,在初期未必有奄有蒙藏之武功,其終也,或早肇海通之事勢,甚或可使全國早成現代化。歷史之嬗變雖有極難料者,事視人為,則必可信。歐人覘吾國者謂腐敗之基在乾隆中葉,而那拉氏一手促其祚之終。古人所謂政與人存,一言喪邦,皆鑿然不爽,安得言何人為之皆不甚相遠乎?任公亦極以為是。

以上摘自黃濬著《花隨人聖庵摭憶》中《憶與梁任公兩次晤談》一文。任公者,梁啟超也,其民國初年政壇沉浮事見拙文《春半如秋意轉迷》。梁雖辭職,心有感感焉,故有「大勢略定,何人所為,皆不甚相遠」之說,此處所云,似為歷史決定論,人之所為,離不開時勢,時勢如此,誰都只能順應歷史潮流,所以,誰在臺上也都差不多。黃濬反駁他的觀點,認為歷史是由人創造的,不同的人主宰時勢則會創造不同的歷史。如果沒有諸葛亮為相,偏安之蜀國絕不能支撐四十年;失去了王猛,苻堅的前秦則迅速敗亡。即舉清朝之史,允禩為康熙第九子,允禵為康熙第十四子,皆在奪嫡中失敗。上位的清世宗雍正(康熙第四子胤禛)親信蒙古喇嘛,故成後來拓邊設藩,閉關鎖國之局,經康熙直至最後的庚子之亂,終於由那拉氏西太后促成其亡國絕嗣。假定允禩、允禵能夠上位執政,由於他們信重西方傳教士,熱愛西方文化,肯定會開放海禁,學習西方文化和制度,說不定能促成古老中國融入世界,完成現代化。所以黃濬認為,史由人創,政由人存,一言興邦,一言喪邦,由什麼人來主宰時勢,決定歷史的走向,實關重要。他的話也得到了梁啟超的贊同。

十八世紀,若中國出現一個田具有世界眼光的皇帝,真的會扭轉

歷史的走向，把古老的帝國引向現代化之路嗎？這或許只是後人美好的期待和詩意的想像。事實是，歷史加諸中國之上的多半是惡夢和最壞的結果，苦難的中國除了背負沉重的歷史前行，似乎沒有另外的選擇。

二〇二〇年二月五日改定於庚子年時疫猖獗時

中華文化思想叢書・近現代中華文化思想叢刊 A0102023

亂世和末世的自我救贖：中國近代的知識分子

作　　者	周樹山
責任編輯	林孜穎
實習編輯	蘇俞心　蘇　籲
發行人	向永昌
總經理	梁錦興
總編輯	張晏瑞
編輯所	萬卷樓圖書股份有限公司

臺北市羅斯福路二段 41 號 6 樓之 3
電話 (02)23216565
傳真 (02)23218698

出　　版	昌明文化有限公司

桃園市龜山區中原街 32 號
電話 (02)23216565

發　　行　萬卷樓圖書股份有限公司
臺北市羅斯福路二段 41 號 6 樓之 3
電話 (02)23216565
傳真 (02)23218698
電郵 SERVICE@WANJUAN.COM.TW

ISBN 978-986-496-620-2
2024 年 12 月初版
定價：新臺幣 360 元

本書為 110 學年度、113 學年度國立臺灣師範大學「出版實務產業實習」課程成果。部分編輯工作由課程學生參與實習。

如何購買本書：

1. 轉帳購書，請透過以下帳戶
　合作金庫銀行　古亭分行
　戶名：萬卷樓圖書股份有限公司
　帳號：0877717092596

2. 網路購書，請透過萬卷樓網站
　網址 WWW.WANJUAN.COM.TW

大量購書，請直接聯繫我們，將有專人為您服務。客服：(02)23216565 分機 610

如有缺頁、破損或裝訂錯誤，請寄回更換
版權所有・翻印必究
Copyright©2024 by WanJuanLou Books CO.,
Ltd. All Rights Reserved
Printed in Taiwan

國家圖書館出版品預行編目資料

亂世和末世的自我救贖：中國近代的知識分子 /周樹山著. -- 初版. -- 桃園市：昌明文化有限公司出版；臺北市：萬卷樓圖書股份有限公司發行, 2024.12
　面；　公分. --（中華文化思想叢書. 近現代中華文化思想叢刊；A0102023）

ISBN 978-986-496-620-2（平裝）

1.CST: 知識分子 2.CST: 學術思想 3.CST: 中國

546.1135　　　　　　　　　　　　111001812

本著作物經廈門墨客知識產權代理有限公司代理，由復旦大學出版社授權萬卷樓圖書股份有限公司（臺灣）出版、發行中文繁體字版版權。